BARLAM AND IOSAPHAT

EARLY ENGLISH TEXT SOCIETY

No. 290

1986

BARLAM AND IOSAPHAT

A Middle English Life of Buddha

EDITED FROM MS PETERHOUSE 257

BY

JOHN C. HIRSH

Published for

THE EARLY ENGLISH TEXT SOCIETY

by the

OXFORD UNIVERSITY PRESS

LONDON NEW YORK TORONTO

1986

Oxford University Press, Walton Street, Oxford OX2 6DP

London New York Toronto
Delhi Bombay Calcutta Madras Karachi
Kuala Lumpur Singapore Hong Kong Tokyo
Nairobi Dar es Salaam Cape Town
Melbourne Auckland
and associated companies in
Beirut Berlin Ibadan Mexico City Nicosia

Published in the United States
by Oxford University Press, New York

© The Early English Text Society, 1986

Barlam and Josaphat: a Middle English life of
Buddha.—(Early English Text Society; no. 290)
1. Buddha—Biography   2. Buddhists—India—
Biography
I. Hirsh, John C.   II. Series
294.363   BQ882
ISBN 0-19-722292-7

Set by Joshua Associates, Oxford
Printed in Great Britain
by Richard Clay (The Chaucer Press) Ltd.
Bungay, Suffolk

PREFACE

This edition of the Middle English version of *Barlam and Iosaphat* began in 1972 when, in the course of studying late medieval attitudes towards non-Christian religions, I identified the work in a Peterhouse manuscript. The following year I published a note announcing the discovery, and subsequently began work on the edition. My work was materially aided by a fellowship from the American Council of Learned Societies, which permitted me a year to work on the project, and by a summer grant from Georgetown University. I am very grateful for both awards. At Peterhouse I was most kindly assisted by Professor E. J. Kenney, Professor of Latin and Librarian at Peterhouse, who gave me access to the early library records. The Peterhouse medieval manuscripts are on deposit at the Manuscripts Room in Cambridge University Library, and I am grateful for the helpful and courteous assistance I received there. Mr Brian Jenkins, Head of the Rare Books Room at Cambridge, helped me to read some of the seventeenth-century glosses which appear in the Peterhouse manuscript. At an early stage in my work I had the good fortune to work at the Warburg Institute in London, where I received valuable assistance from Professor Joseph Trapp, the Director. While in London I also met Professor D. M. Lang of the University of London, who generously supplied copies of several of his publications, and renewed my friendship with M. J. C. O'Keefe, Sanskrit and Pali Librarian at the India Office Library, who also assisted me with my studies. Part of my work has been carried on at Oxford, where I have enjoyed the resources and the courtesies of the Bodleian Library, and in Oxford too I was generously assisted by Professor Douglas Gray, who read the typescript.

In tracing the background to this version I have had frequent recourse to translation, a fate I have shared with all—W. B. Henning excepted—who have worked on this remarkable text. I warmly pay tribute to those scholars of Eastern civilizations to whose work, greater I believe than it is their custom to acknowledge, I am deeply indebted. Yet I have been struck too by how arbitrary the line is we draw between East and West. I do not mean to minimize cultural differences—but the text itself stands against any such simplification—but merely to record my sense that the final pattern here does not associate the work with one culture, or with one tradition. The changes, many of them substantive, which it has undergone, may fix one version—but the narrative itself seems always to invite another. If there is a final cause for the extraordinary distribution of the text, that cause seems to me at once deeply religious and profoundly human—very like the work itself.

I am grateful to the readers of the Early English Text Society, more than to any other to Dr Pamela Gradon. My greatest regret is that my father, Professor Edward L. Hirsh of Boston College, who evinced his usual lively interest in the work's beginning, did not live to see its completion. I should further like to thank friends and colleagues who, by counsel and encouragement, have assisted my work: Spencer Cosmos of the Catholic University of America, the late Judith Perryman of the University of Leiden, Jill Kraye and Charles Schmitt of the Warburg Institute, Edward Bodnar, SJ, Eusebio Rodrigues, Penn Szittya, and Thomas Walsh of Georgetown. My greatest debt is recorded in the dedication.

GEORGETOWN UNIVERSITY
Washington, D.C.

TABLE OF CONTENTS

INTRODUCTION

MS PETERHOUSE 257

MS Peterhouse 257, now on deposit, like all other Peterhouse medieval manuscripts, in Cambridge University Library, is a late fifteenth-century paper codex of 144 folios into which five parchment folios, taken from an unrelated book of hours, have been added. The paper folios consist of eighteen quires of eight folios each, unwatermarked, with catchwords and signatures throughout. The first parchment folio is single, and preceeds the paper folios; the last four follow in a single quire. There is a modern pencil foliation on the first folio of each paper quire.

The Middle English prose *Vita* of Barlam and Iosaphat printed here is contained in the paper folios, folios 1–144, the verso of folio 144 being blank. The parchment folios contain an unrelated series of Latin prayers, and were inserted into the codex for purposes of binding; the first and last, once glued down, have lifted. The Middle English work is written in a clear Anglicana hand, with twenty-eight lines to a page, though sometimes there are twenty-nine or thirty. The folios measure 22 mm. (8⅝ inches) X 14.5 mm. (5⅝ inches), with a written area of 17.3 mm. (6⅞ inches) X 10.1 mm. (4⅛ inches). The manuscript was cropped in the nineteenth century when, like most of the Peterhouse manuscripts, it was rebound in a white parchment land deed of the early nineteenth century. The signatures 'Wm. Elborne' and 'Wm. Mitchell' from the deed used to bind the manuscript are legible on the inside back board where they had been covered by the pastedown. Some time in the early twentieth century the manuscript was rebacked in modern white vellum, and the spine is now clearly stamped in black ink: 'BARLAAM / AND / JOSAPHAT' and at the bottom of the spine '257'.

Both the nineteenth-century rebinding and the subsequent rebacking destroyed information concerning the manuscript's early history, obliterating not only any record of earlier ownership, but also the pressmark it had in the Peterhouse library, which is, however, recoverable from other sources. The first record of the manuscript known to me occurs in a manuscript catalogue now in the Peterhouse library, MS Peterhouse 409, dated 1707/8, and compiled by Robert Betts. An earlier Peterhouse library catalogue, MS Peterhouse 408, dated 1686, records only printed books, and so fails to list the manuscript, nor is it listed among the Peterhouse manuscripts in Thomas James's *Ecloga Oxonio-Cantabrigiensis* (1600).[1] The evidence shows that the manuscript was acquired by Peterhouse some time between 1600 and 1707, though probably towards the end of that period.[2] Another Peterhouse manuscript, MS Peterhouse 406, used to record loans of books and manuscripts to Fellows of the college, shows that the *Barlam and Iosaphat* pressmark, recorded in later catalogues as 02–05–08, was as late as 1679 confused with the pressmark of Hooker's *Ecclesiastical Policy*, pressmark 02–05–07. The confusion would have been more likely to arise if the following pressmark was not in use. In addition, MS Peterhouse 257 has several seventeenth-century marginal glosses, and these were almost certainly added while the manuscript was still in private hands, before it came into the Peterhouse library, for I know of no similar glosses in other Peterhouse manuscripts.

It is difficult to give an exact dating to the manuscript, though the use of signatures suggests a date not long after printed books were in general circulation, a very few years

---

[1] Part I of James's catalogue was published in London by George Bishop and John Norton, 1600, part II by Arnold Hatfield in London in the same year. James's own copy is preserved in the Bodleian Library (Press mark: 4°J 3a Art.), identified by a note initialled HHEC (Sir Herbert Henry Edmund Craster, Bodley's Librarian until 1945, d. 1959) Part II of this copy has extensive manuscript notes recording corrigenda and addenda, but no reference to MS Peterhouse 257. If the manuscript had entered Peterhouse before James's death in 1629, he did not record the fact in his catalogue.

[2] During this period Peterhouse received over a thousand volumes from John Cosin, its Master from 1634-44, when he was ejected, and Bishop of Durham from 1660 to his death in 1674. Through the kindness of Dr Roger Lovatt, Fellow and College Archivist I have examined a manuscript list of 814 volumes from Cosin's gift, written in the seventeenth century, but MS Peterhouse 257 does not appear on it, and Peterhouse received no other substantial gift to the library, for which there are records preserved, during the period. T. A. Walker, *Peterhouse* (Cambridge, 1935), pp. 130-5.

before, or possibly just after, 1480.[1] Between the late fif-
teenth century, when it was executed, and the early eigh-
teenth, after which it was in the Peterhouse library, there is
no record of the manuscript, and in its present state there is
little to distinguish it from any of the other numerous produc-
tions of the late medieval professional scribe.

THE SOURCE FOR THE MIDDLE ENGLISH VERSION

The Middle English version printed here was translated, in
a paratactic style, into typical and conservative Southern Mid-
land and London English of the mid-fifteenth century, from
the second Latin version, the most complete of the Latin
prose lives and, during the late eleventh and twelfth century,
the most popular. Writing during, and shortly after, the
Second World War, and necessarily drawing upon the more
familiar catalogues, Sonet listed sixty-two known manuscripts
of this version, including twenty-two from the twelfth century
alone. A complete census of manuscripts would undoubtedly
extend this list; there is another twelfth-century manuscript
of this version in the Benedictine Abbey at Melk, in lower
Austria.[2] I have not been able to locate the manuscript from

[1] The foliations follow, the contemporary foliation recording signatures and
catchwords, the modern, in arabic numerals, the first folio of each quire. In the
following list the modern foliation is recorded in round brackets, and the con-
temporary bracketing of catchwords is disregarded.
fo. 1 aj/ 2 aij/ 3 aiij/ 4 aiiij/ 8ᵛ fore he/ 9 bj (9)/ 10 bij/ 22 b iiij/ 12 b iiij/ 16ᵛ
gold to/ 17 cj (17)/ 18 cij/ 19 ciij/ 20 ciiij/ 24ᵛ And þe cursed/ 25 dj (25)/ 26 dij/
27 d iiij/ 28 d iiij/ 32ᵛ & was sente/ 33 ej (33)/ 34 eij/ 35 eiij/ 36 eiiij/ 40ᵛ helde
hymself/ 41 fj (41)/ 42 fij/ 43 fiij (Oval purple stamp: Peterhouse Library Cam-
bridge)/ 44 fiiij/ 48ᵛ y laboured/ 49 gj (49)/50 gij/ 51 g iiij/ 52 giiij/ 56ᵛ man euer
to/ 57 hj (57)/ 58 hij/ 59 hiij/ 60 (margin torn away)/ 64ᵛ þat shal/ 65 ij (65)/ 66
i ij/ 67 i iij/ 68 i iiij/72ᵛ a strangie/ 73 kj (73)/ 74 kij/ 75 kiij/ 76 kiiij/ 80ᵛ þe
celle of/ 81 lj (81)/ 82 lij/ 83 liiij/ 84 liiij/ 88ᵛ to hym be/ 89 Mj/ 90 Mij/ 91 M
(numerals are torn away)/ 92 Miiij/ 96 & such of/ 97 Nj (97)/ 98 (margin torn
away)/ 99 Niij/ 100 Niiij/ 104ᵛ rewarde þe/ 105 Oj (105)/ 106 Oij/ 107 O (nu-
merals are torn away)/ 108 Oiiij/ 112ᵛ luste & likinge/ 113 pj (113)/ 114 pij/ 115
piij/ 116 piiij/ 120ᵛ wente þorou₃/ 121 qj (121)/ 122 qij/ 123 qiij/124 q (numerals
torn away)/ 128ᵛ holsom tyme/ 129 r (numerals torn away)/ 129)/ 130 rij/ 131
riij/ 132 riiij/ 136ᵛ Barlam/ 137 sj (137)/ 138 s (numerals torn away)/ 139 (mar-
gin torn away)/ 140 (margin torn away)/ 144 (margin torn away).

[2] Jean Sonet, SJ, Le Roman de Barlaam et Josaphat, Bibliothèque de la Faculté
de Philosophie et Lettres de Namur, facs. 6 and 7 (Paris, 1949–50): Tome I ('Re-
cherches sur la tradition manuscrite Latine et Française', pp. 74–88) lists the

which the Middle English version was translated, and, lacking an edited text, I have relied upon Bodleian Library MS Canon. misc. 358 (*Summary Catalogue* 19834) to represent the immediate source of the Middle English version.[1] In general, the Middle English translator was faithful to his text, though he has compressed and omitted passages freely. A treatment of the structure of the Middle English version is offered elsewhere in this introduction, though a complete account awaits the discovery of the manuscript upon which the translator relied. In the notes following the text I have indicated the alterations to structure which MS Canon. misc. 358 make clear. In a wider sense, the Middle English version printed here is part of a remarkable late medieval rebirth of interest in *Barlam and Iosaphat* which issued from vernacular translations of a number of Latin versions, a process which is observable in Sonet's list of manuscripts, but which awaits more detailed investigation.[2] In England that interest may have been kindled by the *Legenda Aurea*. A short version was incorporated into the Vernon manuscript *Golden Legend* (c. 1385), in verse, and into the later English prose translation of 1483. Independent versions, also in verse, appear in the *South*

[1] The passages cited in the notes have been collated against BL MS Harl. 3958 and BL Add. MS 35111, and against the text printed in Henrich Petri's 1559 Basil edition of John Damascene's *Opera*, which have disclosed no substantive variations. The Canonici collection takes its name from the Venetian Jesuit Matteo Luigi Canonici (1727–1805), which the Bodleian bought in 1817. Canonici seems to have had an interest in *Barlam and Iosaphat*, and six other manuscripts in the collection contain shorter Italian versions of the work, one in ottava rima: MS Canon. Ital. 53 (SC 20105), the rest in prose: MSS Canon. Ital. 126 (SC 20178), 202 (SC 20254), 211 (SC 20263), 217 (SC 20269), and 273 (SC 20325).

[2] Since Sonet wrote there have been important additions to the later nondramatic prose versions: *L'histoire de Barlaam et Josaphat, Version champenoise d'après le ms. Reg. lat. 660 de la Bibliothèque Apostolique Vaticane*, ed. Leonard R. Mills, Textes Littéraires Français (Geneva, 1973), and *Don Juan Manuel, Libro de los Estados*, eds. R. B. Tate and I. R. Macpherson (Oxford, 1974). Mills's edition has been critically examined by Tony Hunt in a special issue of the *Zeitschrift für romanische Philologie* in honor of Kurt Baldinger (1977), 217–29.

following twelfth-century manuscripts: Angers 816 (732); Bordeaux, Bibl Municipale 261; Charleville 190 (B.XXXIIII); Heiligenkreuz, Stiftsbibl. 12 (*olim* VII. 8.A.1); Klosterneuburg, Stiftsbibl. 202; London, BL Add. 17229 and 35111; Montpellier, École de Médecine 93; Munich, 2570 (Ald. 40), 14338 (Em.D.63), and 22254 (Windberg 54); Oxford, Bodl. Canon misc. 358; Paris, Bibl. nat. lat. 9574, 14656 (*olim* St Victor 292), 15038 (*olim* St Victor 730); Rome, Bibl. Casanat., Cod. 1055 (alias A.II.9); Rome, Bibl. Vaticane, Com. Vaticanus 5052; Saint-Claude, Bibl. mun. 4; Vienna, Nationalbib. 336; Zwetl, Stiftsbibl. 24 and 77.

English Legendary and the *Northern Homily Cycle*, and taken together these versions show that the work had broad popularity, at least in the shorter versions, in late medieval England.[1] Yet these abbreviated versions give at best a very imperfect impression of the work's meaning and effect, and without some knowledge of the second Latin version, or of the Middle English translation printed here, the details of the narrative remain unclear. Taken together with the popular apologues, however, they suggest that the *historia* was, in one form or another, well known in England, as indeed it was elsewhere in Europe, and they seem to me to support what is part of the argument of this edition: that apart from the traditions of Alexander and the Marvels of the East, there was a third important tradition through which the medieval West came to know the East, the tradition of Eastern texts, of which *Barlam and Iosaphat* remains one of the most important.

THE ORIGIN AND EARLY HISTORY OF *BARLAM AND IOSAPHAT*

Among the medieval transformations of received tradition one of the most interesting is the *historia* of Barlam and Iosaphat, a Christian reworking of the life of Gutama Buddha, in which the ascetic Barlam instructs and converts Iosaphat, the son of an idolatrous and brutal Indian king. Following his conversion, which is effected in part by Barlam's recitation of

[1] Although its historical conclusions are now dated, work on the English versions remains indebted to Ernst Kuhn, 'Barlaam und Josaph: Eine bibliographischliterargeschichtliche Studie', *Abhandlungen der Philosophisch-Philologischen Classe der Koniglichen Bayerischen*, Akademie der Wissenschaften, xx (1897), 1–88, especially pp. 71 ff. for the English texts. See further Carleton Brown and Rossell Hope Robbins, eds., *Index of Middle English Verse* (New York, 1943), and its *Supplement*, R. H. Robbins and J. L. Cutler, eds. (Lexington, 1965): Nos. 39, 41, 491 (an extract), 1794, 1585.5. Certain of the verse *Legenda Aurea* versions in Middle English may be found in Carl Horstmann, ed., *Altenglische Legenden* (Paderborn, 1875), pp. 113–48, 213–40, and, from the prose version of MS Egerton 876, in the *Programm* of the gymnasium at Sagan for 1877, also edited by Horstmann, pp. 1–17. An announcement of the present text appeared in my note 'An Unknown Middle English Prose Life of Barlaam and Josaphat in Cambridge University Library, MS. Peterhouse 257', *Manuscripta*, 17 (1973), 178–80. A further listing by Charlotte D'Evelyn, 'Legends of Individual Saints: Barlaam and Josaphat', is located in *A Manual of the Writings in Middle English, 1050–1500*, eds. J. Burke Severs and Albert E. Hartung (New Haven, 1970), II, 569–70.

a series of instructive apologues, Iosaphat is left alone to confront a series of threats, blandishments, and temptations, all of which he overcomes. Finally he receives a half, and then, after his father's conversion, all, of his father's kingdom, which he converts to Christianity. This done, Iosaphat renounces his crown, and goes into the wilderness to find Barlam and live the life of an ascetic. After a series of trials he does so, and after many years first Barlam, and then Iosaphat, die. Their bodies are translated to Iosaphat's former kingdom, where they cause miracles.

I

Since about the middle of the nineteenth century scholars have recognized that the *historia* originated in a life of Buddha, and that three of the most important incidents in the narrative—the prediction of asceticism at Iosaphat's birth and his subsequent encounter with the four omens, his temptation by women once he has announced his faith, and his renunciation of his kingdom—all owe their existence to one of the popular lives of Buddha, possibly the *Lalita Vistāra*, possibly the *Jātakas*, but more probably a version derived from the *Buddhacarita*, a work attributed to the second-century AD Sanskrit poet Aśvaghoṣa.[1] Certain of the apologues Barlam tells also have Buddhist elements in them, though like the text itself they have been transformed in transmission. But the text of *Barlam and Iosaphat* itself probably owes its

[1] There are two translations of the *Buddhacarita* readily available, one from the Sanskrit, one from a Chinese translation: *The Buddhacarita, or Acts of the Buddha*, ed. and trans. from the Sanskrit by E. H. Johnston, Punjab University Oriental Publications No. 32, 2 vols. (Calcutta, 1936), and *The Fo-Sho-Hing-Tsan-King*, trans. from the Chinese of Dharmaraksha, AD 420, The Sacred Books of the East, ed. F. Max Müller, vol. XIX (Oxford, 1883). Most Sogdian Buddhist texts were translated from the Chinese, though translations from Sanskrit were not entirely unknown (see W. B. Henning, *Sogdica*, James G. Forlong Fund vol. XXI (London: The Royal Asiatic Society, 1940), pp. 59 ff.). The distance is great between *Barlam and Iosaphat* and any life of Buddha known to me, though the narrative compression and emphasis of the Chinese translation seems to me somewhat closer to the earliest version of the work (cited under Gimaret, p. xviii n. 1 below). I also cite *The Lalita Vistāra*, trans. R. Mitra, Bibliotheca Indica N.S. No. 455 (Calcutta, 1881), and *The Jātaka, or Stories of the Buddha's Former Births*, trans. E. B. Cowell et al., 6 vols. (Cambridge, 1895-1907). Throughout I have retained the Middle English spelling of names, though *Barlam* and *Iosaphat* are usually rendered *Barlaam* and *Josaphat* in other European versions.

existence to one such transformation, which probably took place in Central Asia, perhaps in Sogdiana (where there is a certain amount of archaeological evidence to support this view), possibly some time during the sixth century, AD. The earliest manuscript now extant and identified is an eighth-century fragment of a Manichaean manuscript found in Chinese Turfan, a city important on the Eastern trade route in the early years of the present century.[1] More recently W. B. Henning has identified what is in all likelihood an important connecting link, another manuscript fragment, this one from a tenth-century Pehlevi version, which may have descended, through a Central Asian intermediary, from a finally Indian source. Pehlavi texts of Sanskrit origin were known and translated in Syria—for example, the *Fables of Bidpai*, which preserves one of the *Barlam and Iosaphat* apologues, was transmitted through a Pehlavi version from its origin in the Indian *Pancatantra*, and, though the matter awaits further investigation, the Sindibād narrative may have followed a somewhat similar route.[2] It is thus important that

[1] See W. Bang, 'Manichäische Erzähler', *Le Muséon*, xliv (1931), 1–85; from A. von Coq's discovery. The Manichaean elements were treated first by Prosper Alfaric, *Les écritures manichéennes*, 2 vols. (Paris, 1918), II, 211–19. The manuscript fragments have been catalogued by Mary Boyce, *A Catalogue of the Iranian Manuscripts in the Manichaean Script in the German Turfan Collection*, Deutsche Akademie der Wissenschaften zu Berlin, Institut für Orientforschung, Veröffentlichung, nr. 45 (Berlin: Akademie-Verlag, 1960). On the transmission from Sogdian see W. B. Henning, *Sogdica*, pp. 12–13, and 'Sogdian Tales', *BSOAS* xi (1946), 465–87. Recent Soviet archaeological explorations support the prevalence of Buddhism and Manichaeism in the area from which *Barlam and Iosaphat* originated: 'It was formerly believed that the Sogdians were mainly Zoroastrians . . . but recent discoveries suggest that Buddhists were more numerous among them than had been assumed. . . . Manichaeism . . . made rapid headway among the Sogdians as well as the Turks', Grégoire Frumkin, 'The Expansion of Buddhism as Witnessed by Recent Archaeological Finds in Soviet Central Asia', *Bibliotheca Orientalis*, xxv (1968), 35; developed in Frunkin's *Archaeology in Soviet Central Asia*, Handbuch der Orientalistik, III Band, Innerasien, 1 Abschnitt (Leiden and Köln, 1970). The transmission is treated in some detail by D. M. Lang, *The Wisdom of Balahvar, A Christian Legend of the Buddha*, Ethical and Religious Classics of the East and West No. 20 (London and New York, 1957). The early identification of the text's Buddhist source was by M. Laboulaye in the *Journal des Débats* for 26 July 1859, and Felix Liebrecht in *Jahrbuch für Romanische und Englische Literatur*, ii (1860), 314 ff.

[2] The Sindibād narrative was known in the West as *The Seven Sages*, of which there are Middle English versions, *The Seven Sages of Rome (Southern Version)*, ed. Karl Brunner, EETS OS 191 (London, 1933), and an important Hebrew version edited by Morris Epstein, *Tales of Sendebar*, Judaica, First Series, no. 2,

of the five Arabic versions known of *Barlam and Iosaphat*, the oldest is a Syrian text, recently edited and translated by Daniel Gimaret, who has established its writing as probably having taken place between AD 750 and 900. The text is an important one because it shows relatively little Islamic contamination, and appears to transmit a version of *Barlam and Iosaphat* which is probably not very different from the one which circulated in Central Asia in the previous centuries.[1]

The first Christian version was almost certainly in Georgian, which preserves both a long (*The Balavariani*) and a short version of the work, and it was from the Georgian that the Greek translator, who was probably St Euthymius, abbot of the Ivonian monastery on Mount Athos (d. 1028), worked. The role of Simeon the Metaphrast in this translation remains a matter of dispute. The Greek version, which is preserved in a manuscript dated as early as 1021, is the ancestor of the later Western versions including the one printed here, and the many changes which the translator introduced amounted to a recasting of the entire text. Not only did he alter and rearrange the apologues by which Barlam instructs Iosaphat, but he also used the narrative in which the apologues are imbedded to greater effect, increasing the emphasis on salvation and on the refutation of idolatry. He further introduced into the work an important new text, the second century AD *Apology of Aristides*, a work otherwise known only in Syrian.[2]

Jewish Publ. Soc. of America (Philadelphia, 1967), 329-32. On the Pehlevi transmission of *Barlam and Iosaphat* see the study by W. B. Henning, 'Persian Poetical Manuscripts from the Time of Rūdakī', *A Locust's Leg: Studies in Honour of S. H. Tagizadeh*, eds. W. B. Henning and E. Yarshater (London, 1962), 89–104. Lang, *Wisdom*, 31 ff. and 'Oriental Materials on the Georgian "Balavariani"', Bedi Kartlisa, xxviii (1971), 106–21; and S. M. Stern, *BSOAS* xxii (1959), 149–52.

[1] *Kitāb Bilawhar wa Būḏāsf*, ed. Daniel Gimaret, Recherches Publiées sous la direction de l'Institut de Lettres orientales de Beyrouth, N.S. A, Tome VI (Beirut, 1972), translated by Gimaret as *Le Livre de Bilawhar et Būḏāsf selon la version arabe ismaélienne*, Centre de recherches d'histoire et de philologie: IV Hautes études Islamiques et orientales d'histoire comparée 3 (Geneva and Paris, 1971).

[2] The Christian version was first identified by D. M. Lang, 'The Life of Blessed Iodasaph: A New Oriental Christian Version of the Barlaam and Iosaph Romance (Jerusalem, Greek Patriarchal Library: Georgian MS. 140)', *BSOAS*, xx (1957), 389–407, and translated by Lang as *The Balavariani, Barlaam and Josaphat, A Tale from the Christian East*, UNESCO Collection of Representative Works (London, 1966). The short version Lang had translated in *The Wisdom*, pp. 67–122, both from the edition of Ilia Abulāʒe, *Balavarianis k'art'uli redak'tsiebi*, Dzveli k'art'uli enis ʒeglebi 10 (Tbilisi, 1957). The connection between the two remains in dis-

His additions and alterations gave the work the distinctive character it came to assume, and from the Greek version came the Latin, first the Naples version, then the second Latin version which, from the late eleventh and throughout the twelfth century, was read across Europe. It was from this version too that, in the late medieval period, vernacular translations were made, though some of the shorter Latin versions, like that in the *Legenda Aurea* which derived from the second Latin version, were also translated. But from the thirteenth to the fifteenth century vernacular versions appeared in Germany, France, the Netherlands, Romania, Provence, Italy, Spain, Norway, Portugal, Russia, and elsewhere. In the East the Greek version was also translated, first into a Christian–Arabic version, and then into a much-altered Ethiopic version. An Armenian version also depends upon the Greek. Apart from these versions, in the West the work inspired translations and derived texts of remarkable literary power. Thus of the three German versions, the most important is Rudolf von Ems's early thirteenth-century translation into Middle High German, a work of some sixteen thousand lines, which has been seen

pute, but see M. Tarkhnishvili, 'Les deux recensions du "Barlaam" géorgien', *Le Muséon*, lxxi (1958), 65–86, and Elguja Khintibidze, *Concerning the Relationship of the Georgian and Greek Versions of Barlaam and Iosaph*, trans. A. A. Tchanturia, supplement to *Bedi Kartlisa*, xxxiv (Paris, 1976): they may derive independently from a lost Arabic source. Paul Peeters first identified St Euthymius as the Greek translator, 'La première traduction latine de "Barlaam et Josaph" et son original grec', *Analecta Bollandiana*, xlix (1931), 276–312, supported by Robert Lee Wolff, 'Barlaam and Ioasaph', *Harvard Theological Review*, xxxii (1939), 131–39, and D. M. Lang, 'St. Euthymius and the Barlaam and Ioasaph Romance', *BSOAS*, xx (1957), 389–407. The earlier attribution to St. John Damascene, disputed as early as Hermann Zotenberg, 'Notice sur le texte et sur les versions du livre de Barlaam et Josaphat, accompagnée d'extraits du texte grec et des versions arabes et ethiopiennes', *Notice et extraits des MSS.*, xxviii (1887), Part I, pp. 1–166, has recently been defended by Franz Dölger, *Der griechische Barlaam-Roman, ein Werk des H. Johannes von Damaskos*, Studia Patristica et Byzantina, nr. 1 (Ettal, 1953), but Dölger's thesis has not been widely accepted. B. L. Fonkič has identified an early Greek manuscript, 'Un "Barlaam et Joasaph" grec daté de 1021', *Analecta Bollandiana*, xci (1973), 13–20. The *Apology of Aristides* was edited by J. Rendel Harris and J. Armitage Robinson, Texts and Studies, vol. 1 no. 1 (Cambridge, 1891), and studied by Robert Lee Woolf, 'The Apology of Aristedes—A Re-Examination', *Harvard Theological Review*, xxx (1937), 233–47. In two articles in the *Bulletin of the John Rylands Library*, 'A New Christian Apology', vii (1923), 355–83, and 'The Sources of Barlaam and Joasaph', ix (1925), 119–29, J. Rendel Harris further argued that the *Acts of St. Catherine* contain fragments of a lost Christian apology by the same hand which translated *Barlam and Iosaphat* into Greek, a thesis which remains unproved.

as a reaction against his own early work and courtly poetry in general, and perhaps against the poetry of Gottfried von Strassburg in particular. In the next century Don Juan Manuel (1282-1348) introduced the work into Spanish literature in his *Libro de los Estados* (c.1330), which considerably altered the length and direction of the work, changing, for example, the role of Iosaphat's father, and introducing a range of topics, from the place of knighthood to Marian devotion, while remaining concerned with what the work's most recent editors have called the actions whereby 'a noble of the stature of Don Juan could best serve God and his fellow man within the structure of society as he understood it'. In France the work enjoyed wide popularity, not only from Gui de Cambrai's familiar Anglo-Norman verse translation and the derived texts, or from the popular prose version, but also from Jean du Prier's play *Mystère du roy Avenir* (c.1455), a work which presented one hundred and sixteen characters, and which required, it has been estimated, three days to perform.[1] There have been few works which have had quite the effect of this text.

II

In the formative period of *Barlaam and Iosaphat* the text was subject to both Buddhist and Manichaean influences, and the later versions retain episodes and events from these traditions. For example, the prediction, at the time of his birth, that

---

[1] The Western versions have been studied by Jean Sonet, SJ, *Le Roman de Barlaam et Josaphat*, Bibliothèque de la faculté de philosophie et lettres de Namur, facs. 6-7 (Paris and Namur, 1949-50), who identifies the second Latin version I, 74-88, and cites examples of the Latin version, and some vernacular transactions. Others are cited in Ernst A. T. Wallis Budge, ed. and trans., *Baralâm and Yĕwâsĕf, being the Ethiopic version of... the ... Legend of the Buddha and the Budhisattva*, 2 vols. (Cambridge, 1923); Zotenberg, n. 5 above; Rudolf von Ems, *Barlaam und Josaphat*, eds. Franz Pfeiffer (1843) and Heinz Rupp, Deutsche Neudrucke, Reihe: Texte des Mittelalters (Berlin, 1965); Don Juan Manuel, *Libro de los estados*, eds. R. B. Tate and I. R. Macpherson (Oxford, 1974), p. xv; *L'histoire de Barlaam et Josaphat, version champenoise d'après le ms. Reg. lat. 660 de la Bibliothèque Apostolique Vaticane*, ed. Leonard R. Mills, Textes littéraires Français (Geneva, 1973); J. Deschamps, *Middelnederlandse Handschriften uit Europese en Amerikaanse Bibliotheken* (Leiden, 1972); the staging of du Prier's play is treated in Grace Frank, *The Medieval French Drama* (Oxford, 1954), pp. 198-99.

Iosaphat will become both a great prince, and that he will renounce his worldly kingdom for another that is not of this world, had its origin in the Buddhist life, which suggested that Buddha would do one or the other. In the narrative, Iosaphat's father, like Buddha's, tries to prevent the prediction's accomplishment by enclosing his son in a palace away from the experience of life. In spite of his father's stratagem, and, in the Buddhist texts, because of divine power, the prince is able to encounter the four omens, an old man, a sick man, a corpse, and a mendicant. Yet the major lives of Buddha differed among themselves in their handling of even this relatively simple sequence of events. The *Lalita Vistâra*, a life of Buddha dating from the first or second century AD, credits Buddha's mother with a dream of 'a noble and beautiful elephant, bright as snow or silver, more glorious than the sun or moon',[1] which her husband causes the Brahmins and soothsayers to interpret. Years later his father has a dream which needs no interpretation. He sees his son 'surrounded by a large following of Devas . . . issuing forth from the palace, and . . . after coming out he had accepted the condition of an ascetic'. It is then that his father 'out of profuse affection for the Bodhisattva' orders a pleasure garden to be prepared for him, and it is while Buddha is on his way to the garden that he encounters the first of the four omens.

Closer to *Barlam and Iosaphat* in these early stages is the popular *Buddhacarita* of Aśvaghoṣa, in which the seer Asita prophesies the child's future at the time of his birth, warning that 'he will give up the kingdom in his indifference to worldly pleasures, and, through bitter struggles grasping the final truth, he will shine forth as a sun of knowledge in the world to dispel the darkness of delusion'.[2] It is only later, when his son is in his youth, that Buddha's father takes steps to guard his son, though in the *Buddhacarita*, as in the *Lalita Vistâra*, the young prince encounters the omens through divine intervention. In addition to these accounts, the prediction made at a child's birth is also recorded in the *Jâtaka* tales, that series

[1] *Lalita Vistâra*, p. 96. Gimaret has pointed out that it was largely because of a French translation of the *Lalita Vistâra* in 1849 that the identification of Iosaphat with Buddha was brought about. Gimaret, *Le livre* (p. xviii n. 1 above), p. 3.

[2] *Buddhacarita*, ed. Johnston, i. 69, II, 15, cf. Beal, I. 1, 96–102, pp. 16–17.

of nearly five hundred and fifty short and originally oral tales which Buddhist monks often used in preaching. Another of the *Jātakas* provides an important detail present in *Barlam and Iosaphat* and not represented in any other source: in one account, the prince turns to the ascetic life in reaction to his father's condemnation of certain men under his power.[1] The *Jātaka* is significantly different in other ways: his father condemns thieves, not monks, and the prince's first reaction is to remain silent, which he does for years; it is not until his charioteer is digging his grave that he is moved to speak. Still, this detail does indicate that even this aspect of the legend had Buddhist analogues, and the *Jātaka* ends, like *Barlam and Iosaphat*, with the prince's conversion of his father, after which they both leave their wealth and become ascetics.

At one other point in the narrative our text also shows a certain dependence upon Buddhist tradition, and that is at the time of Iosaphat's renunciation of his kingdom. In the lives of Buddha the prince leaves his father's palace, and his own position in society, in search of enlightenment. In so doing he rejects the enticements, and in particular the women, which his father has put before him, and escapes past gates and guards set to contain him, though not without divine help. When he does reject the women who are set to tempt him he does so because he sees the coarse physical reality underlying their only apparent beauty. These elements figure in both the *Lalita Vistāra* and the *Buddhacarita*, though in the *Buddhacarita* the women try to tempt the prince before his renunciation, and one in particular almost succeeds.[2] In *Barlam and Iosaphat*, on the other hand, Iosaphat is all but enlightened at the time he leaves his kingdom. What he gives up is primarily worldly power, and he is able to do so because he has already mortified his flesh. Yet if Iosaphat is thus further along the path to enlightenment than Buddha at the time of his renunciation, that is at least partly because he has already had the guidance of his mentor, Barlam. Unlike Buddha, who

---

[1] The prediction Jātaka is No. 522, the father whose cruelty causes his son to become an ascetic No. 538. Other cruel kings appear in Jātaka 353, 313, 358, and in Jātaka 313 a cruel king tortures an ascetic, for which he is plunged into the great Hell of Avīci.

[2] *Lalita Vistāra*, pp. 198–216; *Buddhacarita*, ed. Johnston, iv. 1–103, II, 44–60; ed. Beal, I. 5, 374–99, pp. 53–6.

rejected asceticism as a final stage, Iosaphat's asceticism is the goal towards which Barlam's instruction has led him.

Thus the prediction at the time of the prince's birth, the related encounter with the omens, and the prince's renunciation of his kingdom, show two important modifications which, even in the present state of the manuscripts, suggest something of the changed religious preoccupations which probably informed an early writer of the work we now call *Barlam and Iosaphat*. First, he may have omitted certain allusions to divine or semi-divine manipulations of events, and these would include the chance meetings on the road with the four omens, and, in the *Buddhacarita*, the opening of the heavy gates at the time Buddha leaves his father's palace.[1] Such incidents are not intrinsically Buddhist, but it is doubtful that, at the time of these texts, anyone concerned with the traditional accounts of the life of Buddha would have been altogether ignorant of these accretions. In addition, the early *Barlam* author may have been responsible for an apparently opposite tendency, that of an emphasis upon an ascetic life conditioned by moral precept and by a rejection of the world which, in the first versions, leaves little room for an enlightenment in traditional Buddhist terms. This tendency is not opposed to certain Buddhist practices—Buddhist monasticism shows no lack of approbation for the ascetic life, nor for that matter do the *Jātakas*—but such features as a wandering instructor who is also a person of importance in an ecclesiastical organization can reasonably be assigned to other than Buddhist sources.

Of these sources the most important is Manichaean. The existence of early Manichaean influences on the *Barlam* narrative had been suspected since the German expeditions to Chinese Turfan between 1902–14, which discovered certain identifiably Manichaean manuscript fragments of *Barlam and Iosaphat* (the same expedition also discovered fragments of the *Buddhacarita*), but either because of the rather extreme exposition of the theory by Alfaric (who believed that Mani

[1] *Buddhacarita*, ed. Johnston: '. . . there arose in him a desire to escape that night. The gods, understanding his purpose, caused the doors to fly open' (v. 66, II, 74); ed. Beal: ''The gates, which were before fast-barred and locked, now stand free and open! These evidences of something supernatural point to a climax of my life '' (I. 5, 400, p. 56).

had himself passed on to his followers a gnostic life of Buddha), or because the identification of Iosaphat with Buddha was regarded as settled and overriding, the examination of Manichaean influences has come about only gradually. Yet the evidence, internal and external, is important, and can further help to explain the work's Eastern route of transmission, since during the years after Mani's death in AD 276 the area in which the majority of the Manichaeans lived split, 'like a bow-sprit' in Peter Brown's image, into two discreet geographical areas, the north-east part of the Persian empire, for the most part the areas around Sogdiana and up into Central Asia, and westward, the Roman Empire.[1] Between these areas the Persian persecution effectively discouraged Manichaean missionary activity, and gradually reimposed Zoroastrianism as the official religion. North and west Manichaeism however continued to grow, now more than ever under the influence of local conditions, and thus two groups, one influenced by Buddhism, the other by Christianity, grew apart, with less and less communication between them. This split, which the persecution deepened, is of interest since it can help to suggest why a Buddhist text like *Barlam and Iosaphat* would have been of particular use to a follower of Mani. The post-276 persecution was relaxed shortly after 295, perhaps because Narseh I hoped to ally himself with what he took to be an incipient fifth column in the Roman Empire; but, if that was the reason for the relaxation, the hope was a vain one, both because of the bitter memories of the preceding years, and because of the evident cultural differences between Manichaeans East and West.

Given the distribution of manuscripts and what is known about the history of the text, it is possible to discern traces of a Manichaean background even in a text as late as the one printed here, though it must be said that the internal evidence

[1] Peter Brown, 'The Diffusion of Manichaeism in the Roman Empire', in *Religion and Society in the Age of St. Augustine* (London, 1972), p. 100. I am indebted to Brown in the discussion which follows, also to Geo Widengren, *Mani and Manichaeism*, trans. Charles Kessler, History of Religion Series (London, 1965), and Arthur Vööbus, *History of Asceticism in the Syrian Orient, I. The Origin of Asceticism. Early Monasticism in Persia*, Corpus Scriptorum Christianorum Orientalium, vol. 184, Subsidia, tomus 14 (Louvain, 1958), especially pp. 109-37, which treat Manichaean monasticism.

is not by itself overwhelming, and the transmission through Arabic and Christian versions has modified the text considerably.

David Lang has indicated some of the similarities Barlam shows with the Manichaean *Electi*:

while all Manichaeans were vegetarians the Elect abstained from wine, from marriage and from property. They were supposed to possess no more than food for one day and clothes for one year. Their obligation not to produce fresh life or take it was so absolute that it extended to the vegetable kingdom: they might neither sow nor reap, nor even break bread themselves 'lest they pain the light which was mixed with it.' So they went about, as Indian holy men do, with a disciple who prepared their food for them.[1]

Moreover, certain of the *Electi* who made up the Manichaean hierarchy travelled from place to place to carry out their evangelical work. Such wandering holy men were usually dishevelled and dirty. They carried with them exotic and sacred books, which were filled not only with Mani's writings, but also with detailed taboos, frequently concerning sex, and food; and the Elect and hearer alike were given to spreading their prophet's message by means of instructive stories and Henning remarks that the Manichaeans were largely responsible for the transmission into the West of many tales such as the apologues Barlam tells, particularly those with an allegorical foundation.[2] Yet in organizing his own monasticism, Mani adopted certain features of Buddhist monasticism, but not those concerned with washing (perhaps as a concession to the Zoroastrian respect for water as one of the sacred elements), and not those concerning a fixed establishment. Barlam is a wanderer, yet he belongs to a rigid hierarchy which gives him both position and responsibility, including the responsibility to convert. His dedication to chastity is absolute, and so was that of the *Electi*, so absolute that some practised

[1] Lang, *The Wisdom*, p. 26; cf. Brown, pp. 108–9, 112–13, Widengren, pp. 95–106. But Manichaeism was also much involved in sorcery, on which see W. B. Henning, Two Manichaean Magical Texts...', *BSOAS* xii (1947), 39–66.

[2] Henning, 'Sogdian Tales', 465: 'The role which Manichaeans played in the migration of tales and fables from East to West and West to East has received much attention in recent years, but next to nothing has been published of the abundant Iranian material which was found in Chinese Turkestan.' See also Henning's 'The Book of the Giants', *BSOAS* xi (1943/6), 52–74.

castration. In addition, many Manichaeans practised a trade familiar to Barlam, that of the merchant. Brown suggests that 'merchant and Manichaean must for some time have been practically synonymous', and remarks that 'Sogdian merchants, known to the Chinese as "men who travel over the world in search of gain"', were the mainstay of Manichaeanism in Central Asia and Northern China in the seventh and eighth centuries'.[1] At one point in the narrative allegory and history seem to meet, when Barlam puts aside the merchant disguise with which he has gained entrance to Iosaphat, and reveals himself to be a holy man. A sense of allegory worthy of any of the apologues informs this scene, which reveals an interior holy man, masked by commercial trappings. A later scene stresses Barlam's penitential clothing, for when Iosaphat asks to exchange garments with him Barlam will only take for his new coat one as dishevelled and pitiful as his last.

More general Buddhist and Manichaean analogues may be sought in the contempt for wealth which Iosaphat, and eventually his father, manifest, and perhaps also in the behaviour of the king's minister who gives up his position and is apprehended in the desert. Related to these events is one other important feature which the *Barlam* author emphasized, and that is the cruelty of Iosaphat's father, and his unremitting persecution. It is the king, after all, who forces Barlam into disguise, and he has this role in the earliest versions. I have already noted that there are analogues to some aspects of the text in the *Jātakas*, but in few of them is Buddha's father cruel, and none of them even approaches the situation in *Barlam and Iosaphat*, where an atmosphere of persecution and intolerance pervades. This situation, familiar enough in some form to most religions, was not present in the early lives of Buddha, which treat the king with due respect. Iosaphat's

[1] Brown, p. 115. Further east Manichaeism endured into the late medieval period. Cf. Leonardo Olschki, 'Manichaeism, Buddhism and Christianity in Marco Polo's China', *Sonderabdruck aus den Asiatischen Studien*, v (1951), 1–21. In Islam too the merchant was respected, see A. K. S. Lambton, 'The Merchant in Medieval Islam', *A Locust's Leg*, pp. 121–130, and a related study, Monique B. Pitts, 'Barlaam and Josaphat: A Legend for All Seasons', *Journal of South Asian Literature*, 16 (1981), 1–17, which usefully emphasizes the degree of humanizing the text underwent in the West, while perhaps underestimating the extent to which it retained elements of its Eastern and ascetic astringency, a quality which sets it apart from many late medieval Western narratives.

father, however, is powerful and proud, notorious for his persecution of the holy sect which Barlam represents, and there is one important Buddhist source which, though not a life of Buddha, may throw some light upon this aspect of the text. In the second century AD *Asókávadāna*, King Asóka is represented as vengeful, even cruel, particularly in his dealing with heretics, and his role as 'Asóka the Cruel' applies, according to the most recent editor, even to the period after he converted to Buddhism.[1] Since the earliest version of *Barlam and Iosaphat* contains at least one apologue which seems to have been derived from the life of King Asóka, it may be that this aspect of the great king likewise had an influence on the text, if only by anticipating it, perhaps in a Chinese version.[2] If the link did exist, then the *Asókávadāna* may have had a greater role in the formation of *Barlam and Iosaphat* than has been appreciated, whether directly or in a derived version. It is additionally possible that these Buddhist and Manichaean elements may have worked together. At the end of the *Saundarananda* Asvaghosa remarks that he had reworked the story of the conversion of Buddha's half-brother so as to give it the sort of general interest which could lead to conversion of non-Buddhists, and the same intention has also been remarked in certain of the Asóka legends.[3] Such a practice could help to account for the circumstances under which *Barlam and Iosaphat* first appeared, particularly if elements of the *Buddhacarita* (or a similar or a derived life of Buddha) was associated with one or more apologues, and perhaps other elements, ultimately derived from the *Asókávadāna*. This primitive version could then have undergone Manichaean reformulation. *Barlam and Iosaphat* is but a name. There may have been no one moment when the text ceased to be a life of Buddha, and became a life of Iosaphat instead.

It is possible that, in its earliest period, the text we now

[1] John S. Strong, *The Legend of King Asóka, A Study and Translation of the Asókávadāna*, Princeton Library of Asian Translations (Princeton, 1983), pp. 40–3, and pp. 232 ff.

[2] Strong, pp. 39-40, and see below Appendix A, nos. 1 and 2.

[3] Strong, pp. 33-4, which also notes, pp. 31 ff., the emergence in Northwest India of individual Buddhist authors whose works were 'closely related to the *Asókávadāna* in purpose and in world view. The most important of these writers was Asvaghosa.'

call *Barlam and Iosaphat* was a religious narrative tract, and that it may have been offered to a new, or to a potential convert, in an area of central Asia, in order to introduce him to the circumstances of religious life. In the first place that religion was probably Buddhist, in the second Manichaean. As an introductory and instructive text it would have lacked the more sophisticated doctrines into which, in time, the believer might be led. But this lack of specificity is precisely what gave the text its broad interest, and made it adaptable. The work probably originated as a modified life of Buddha, perhaps one influenced by elements derived from the *Aśokāvadāna*. To this life, then, incidents could have been added by several hands, and in this process Manichaeans would have played their part, recasting the narrative, but hardly giving it final form, except for a moment. The concept of individual authorship has only a limited application to this text. Strictly speaking, the present form of *Barlam and Iosaphat* is less a life of Buddha than an instructive tract on the meaning of the ascetic life, which retains traces of its Buddhist and Manichaean origin. But in spite of its new structure, and its several additions, elements of the early versions remain in the text like granite, influencing and informing its meaning.

THE ORGANIZATION OF THE TEXT

Barlam and Iosaphat is divided into four parts: an introductory narrative which deals with Iosaphat's birth and youth, but which is primarily concerned with the effects of his father's pride; a second section, the education of Iosaphat, which treats Barlam's teaching, partly through a series of apologues; a third section, the deeds of Iosaphat, dealing with Iosaphat's temptations and his kingship; and a fourth and final section tracing Iosaphat's period as a recluse, which shows the effects of many virtues, but primarily of humility, before his death. These divisions emerge in the Western versions, which are dependent upon the second Latin version, and through it upon the eleventh-century Greek version of St Euthymius. Since this organization is the distinctively Western aspect of the *historia* I propose to treat it in some detail, centring my discussion on the version contained in MS Peterhouse 257. It is worth noting that the four divisions cited above may owe something to the hagiographical divisions of boyhood, manhood, and death, and that St Euthymius may have added the long answer to Nachor from the *Apology of Aristides*, and organized certain of the details in what I have designated the third section, in order to provide Iosaphat with a recognizable series of deeds from which to achieve sainthood.[1] The main additions to the *historia* are in this section, and it would not be in the least surprising to find a formal concern had influenced the structure. Other parts may have been influenced by hagiographic concerns. For example, although Iosaphat's death is untypically not emphasized, the translation of his and Barlam's bodies, and the subsequent miracles, are.

The version in MS Peterhouse 257 shows a marked degree of internal organization. The four-part division of the whole work, which I have already noted, can be represented thus:

  I. Narrative and example: The effects of Pride
  II. Iosaphat's Education
  III. Iosaphat's Deeds
  IV. Narrative and example: The effects of Humility

Within the first of these sections there are six narrative blocks which introduce the terms under which Iosaphat is to meet Barlam, and they may be represented thus:

Narrative ─ 1. Auennyr in his pride
Encounter   2. The converted 'chefe duke and maister of my lawys' treats
      a. foolishness of man
      b. 'lust and selfwyl'
      c. Is this life against nature?
  3. Iosaphat's birth, prediction at his birth, and his palace
  4. The 'leche of wordis'
  5. Auennyr's persecution of monks
  6. Iosaphat's 'natural questions' which lead to his three encounters with age, sickness, and death.

The first shows King Auennyr in his pride, and the second turns on the same quality; the Duke answers the charge that

[1] The distinction is that of Charles W. Jones, *Saints' Lives and Chronicles in Early England* (Cornell Univ. Press, 1947), pp. 73-4: 'To the basic divisions of boyhood, manhood, and death are attached the conventionally sumbolic incidents' (73).

he is a fool, insists on the need for control—the king's excess is one of his only consistent characteristics—and answers the charge, more clearly expressed in the Latin source, that the ascetic's life is against nature. Of these three the first is the most important, for it establishes what is to become a major theme in the work as a whole: that the wisdom of God is the foolishness of man, but that this wisdom is in accordance with nature, though man cannot perceive that fact until he has freed himself from the demands of the flesh. After the Duke's brief victory the King renews his persecution, but Iosaphat is now born, and the child's birth and the events which follow it return to the main narrative. These events are followed by the story of the King's huntsman, who finds in the woods a 'leche of wordis' who later provides him with an escape from the King's enmity. Probably because of a simple mistranslation (see 331) the Middle English text here reverses the situation in its Latin source where a senator finds a sick poor man and cures him, but the story serves to illustrate the transforming power of Christian love, and is the second encounter in this first section, continuing the lesson the Duke tried in vain to teach King Auennyr, but this time the huntsman is, through his encounter, converted. The next block again returns to the narrative and to the persecution of monks. It is one of the very few times the King emerges as both strong and successful, but his apparent victory is conditioned by the final narrative section, in which Iosaphat has three encounters with the omens of old age, sickness, and death. The Prince's discoveries add force to the encounter of his father with the converted Duke, and the huntsman with the Christian in the forest, which have helped to prepare for it, and draw together the series of encounters and the narrative framework against which they are set. The encounters now emerge as an integral part of life and it is with them that the first part of the narrative draws to a close.

The following section, which I have called Iosaphat's Education, contains the burden of Barlam's teaching, which is communicated in part by a series of apologues, certain of which relate to each other structurally in ways which were not present in earlier, pre-Greek, versions. For example, when St Euthymius gave pride of place to the only clearly and explicitly Christian parable, The Sower, he was setting the context within which the following apologues were to be understood. The teaching which follows falls into three major sections, and the whole of the second part of *Barlam and Iosaphat* may be represented thus:

I. A. The Precious Stone: The Gospel to all men
   B. The Sower: The Gospel to Iosaphat in particular
      1. The Trumpet of Death Apologue: The fact of death
      2. The Four Caskets Apologue: Given death, what of life?
   C. History: The Christian past
   D. The Individual: Christian parables
      3. The Bird and Fowler Apologue: Perils of ignorance

II. A. Sin
    B. Monasticism as the answer to sin
       4. The Unicorn Apologue: The sinner in the world
       5. The Three Friends: The sinner repents
       6. The King for a Year: Man prepares for the world to come
    C. Alms: Poverty is better than riches (suppressed apologue: Sun of Wisdom)
    D. Free Will: The necessary condition

III. 7. The Wretched Poor: Turn from the World
     8. The Wise Young Man: Turn to the Chuvch
     A. The Goodness of God
     B. Barlam as God's true servant (Suppressed apologue: Enemies' clothes)
        9. The Wild Kid: Iosaphat's role
     C. Baptism
     D. Confirmation

All of the apologues in the first section treat perception and cognition, and when Barlam begins by indicating that the 'good seed' will bear fruit only if it finds a good reception, he is sounding his now Christian conviction, though the parable is present, later in order of appearance in the pre-Christian versions.[1] Here however the Sower is linked to the precious stone which Barlam has promised to show Iosaphat, and both take on distinctively Christian roles. The stone of Matt. 13:45 was universally understood to refer to the Christian afterlife, just as the good seed referred to the word of God, and the two are linked together in the beginning of Barlam's teaching. The two apologues which follow, The Trumpet of Death and The Four Caskets, respond to Iosaphat's anxieties concerning transience and decay, the first by treating the fact of death, the second by suggesting the proper attitude towards the illusory and the real in life. Though the emphasis in each case is different, the apologues are alike in their final assurance, and insist that Iosaphat must cease to look at the world as an end in itself; rather he must look beyond it by means of the teaching which is to follow. These apologues are followed by extended Christian teaching, which treats two themes in particular, though doing so involves many others. Barlam first deals with Christian history, then with the individual. These are broad categories, but Barlam's teaching is concerned with Iosaphat's question as to 'what sykernes' he can have. The section concludes with an account of the apocalypse, a terminus for all history, but not before touching on three Christian parables, Dives and Lazarus (Luke 16:19), the Wedding Feast (Matt. 22: 2), and the Wise and Foolish Virgins (Matt. 25: 1).

[1] The appearance of the apologues are conveniently tabulated in D. M. Lang's article 'Bilawhar Wa-Yūdāsaf', *Encyclopaedia of Islam*, 1215-17, which lists in part:

	Greek	Georgian	Arabic
Drum of Death	2	1	1
Four Caskets	3	2	2
The Sower	1	3	3
Man in Pit	5	4	5
Three Friends	6	5	6
King for a Year	7	6	7
(Sun of Wisdom)	8	9	9
Happy Poor Couple	9	10	10
Rich Youth	10	11	11
Man and Nightingale	4	12	12
Tame Kid	12	13	13
(Costume of Enemies)	11	14	14
Boy who saw Women	13	16	16

This list does not include apologues not present in the Greek version (though Lang's list does), and notes only one Arabic version. The two apologues suppressed in Western versions are placed in round brackets.

The parables function as *exempla*, warning Iosaphat of his responsibilities and the world to come. Here, as elsewhere, the allegory is briefly treated, subordinated to the demands of instruction and narrative.

The transition to the next apologue, and also to the next section of Barlam's instruction, springs from Iosaphat's question 'What shall I do to be saved?' Barlam begins his discussion with the warning contained in the apologue of the Bird and the Fowler, which is moved from a later position in the pre-Greek texts to its present position. Understand the perils of ignorance, it teaches, be wise and not foolish, and you will no longer trust in idols or in the world. Since the foolishness of those who love the world is an important theme in *Barlam and Iosaphat*, the injunction against foolishness serves as a logical link with the two topics to which Barlam addresses himself in the next section: the place of sin in the world, and against sin, the perfection through baptism of Christians in general and of monks in particular. Using such parables as that of the Prodigal Son (Luke 15: 11), and the Good Shepherd (Luke 15: 4), Barlam approaches the next three apologues, which are closely, even logically, linked to each other. The first treats the fate of a man chased by a unicorn who drives him into a pit from which there is no escape, but the severity of the apologue is mitigated by the next one, the Three Friends, or as it is better known, the Everyman apologue, which suggests that man can escape from the pit into which he has fallen by turning to good deeds. This apologue, the source for the *Everyman* morality play,[1] is conditioned by the Unicorn apologue, and even the drama which was derived from it preserves something of the suddenness of its beginning, and the sense of moral shortcoming present in its protagonist. Both of these apologues are given a new application in the third, the King for a Year apologue, which warns the prince to avoid the dangers of the previous lessons, and to send ahead his wealth from this world in order to prepare a place for himself in the next. This warning is heralded in the

[1] *Everyman*, ed. A. C. Cawley, Old and Middle English Texts (Manchester Univ. Press, 1961), and for the connection with *Barlam and Iosaphat*, V. A. Kolve, '*Everyman* and the Parable of the Talents', *The Medieval Drama*, Papers of the Third Annual Conference of the Center for Medieval and Renaissance Studies . . . 1969 (New York, 1972), 69–98.

previous apologue by the reference to ten thousand talents from John 13: 37, which the Middle English text renders 'besauntys'. Taken together the two apologues indicate a way out for the man in the pit; the good deeds for which the second apologue called emerge as alms-giving in the third, and are an integral part of the scheme of salvation which Barlam constructs. Appropriately, the discussion is followed by a treatment of free will, a final statement of man's activities in response to God's, with which the second, salvational section of Barlam's teaching concludes.

The third and final section of Barlam's teaching treats Iosaphat's own case. It opens with two apologues, the Wretched Poor, and the Wise Young Man, which together illustrate the penultimate stage of Iosaphat's education. He must turn from the world's wisdom in which his father is now caught up, as does the King in the Wretched Poor apologue, and turn to the wisdom of God, allegorically the Church, to whom the Wise Young Man turns. The tale of the young man works on Iosaphat's conversion, and the teaching concludes with Barlam's remarks about God's goodness to him and to his companions. His discussion of his clothing and his age immediately precede the last of Barlam's apologues, the Wild Kid, which warns Iosaphat of the dangers of immediate escape, and the section concludes with Barlam's refusal of alms, itself another warning of the apparent deception of the world, and with Iosaphat's baptism and confirmation. Throughout this second section Barlam's teaching has emphasized the deception of the world and the need for spiritual insight into it, and the salvation of the converted sinner. Taken as a whole the teaching is considerably more hopeful, and somewhat less ascetic, than the earlier pre-Greek versions. In spite of the deep strain of asceticism which is to be found in all versions of the work, the spiritual insight which the Christian versions teach is by no means without hope, nor even without an element of joy.[1]

The third section of the work, which I have called the Deeds of Iosaphat, follows, and reaffirms the triumph of

<hr />

[1] Although I dissent in many respects from W. F. Bolton's treatment of the apologues ('Parable, Allegory and Romance in the Legend of *Barlaam and Josaphat*', *Traditio*, xiv (1958), 359–66) Bolton is one of the very few to argue that the apologues are structurally linked: see especially p. 363.

spiritual values over worldly vanities by showing the effects of Barlam's teaching in the world of action and argument. It is organized into three narrative blocks of very disproportionate length, one treating Nachor and his apology, one treating Theodas and his temptations, and one treating the triumph of Iosaphat in his new city. The section culminates with Iosaphat's final renunciation of his kingdom and the whole section may be represented thus:

I.
1. Zardan's loyalty and Arachias's advice
2. The monks' advice and martyrdom
3. Iosaphat's resistance and dream
4. Nachor's apology and conversion

II.
1. Theodas's advice: The Devils who deceive man apologue
2. Woman's temptation
3. Iosaphat's dream
4. Theodas's refutation and conversion

III.
1. Iosaphat given his city on advice of Arachias
2. Iosaphat rebuilds the city and converts the people
3. Letters from Auenner and Iosaphat and Auenner's conversion
4. Iosaphat's renunciation of his kingdom

The first block begins with Zardan's constancy and Arachias's advice, and constancy in a time of test is a central theme in this sequence. It is echoed again in the martyrdom of the captured monks, and taken together these tests prepare for Iosaphat's own. His intimidation by his father is sophisticated, and mixes threats and blandishments, but not before Iosaphat has been warned in a dream of his father's deceit, and is so able to resist the threats, and to refute the propositions his father lays before him. In the face of his steadfastness his father arranges, again on the advice of Arachias, the great disputation into which the Greek translator introduced the *Apology of Aristides*, which here takes place against the background of Iosaphat's and the monks' constancy. The length of the text gives great emphasis to the conversion of Nachor with which it concludes, and makes Iosaphat's victory over his father's philosophers all the greater.

The second narrative block turns from the temptation of faith to the temptation of person, and treats Theodas's advice and Iosaphat's subsequent temptation by the daughter of the Syrian king. It opens with the tenth and last apologue, which lacks the allegorical dimension present in Barlam's and suggests something of Theodas's shallowness of judgement.[1] The boy in the apologue, like Iosaphat, was enclosed at the time of his birth because of a prophecy, but because there is no attempt to address the boy's intellect, the apologue itself suggests the failure of Theodas's advice. The temptation which follows is one of the most interesting passages in the text, partly because of the engaging sophistry of the woman's argument—'fulfylle my litel lust and desire' she asks the Prince—partly because of the way which the problems which the incident posed are resolved. In the *Buddhacarita* Buddha saw the coarse physical aspect of the women only after he awoke from their entertainments, but the *Barlam*-author rescued his protagonist by the intervention of yet another dream, which is followed by a flashback, to show the effect of Iosaphat's spirituality on his demonic attackers. Driven away, they tell Theodas, their master, that they were not strong enough to withstand Iosaphat and his cross. The sequence of events prepares for Theodas's conversion, and the second block concludes by showing the triumph of Iosaphat's faith over the temptations which confront him, and by opposing Theodas's occult magic with the greater power of Christian faith.

The third and last narrative block treats Iosaphat's final achievement in his father's kingdom, the conversions he effects and the old Christians he receives, and these events precipitate both his father's conversion and his own final renunciation of the kingdom. Unlike Buddha's renunciation, Iosaphat's is undertaken in certain knowledge of what he is seeking; his enlightenment has already taken place. The emphasis in the last narrative block of part three turns from resistance against temptation to conversion, and even Iosaphat's father turns away from the world's foolishness, considers

[1] Bolton remarks of this apologue: 'It is simply literal: the meaning lies in the surface narrative; it is available to the eyes of the sense, even as it teaches the love of the senses. The story characterizes its teller, the worldly-wise courtier, just as the first nine apologues characterized Barlaam, the spiritually wise hermit' (364). Theodas is no courtier, but his apologue is indeed different in kind from Barlam's.

vinced, by his experiences and by God's grace, of its vanity. The deeds of Iosaphat are many, but taken together they amount to having remade the world into which he was born, and the important exchange of letters between father and son ratifies and gives formal expression to the finality of his conversions. In the terms of the work, no moral blame attaches to Iosaphat for having given up his kingdom, because throughout the work has insisted upon the primary importance of the individual's sanctity.

The fourth and final section, which comprises only the last ten folios in our manuscript, treats briefly Iosaphat's temptations in the wild and his final discovery of Barlam. It may be represented thus:

Separation — 1. Iosaphat goes into the wilderness alone and is tempted
Union — 2. He finds Barlam, aided by a hermit
3. After many years, Barlam dies
4. Iosaphat dreams of the life after death with Barlam
5. Iosaphat dies
6. After Iosaphat's death, his translated body is buried with Barlam's, and both produce miracles

Like the introductory section which had alternated spiritual encounter with narrative, the last section alternates between separation and union. Iosaphat separates himself from his kingdom only to find Barlam in the desert; Barlam dies, but Iosaphat sees him in a vision, and learns something of what life after death will be; Iosaphat dies, and he is buried with Barlam, but as proof of their sanctity and of their final and lasting union in heaven, their bodies, translated, produce miracles. The short encounters and providential meetings which began the work, and which have led to Barlam's teaching and Iosaphat's struggle with his father, culminate in the lasting union promised in Iosaphat's last dream. The structure of *Barlam and Iosaphat* follows and reflects the development of Iosaphat's own life, and by extension that of every devout Christian. It begins with his birth, follows with his education by Barlam and his subsequent deeds in the world, and ends with his death and his triumph in heaven.

If *Barlam and Iosaphat* preaches a *contemptus mundi*, a rejection of the world in favour of the spirit, it does so in a thoroughly Christian ethos, one which has penetrated the structure of the work as it has come down to us. The Latin version which swept across Europe, and which our translator has rendered into English, owed its popularity not only to the apologues which enliven the text, but also to the depth and resonance of Iosaphat's life. In spite of its profoundly astringent asceticism, and unremitting counsel of perfection, *Barlam and Iosaphat* is the story of Everyman, in his trials and temptations, and in what, with perseverance, may become his final end.

THE CRITICAL APPARATUS

The apparatus of this edition records all important additions made to folios 1–144 of MS Peterhouse 257 by the four hands which have worked over it. The single original scribe of the manuscript (S) wrote the text of *Barlam and Iosaphat*, occasionally correcting himself, usually by cancelling a repeated word or inserting a missing letter. He was then followed by a rubricator (R) whose main task it was to insert certain large capitals, and to rubricate randomly about twenty-five letters on each page for decoration. He also rubricated S's cancellations, and rarely made short marginal annotations. R's large capitals are not indicated in this edition, nor have we indicated his decorative rubrication, or his endorsement of S's cancellations. Thus a reading which we have simply noted as having been cancelled, has usually been cancelled by R as well as by S. R's marginal annotations are recorded. Some time after the manuscript left the scriptorium, perhaps in the sixteenth century, it was subjected to further correction by a hand which made numerous corrections and insertions, and also altered two passages, one on folio 36ᵛ, and the other on folio 39ᵛ. This hand we have called that of the interpolator (I), after a three word interlinear interpolation which appears on folio 36ᵛ, one to which a subsequent reader took exception. This interpolation is inserted, as are most of I's, which a recognizable caret, but on folio 39ᵛ I removed with a knife S's original text, and placed his own readings on top. With the aid of an ultra-violet lamp we have been able to recover most of S's original readings, and have indicated these with angle brackets, the same sign we have employed to indicate readings lost in the gutter of this tightly-bound manuscript. On both folio 36v and 39v we have banished I's interpolations to the apparatus, and restored S's readings. But who was this interpolator? A subsequent commentator on the manuscript, whom we have called the marginaliast (M), assumed that he was 'some papist grosser then ye first writer', that is, 'grosser' than S, on the basis of the interpolation which appears on folio 36v. Where S had written 'For in helle is no penaunce, ne confession after oure deth', I had added 'that may auayle'. From this relatively simple addition M concluded that the original text endorsed his view, that penance was not necessarily a sacrament, but simply an act of contrite repentance, and that I held the view that, since it was a sacrament, penance could not be effective after death and judgement. But M was almost certainly mistaking I's intention. The interpolation need suggest nothing more than the belief that when a soul is condemned to hell, the condemnation is for eternity. That I was no 'papist' becomes clear from the cancellations he has made on folio 39v, where he has altered a passage praising the effectiveness of saints' relics to an endorsement of martyrdom and right learning. Except for these two passages on folios 36v and 39v, I has carefully worked over S's text, even trying to duplicate his letter forms. We have preserved some of I's corrections. The fourth hand to work over MS Peterhouse 257 was that of the seventeenth-century marginaliast (M), whom we have already referred to. His corrections were mainly of two sorts, for he both made numerous comments in the margin about the text before him, usually from his militantly Protestant theological point of view, and he marked in the margin words and phrases which he found archaic or unusual, and glossed some of them. All of M's comments, glosses, and annotations have been recorded in the apparatus, as has his occasional correction of the text. When M marked a word for glossing, or for its unfamiliarity, he inscribed a wavy line in the margin, as well as underlining the word itself, but the apparatus records only the underlining. Where M has marked a passage, however, we have indicated the extent of his bracketing. [1]

[1] There are two physical features of the manuscript which are the results of an earlier reader's handling of it. Wax marks appear on several folios (including folios

Curled final -*r* has been read -*re*. Interlinear insertions, by whomever made, have been indicated thus: ` `, and if any hand other than S's was responsible, we have identified it in the apparatus. Word division, capitalization, and punctuation are all modern. Abbreviations are expanded silently, following EETS policy.[1]

127ᵛ, 132, and particularly on 137), and a small inch-wide piece has been cut out of the bottom margin of folios 69 and 70, not affecting the text, and folio 71 shows a burn mark at the point where the pieces have been cut away. Clearly the manuscript was read at night, under candlelight, and the cut margins may have been burned in the process, perhaps the result of an accident. There is no physical evidence to link these features to any particular reader, though I would conjecture that they may have come about during M's scrutiny of the manuscript.

[1] The scribe (S) has sometimes linked certain letter forms with a stroke, often a hairline stroke, but sometimes thickening into the width of one used for abbreviation. The forms linked are: terminal -*ch* five times; -*gh*- twelve times; terminal -*ll* five times; terminal -*ssch* once; terminal -*ssh* thirty-two times; -*th*- three times; terminal -*th* seventy-nine times. The use of the stroke is too inconsistent to be expanded silently; in a median position it is never an abbreviation, in a final position it could be, sometimes. The stroke functions often as a kind of 'scribal ligature', linking certain common letter combinations, but sometimes too it seems to have been employed where the scribe was not certain—or did not care— whether a final -*e* was to be written or not. The stroke may thus attest to the disappearance of final -*e* in vernacular prose manuscripts like this one. For a treatment of this kind of otiose production in contemporary manuscripts see M. B. Parkes, *English Cursive Bookhands, 1250–1500*, Oxford Palaeographical Handbooks (Oxford, 1969), pp. xxix–xxx.

BARLAM AND IOSAPHAT

What tyme þat abbeies were first ordeyned, and monkis
were first gadered togydre, al þe world spake of here good
conuersacion, and of here gostly lyf and holy, þat þei leued
in. For here good loos, and here good fame, spredde þorough-
out þe world. For many of hem forsoke al þat þei had, and
wente and dwelled in deserte, to put awey þe lustis of þe
flessh and of þe world, þere to lede here lyf in holy contem-
placion. That tyme þat monkis ledden þus here lyf in þis holy
contemplacion, þere was in þe prouynce of Inde a worthy
kynge þat was called Auennere. Þis kynge was ryche and
myȝty in bataile, and so worthi a man þat of al his enmyes
he had þe victori. Also þis kynge was moche in his persone
and wel chered, and he had grete plente of al maner of worldly
good. But as to þe soule, he had grete myschef and aduersite,
for he was a paynem, and worshiped fals mamettis. Þis kynge
leued in such prosperite, and delites, and merthis, and lustis
of his lyf, so þat noþynge fayled hym þat he wolde haue or
desire, safe o þynge þat put awey al þe gladnes, merthe and
ioye of his herte, þat was, for he myȝt haue no children, þat
he myȝt nat be called a fader. Þerefor he was ful sory. For of
al þynge he desyred most to be called a fadere. That tyme, as
þe glorious vse and manere was of Crysten monkis, þei
dispised þe fals ydolatrie of þe kynge, and dredde nat ne
lefte for no thretenynge, but prechid Goddis worde opinly, /
and tauȝt besely þe peple to lyue in good lyf, and in Goddis
worship. For þat tyme monkis put awey al þe delites of þe
world, and ȝaf here entente to serue God, and for Crystis
loue to suffre deth desirynge to haue þe blis of heuene. Thus
þei were nat aferde to preche þe word of God, for þei were so
holy, and had so grete a delite in God, þat þei pouȝt on noþynge
ellis, but only on God. Also some of hem tauȝt þe peple þe
corrupcion of þis presente lyf, how vnstable þe world is, and
sone fadith awey. Also þei shewde opynly how glorious is þe
blis of heuene, and þe lyf þere is wiþout corupcion and neuer

shal haue ende. Also þei prechid nat only þis with here mowth
vnto þe peple, but also leued perafter, and ȝafe hem example
how þe peple shold lyue and do to haue þe lyf þat is euer-
lastynge. Wherfor by here besy prechynge, and by here holy
lyuynge, and by þe grace of God, and vertu of Goddis worde,
moche peple of grete men and lordis, and also of þe comen
peple, forsoke þe prosperite of þe world, and here fals beleue
þat þei were in, and beleued in God, desirynge to come to þe
blis of heuene. So þat many of þe grettist men toke such
perfeccion þat þei were made monkis, to lede here lyf in holy
perfeccion, and to serue God in deuote contemplacion. This
Kynge Auenner herde telle how þe peple turned faste to Cryst,
and forsoke here fals ydolis. He waxe wode for anger, and
comaunded al þe Crysten peple to forsake þe feith of Cryst,
and to turne aȝen to here / fals ydolatrye, as þei vsed before.
He sente þorouȝout al his prouynce lettris to prynces and
dukis, to iusticis, and to al oþer maistrys of þe lawe, to con-
strayne þe peple to ydolatrie, and if þei wolde nat by here
good wylle, þei sholde turmente hem with dyuerse turmentis,
and horrible paynes, to make hem forsake þe Crysten feith,
and turne to his fals beleue. This commaundement wente
þorouȝout al his prouynce aȝens þe Crysten peple, and namly
aȝens monkis and men of relygion, and aȝens hem he arered
a grete bataile and a crewel. Than many of þe Crysten peple
myȝt nat suffre þe grete paynes and þe horrible turmentis
þat were ordeyned for hem. þei forsoke Cryst, and turned
aȝen to ydolatrye þorouȝ þe kyngis commaundemente. But
þei þat were þe pryncis of religion of monkis, þei reproued þe
kynge openly, so þat þei were marterid for Crystis sake, and
come to þe euerlastynge blis of heuene. Some wente and hyd
hem in wyldernes and in hylles, nat for þei dredde þe wykkid
kyngis turmentis, but þei dede so as by Goddis ordynance.

What tyme þat Inde in þis manere was þus brouȝt into
mysbeleue and erroure, and þe Crysten peple, some marterid,
and some dreuyn awey into wyldernes, to dennys and hylles,
and some were turned to ydolatrye, a worthy man þat was þe
kyngis cheef duke, þat was stedefast in þe beleue, he kepte
fast þe feith of Cryst. This duke was a semely man of persone,
and in strengþe passed al oþer men. What tyme þat he herde /

f. 2v

þe grete wykkednes and þe cursed commaundement of þe
kynge, he forsoke al þe vanyte of þe world, and lust and
lykynge þat brouȝt men doun fro contemplacion, and wente
into deserte amonge þe monkis, and dwellid with hem in hilles
and dennys, and ȝaf hym to grete fastyngis and wakynge, and
to oþer gostly meditaciones, and clensid al his wyttis fro al
worldly affeccyon, and leued in deuyne contemplacion. The
kynge loued moche þis man, and set hym in grete worship
and reuerence aboue al oþer persones. And whan þe kynge
herde telle þat he leuyd in þis manere and in þis beleue, he
was angry and sory in his herte þat he had lost suche a frende
þat he loued so moche. And þerefor he was more greuosly
steryd aȝen þe holy monkys, and sente al aboute to seche
hym in dennys and in hilles in deserte, and in euery place
where he myȝt be founde. Nat longe after, as þei souȝt hym,
þei herde telle þat he was fled into kavis and dennys, and
þere þey fonde þis good man, and toke and brouȝt hym
before þe kynge. The kynge, seynge þis holy man, how he was
in grete pouerte and febylnes of his body, and wered sharpe
clothynge, heire and opere clothis of penaunce in hermetys
manere and monkis, þat was wonte before tyme to were soft
clothis nexte his body, and opere precious aray, and be fedde
with grete deyntees and delicate metis, he was sory þereof,
and in a manere angere he spake to hym wordis of loue and
of plesaunce, and seyde: 'O þou Fole! What þynge hath made
þe to chaunge þe worshyp þat þou were in into þis desese and

f. 3

pouerte? And þe ioy and þe prosperite of þis world into
wrechidnes and aduersite? / Were nat þou my chefe duke
and maister of my lawys? and now þou art made scorne and
derisyon of al peple. þou were al þe ioye and conforte of
myn herte. What fortune haþ changid þi kende, þat settist
at naȝt þi children, [and] þi ryches, [and] þe ioy of þis
world, and hast take þe to þis sorow and abhomynacion of þe
peple? Whi hast þou do þus? What shalt þou wynne for þi
laboure, to forsake al our goddis and to beleue on hym þat is
called Cryst Iesu, and to forsake such ioye and merthe as þou
were in, and take þe to sorowe and pouerte and to such
hardnes of leuynge?' This herde þe holy man, and with glad
chere he ȝaf þe kynge an answere: 'O þou Kynge! If þou wylt

75
80
85
90
95
100
105
110

105 and¹] ne   and²] ne

heere þe cause of me of þis matere put out of þy motehalle
þyn enemyes, and þan Y shal ȝeue þe an answere of al þynge
þat þou wylt aske of me. For while þyn enemyes ben here
present, Y wyl ȝeue þe non answere. But only turmente me,
or slee me, or do with me what þou wylt. For Y am redy to
deye for hym þat for me was don on þe cros.' Than seyde þe
kynge: 'Which ben þo enemyes þat þou byddist þat Y shold
put awey fro me?' The holy man answerid and seide: 'One is
wreth. Anoþere is lust and selfwyl. For þes tweyne, wrethe
and lust, ben so kouered in kende þat þei be nat only enemyes
to hem þat leuyn after þe flessh, but also to hem þat leuyn
gostly after þe spyryt, and þei fyȝten euer and be contrarye
to al gostly lyueris. For lust brengith in a man to vnclennes,
and wreth distroyeþ hym. Put awey / þes two enemyes fro
þe, and take to þe wysdom and equyte. And if þou do þus,
Y shal treuly telle þe al þyn askynge.' The kynge answerid
and seide: 'Treuly, Y wyl graunte þe þi wylle. Y shal put
awey fro me both wreth and lust, and Y shal take to me wys-
dom and equyte. Y pray þe, telle me now sykerly what
erroure haþ brouȝt þe in, to forsake þe ioyes and þe conforte
þat we haue here, and may euery day se, for þe vayne hope
of þe ioye þat þou art in.' The holy man answerid and seyde:
'Syr Kynge, if þou wylt heere þe begynnynge, why Y haue
forsake þe vanyte of þe world, and ȝoue my hope and truste
to þynge þat is euerlastynge, heere now and Y shal telle þe.
What tyme þat Y was a ȝonge man, Y herde a ful good worde
and holesom, and þe vertu of þat worde rauyshyd so my
spiritis, and was so plantyd in myn herte, þat it brouȝt in me
þe froyt of good conuersacion þat þou seest me now in. Which
worde was þis? It is þe manere of vnwyse men to dispyce such
þyngis þat ben as þey were nat, and to take þe þyngis þat ben
nat as þouȝ þei were somwhat. Therfor, because of ignor-
aunce, þey know nat which is to dispice. This worde, by vertu
and grace, made me to take to þe ioye þat is euerlastynge and
vnchangeable, and to forsake þe fals vanyte and prosperite,
þe which, Syr Kynge, han closed þyn herte. And þat me rewith
sore. Also, in þe same delitis and prosperite Y was bounden
and closed, but þe vertu of þis worde haþ made me to chese
þe better wey and to forsake þe worse; to reproue al þat is

Rom. 8:4

f. 3ᵛ

1 Cor. 1:28

115
120
125
130
135
140
145
150

113 motehalle] *underlined by M with gloss: courte*

f. 4   synful, and to desire al þat is good / and plesynge to oure
lord, Iesu, þat he wolde delyuere me fro þe thraldom and lawe
of synne, and opene so my soule þat Y mow chese þe good

155   fro þe euyl. Now Y haue wel considered þat "al þis worldly   Ecc. 1: 14
prosperite is but vanyte and turmente of þe soule", as Salamon
seith in his prouerbis. "Now is al þe fylthe of synne taken
awey fro my soule, þat Y may ascende by contemplacyon to   2 Cor.
know my lorde God and to kepe his comaundementis."   3: 18

160   Wherefor Y haue forsake al þynge to thanke and to folowe
my lorde, Iesu Cryst, þat hath take and delyuered me fro þe
pytt of synne and of wrechydnes, and fro þe power of þe
deuyl, and of þis worldly vanyte, and hath shewde me in my
freel body to lede an holy lyf and a gostly conuersacion. For

165   whos loue Y haue desired þis streyte leuynge, and Y haue
dispised þe vanyte of þis world, þat is bowyng and vnstable.
And treuly, Y know non opere good þat may be called good,
saue þis only. Fro þe whych þou, wrechid kynge, art fully
delyuered and disioyned, wherefor we fully forsake þe and

170   departe fro þy felashyp. For þou art in euerlastinge perdicyon,
and woldist brynge vs into þe same perele. For while we vsed
þe knyȝthode of þis world, we lefte noþynge þat us semed to
do, as þou wylt bere wytnes, and neuer were necligent. Where-
for þou woldist make vs to forsake þat good þat is most to

f. 4v   be chosen, to brenge vs aȝen to þy / honouris and vanytees of
176   þe world, to haue mannys ioye and reuerence, which we haue
dispiced as vayn glorie, and to forsake þe frendeshyp of God
þat may neuer fayle, for þy frendeshyp þat may nat auayle.
Treuly, Kynge, þou art vnkende to þi lorde God Iesu Cryst,

180   þat made þe and ȝaf þe soule and lyf, which is euen with þe
Fader and þe Holy Gost, þat stabeled heuene and erthe with
a worde, þat made men with his owen hondis, and made hym
kynge ouere al þynge þat he made, and ȝaf hym immortalite
and paradise to be his kyngis sete, which was deceyued by þe

185   deuyl, and fyl as a wrech fro al þe goodis þat God endewed
hym in, and þat is gretly for to rewe. For he þat first was so
wel beloued of God, of al creaturis was most wrech, euere to
wayle and wepe for his mysgouernaunce. But þat good lorde
þat al þynge made and foormed, behelde aȝen mekely vnto

166 bowyng and vnstable] *underlined by M*   181 stabeled] *under-
lined by M*

þe worke þat he had made. Nat withstondynge þat he was
God, without begynnynge, for oure synne he toke mankende,
and wylfully deide vpon þe cros, and ouercome þe deuyl þat
so had deceyued oure forfader, and bonde hym, and toke out
þe soulis of þe deuelis thraldom, and brou3t hem into fredom
and ioye þat þei had lost, and fro whennys þei fyl by inobedi-
ence. He restored vs a3en by his grete mercy, and made us able
to more worthy ioye þan we were before. And þou dispisist
hym þat such þynge suffred for us, and made us worthy a3en
to such grete ioye, and hym þou offendist and his cros dis-
pysist. Me þinkiþ þou art vnkende. / Thou art al 3ouen to
lust and likynge of þe body, and callist þi cursed mamettis
and ydolis, þat ben domme and deef, þi goddis, so þat nat
only þou makist þiself strangie fro þe heritage of heuene, but
also al oþer peple þat obeyen to þi commaundementis, þou
brengist into þe same perel þat þou art in. Therfor, treuly,
Y shal nat beleue in þe, ne consente to þe, for to deneye my
makere ne my sauyoure, þou3 þou woldist deuowre me with
wylde beestis, or brenne or slee me, for þat is now in þy
powere to do. For treuly, Y drede no deth, ne Y loue nat þis
worldly prosperitees. For Y know wel here seeknes and here
vanyte. For þei ben noþynge profitable, but insufficient and
vnstable. In hem is moche sorowe and wrechidnes, and with-
out eny restinge, euere grete besynes. Here gladnes and delite
is but sorowe and desese. Here ryches is but myschef and
pouerte, and here heynes brengyth man to þe last dounfall-
ynge. Who can telle al þe harme þat þei do? Who can telle al
here vnreste? For al þe world is set in euyl, and perfor no
man loue þe world, ne noþynge þat is of þe world. For al þynge
þat is in þe world, oþere it is lust of þe flessh or lust of þe
eye, or pryde of lyf. And þe world shal passe, and his lust and
likynge also. And he þat doth þe wyl of God, he shal abyde
euermore. This wyl of God Y haue sou3t, and for it Y haue
forsake al worldly þynge, and dwelle wiþ hem þat haue þe
same desire, and serue þe same God Almy3ty. Among whom
is no stryf ne debate, non enuye ne sorowe ne besynes. But
al þey folowen on course, for to come to euerlastinge dwell-
ynge þat / God hath ordeyened to hem þat louen hym. þei
ben my faderis and my bretheren, and hem Y haue chosen to

1 John
2: 15-17

196-7 and made . . . before] underlined by M

my frendis. Y haue fled fro hem þat were sometyme my
230 frendis and my breþeren, and Y haue dwellid fro hem in
deserte, and Y haue byden vpon my lorde God, þat haþ made
me saf fro al wordly vanyte.' Whan þis holy man had seide al
þes wordis, þe kynge was ful sore moued, and wolde haue
crewelly turmentid hym, but he considered his grete nobilite
235 and worshyp þat he wolde tarye of his crewelnes til eft-sonys,
and seyde vnto hym in grete anger: 'O þou Wreche! What for-
tune haþ brouȝt þe þat þou desirest þus þi perdicion? þou
hast stired both my mynde and my tunge with þi lewde and
vayn talkynge. But bycause þat Y grauntyd þe in þe begyn-
240 nynge whan þou were brouȝt before me to put awey my
wreth, þou sholdist be brente and haue greuous turmente.
But now at þis tyme Y suffre, for þe olde frendeshyp þat
hath ben bytwene vs. Therefor aryse and passe out of my
syȝt, þat Y se þe no more, lest Y put þe to greuous deth.'
245 Than arose þis holy man and wente into deserte, and was
sory in a maner þat he had nat suffred martirdome for
Goddis loue. But euery day he suffred martyrdome in his
conscience 'fiȝtynge aȝens þe deuel and gostly enemyes', as   Eph. 6: 12
seiþ þe apostle. And whan þis holy man was gone, þe kynge
250 was angry and wrothe, and þouȝt to do þe monkis gretter
persecucyon, and to avaunce more hyȝly al hem þat wor-
shyped his fals ydolis.

Whyle þe kynge was in þis erroure and in þis crewel
slawghter of Goddis peple, it happid þat he had a ful feyre
255 sonne, þat in al þe londe was non so feyre a chylde as he was.   f. 6
The kynge was / wonder glad þat he had a sonne, and named
hym Iosaphat, and for grete ioye he wente with grete solem-
nyte and offerynge to do sacrifice and to þanke his fals
goddis for ioye of his sonne. And to hym þat was makere
260 þerof, þat was God Almyȝty, he thanked noþynge, for he
beleued nat in hym.

To þis grete solemnyte for þe byrthe of his childe he sente
lettris to al men riche and poore to do sacrifice vnto here
goddis, of þe whiche some broȝt boolys, and some sheepe,
265 and some oþer þynge as here power was, as fyl to þe kyngis
dygnyte, and to suche a solemne sacryfice. Whan þis grete
solemnyte was endid þe kynge rewarded euery man after his

257 Iosaphat] *underlined by* R

degre, ryche and poore, for here good wylle to do þat reuerence
in þe birthe of his sonne. Amonge al þat peple þe kynge lete
chese out fyve and fyfty of þe wysest men, þat were grete
clerkis, philosophers, and astronomyers, and called hem to
hym, and praide hem to telle hym what happe and fortune
shold falle to his childe in tyme to come. Thes wyse men
souȝt here bokis, and by here clergie þei seyde to þe kynge   270
þat his chylde shold be of al peple most ryche and myȝty,
and passe al oþere þat euere were before hym. But one þat
was most kunnynge, and wysest mayster of hem alle þat were   275
chosen, answered þe kynge and seide: 'Syr Kynge, as þe cours
of sterris haue tauȝt me and shewde, Y can prophecie of þi
childe as hym shal befalle in tyme to come. Thy childe þat
þou hast now here shal nat abide in þi reeme. But he shal   280
dwelle in a better and a more worþy, without eny comparsoun,
and he shal take þe relygion of monkis which þou greuosly /   f. 6ᵛ
pursewest.' Thus, þouȝ þis clerke was hethen, and knew nat   285
God, ȝit God ȝaf hym powere to seye trewthe of þe childe,
as hym sholde befalle. As Balam þe prophete, þouȝ he were
a shrewe and enemye to Goddis peple, ȝit God ȝaf hym
powere to seie trewthe and prophecie certeyn þyngis of his
incarnacyon.

    Whan þe kynge herde telle þat his sonne shold be a monke   290
he was sore agreued in his herte, and al his ioye was leyde
adoun for sorowe.

    Than beside þe cyte þe kynge lete make and bylde a feire
palice and a grete, wel araide with dyuerse chambris and gay
araies, and þerin he put his sonne for to dwelle. And whan þe   295
childe was of age to sett to scole, þe kynge ordeyned hym
maystris to teche hym, and oþer children to pley with hym,
and seruauntis ynouȝ to serue hym, and commaundid hem
þat þei shold in no wyse to telle his childe of no manere in-
firmyte, ne aduersite, ne heuynes, ne pouerte, ne of noþynge   300
þat myȝt deese his herte, but to induce hym to al merthe, al
sporte, al gladnes, and to al maner delyte þat myȝt be con-
forte to hym. For he shold on noþyng þynke þat were to
come afterwarde. And specialy he bade þat no man shold
speke to hym eny worde of Cryst, ne of his doctryne, because   305
of þe fortune þat sholde befalle hym afterwarde, as þe mayster

287 a shrewe] underlined by M

cf. Num.
22: 4

seyde. For þat he dredde sore. Also, he bade þat if þe childe
were enyþynge seek, þei shold lede hym fro one place to
f. 7 anoþer, and do hym al þe / disporte of feire syȝtis, of swete
310 smellys, þat þei myȝt shewe hym þat noþynge were dis-
plesynge to hym in no kende. Thus was þe childe serued in al
his ȝonge age, but he vnderstode nat what it mente, as at þat
tyme.

The kynge forȝate nat of þe disposicion of his sonne, as þe
315 maister had tolde hym, þat he shold be a monke, and anon
with grete anger he sente al aboute his sergeauntis and his
mynystris, by cytees and oþer placis, and made a comoun crye,
þat if eny monke were founde within his prouynce thre dayes
after his crye þei shold take hem and sle hem with crewel
320 paynes and turmentis, as horribly as þei kowde deuyse and
ordeyne be sworde or be fyre. For he seide þo were þe men
þat entisen and stiren þe peple to distroie þe worshyp of his
goddis, and to beleue on Cryst Iesu, þat was done on þe cros.

Afterwarde it happyd þat in þis feruente yre þat þe kyng
325 was in aȝens þes monkis, an holy man þat somtyme passed al
oþer in þe kyngis syȝt, and was meke and besy for to serue
God, he fled and hid hym for drede of þe wykked kynge.
Wherefor some þat were of þe kyngis seruauntis þouȝt to do
hym to þe deth if þey myȝt fynde hym. At þe last it happyd
330 þat þe kynge wolde go on huntynge, and his huntys and his
meyne with hym. Amonge al his huntys he had an hunte þat
was a riȝt good man. And as þis hunte wente alone, it happid
as by þe ordynaunce of God þat he fonde a man lygginge on
þe grounde in þe þykke wode, whos fote was greuously hurte
f. 7v with a beest. This holy man sawe / þe hunte passe forth by
336 hym, and called hym aȝen, and prayde hym þat he wolde
haue rewthe on hym, and helpe hym in þe seeknes þat he was
in, and brynge him home to his house tyl he were hole: 'And
hardely Y shal wel quyte þe for þi laboure.' The hunte turned
340 aȝen and seyde: 'Syr, with good wyl, because of kende, Y
shal be besy to make þe hole, but what profite is þat þou
seist þat Y shal haue þerfore?' The seek man answerid aȝen
and seide: 'Treuly, Y am a leche of wordis. If eny man be
hurte or founde in eny tribulacion, Y shal hele hym with

317 oþer] oþer þal, þal *cancelled*   339 hardely] *underlined by M*
with gloss: for suerly

congrue medicyne, þat his seeknes ne heuynes shal greue hym
no more.' The hunte set al at noȝt þat þe seek man seide to
hym, neþeles he brouȝt hym home to his house, and besied
hym fast þat he were hole. Afterwarde, it fyl as þe malicious
peple and enuyous wil haue forth here cursed entente, and to   345
brenge it to effecte and purpos, þei wente and accused þis
hunte to þe kynge, and seide þat he had forsake his goddis,
and take hym to Crysten feith, and also þat he had conspired
tresoun aȝens hym, 'and þerto he hath counseiled al oþer   350
peple. And if þou wylt certenly know þis for sothe, and þat
we sey it of no malice ne euyl wyl þat we haue to hym, do
hym come before ȝou, and asaie hym, and þere hym on honde,
þat he haþ forsake ȝoure goddis, and is become Cristen, and
þan shal ȝe know þe trewthe what he wyl seye.' Thus cursedly   355
þei ymagened aȝens hym, and falsly accused hym before
þe kynge. Neþeles, þe kynge had hym before in so grete
chersynge and loue, þat he supposed þat þe / accusacion was   f. 8
fals þat was put vpon hym, but ȝit he þouȝt þat he wolde   360
examne hym þerof, and asaye. The kynge sente after hym
and seide: 'Frende, knowist nat þou wel how moche harme
and grete persecucion þat Y haue do to monkis and to Crys-
ten peple? Treuly, now Y wyl do penaunce þerfore, and   365
dispice al my temporal worship and my kyngdom, for hope
to haue euerlastynge kyngdom þat þei han prechid and tauȝt.
For now Y know wel þat þis presente lyf is but deth. þerfore
me thynkiþ noþynge so good as is for to become Crysten,   370
and to forsake al þe myrthis and þe prosperite of þis world,
and to seke þo heremytes and monkis whom wykkidly I haue
pursewed with crewel persecucion, and to become one of
hem in amendement of my lyf. What seist þou hereto? What
is þi counseil? Were þis wel don, or nat? Sey me þe sothe, for 375
wel Y wote þat þou art a good man, wyse and redy to ȝeue
me good counseile.'

This man herde þe kynge þus seye, and wyst noþynge of
þe fraude and gyle þat was ordeyned for hym. He wepte for
ioye, and seyde: 'Syr Kynge, þou hast founde a good counseil 380
and an holesom, to forsake þyn erthely kyngdom, to come
to þe kyngdom þat is euerlastynge. And if þou desire it and
seke it, doute þe nat but þou shalt haue it. For al þe prosperite

361 chersynge and loue] *underlined by M*

þat is in þis world is but vanyte and sone passith awey, but þe
385 ioye and kyngdom þat cristen men prechen of is stedefast
and stable and euerlastynge, and knowith of no tribulacion.
The merthe þat we han in þis world is noþynge but payne
and turmente. þe loue þerof is euerlastynge hate & sorowe.
f. 8ᵛ But / þe laboure and trauaile þat Cristen men han in þis world
390 is swetnes, plente, and reste euermore durynge. Therefor, Sir
Kynge, parforme þi good entente and purpos. For it is riȝt
good to change þe welthis of þis world þat ben coruptible,
for þe welthis of þe blis of heuene þat mow neuer faile.'

Whan þe kynge herde hym þus seye he was ryȝt sory, but
395 he kepte his wreth wiþin hym, and wold naȝt sey as at þat
tyme. This good man was wyse and redy, and had a sotel
wytt, and anon he perseyued howe þe kynge, with fraude and
gile, had temptid hym and asaide. He wente home aȝen vnto
his house, and was greuously turmentyd in his spirites, and
400 þouȝt how he miȝt qweme and plese þe kynge, and to ascape
þe grete perel þat was to come afterwarde. He lay in his
bedde a nyȝt, but he miȝt nat slepe. At laste he bethouȝt
hym on þat man þat had þe sore foote, and called hym to
hym, and seyde: 'Y haue good mende hou þou seidest onys
405 to me þat þou were a good leche of wordis, for to ȝeue good
counseil.' þe man answered aȝen and seyde: 'Ȝe, for sothe.
And if þou haue nede, telle me, and Y shal shewe þe my craft
and my kunnynge.'

Anon, þe hunte tolde hym how grete he was some tyme
410 with þe kynge, and what loue and trust he had in hym, and
hou þe kynge in fraude and gile asked hym of a certeyn
matere: 'And Y answerid hym al in goodnes, and now wel Y
wote þat he is wrothe with me þerefore, by changynge of his
chere.'

415 Whan þe poore man herde þis, he answerid hym aȝen and
seide: 'Know wel þis, þat þe kynge had grete suspecion to þe,
wenynge þat þou woldist haue benome hym his kyngdom,
f. 9 and þer/for he seide it to asaie þe. þerfore avyse and shaue
þyn heed, and do awey þi gay clothis and precious garme-
420 mentis, and do vpon þe an heire, and erly in þe mornynge go
to þe kynge, and if he aske þe whi þou hast take þis habite
vpon þe, þou shalt answere hym and sey: "Sir Kynge, because
of þo wordis þat þou toldist me ȝesterday. Lo, here Y am

come to þe, and Y am redy to folowe & go with þe þat wey
þat þou desirest to go in þiself. For if þe delites and þe merþis
of þis world be to þe amyable and iocund, it longith nat to
me to ioye hem after þe. And if þe lyf þat þou desirest to lyuen
in be to þe harde and sharpe, it shal be to me ly3t and playne.
And as þou hast take me to þi felawe in þe delites of þis world,
as redy þou shalt haue me þi felaw in þi sorowe and aduersite,
to haue parte with þe of þo gooddis þat ben euerlastynge.''

This hunte conceyued wel þe seek mannys wordis, and
dede as he bade hym. The kynge sawe þis, and herde al his
wordis. He merueiled gretly, and þerby anon he vnderstode
þat he was his trewe frende without eny faylynge, and knew
wel þat al was fals þat was seyde of hym, and þerfor he had
hym in more truste and worship þan he had before. Eft sonys
þe kynge was gretly styred a3ens þe monkys, and seyde þat it
was here fals doctryne to stire men to forsake þe welthis of
þis world, for vncerteyn þynge þat is but vanyte.

Anoþer tyme as þe kynge wente out on huntynge, he saw
twey monkis goynge / in wyldernes, and anon he bade feersely
to brynge hem to hym, and with horrible chere he loked on
hem and seyde: 'O 3e fals heretikes and deceyuers of þe
peple! Herde 3e nat my sergeauntis to cryen about in euery
toun and citee openly þat after þre dayes non of al 3oure
secte were founde in my region, and if þer were eny founde
he shold be brente and distroied?'

The monkis answered and seyde: 'Beholde and se, for as
þou hast comaunded we ben gon out of þi cytees and townes.
But because þat we haue longe wey for to go in þis wildernes
and mounteynes to come to oure bretheren, þerfore we come
to bey us mete þat is nedeful to us, þat we fayle nat in oure
wey and pershe.'

The kynge seide a3en: 'He þat dredith 'nat' to deye nedith
to bey no mete.' The monkis answerid and seide: 'Treuly, Sir
Kynge, þou seist soth. For þei þat drediþ deth han grete
laboure and besynes how þei mowe ascape it. But who be
þey? For soþe, non oþer but þo þat ben 3ouen so to þe delites
and vanyte of þis world, and neuere hopen to haue non oþer
ioye but þat. Tho ben þei þat dreden deth. But we longe tyme
haue hated þe world, and al þat is þerin, and haue chosen an

42

43

43

44

44

f.

45

45

46

harde lyf and a sharpe for þe loue of God. We drede no deth,
ne we loue nat þis world. But we desyre to come to þat lyf

465 þat shal euermore dure. For þe deth þat is to us ordeyned by
3ou is but wytnes of a better lyf þat is euerlastynge. perfor

.10 it is nat dredeful / to us, but we with grete loue desire it.'

The kynge wolde haue take þe monkis in here wordis. He
seyde vnto hem: 'Tolde nat 3e me ry3t now how 3e fled out

470 of tounnes and cytees at my commaundement? And if 3e
dredde nat þe deth, whi fledde 3e awey? Now Y wote wel
þat 3e make me a lesynge.' Than answerid þe monkis and
seide: 'We fled nat for þi manace of deth, but we haue rewthe
on þe and compassion þat we shul be cause of þi more damp-

475 nacyon, and þat was þe cause þat we fled fro þe, and nat for
þi manace.'

The kynge was wroth, and in a grete anger he bade þat þei
sholde be brente. And so þes holy monkis suffred martyrdom,
and wente to þe blis of heuene. Than þe kynge comaundid

480 þat w'h'ere so eny monke my3t be founde, he shold be do to
deth without eny examynacion. And so þer was no monke
left in al þat region, but þo þat were in deserte, and hydde
hem in mounteynes and dennys, and leuyd þere in grete
penaunce.

485 The kyngis sonne, of whom we spake before, abydynge
in his palice, what tyme he come to natural age, he passed in
kunnynge al þe men of Inde and of Perse. He waxe wel in
soule and in body. He was wyse and redy. He put natural
questiones vnto his maistris, so þat al men wondrid of his

490 wytt and of his wyse vnderstondynge, and also þe kynge
merueyled of his stedefastnes and grace. perfor he bade þat
10v al men þat were aboute hym sholde in no wise / comowne
with hym, ne telle hym of noþynge þat shold put hym fro
lust and lykynge, but euermore to besy hem to kepe hym

495 þerin. But it happid þat it was al in vayne, and fyl to no3t,
as worde in þe wynde.

This childe had such vnderstondynge in his soul þat þou3t
in hymself þat no man durst come to hym for drede of his
fader, without his comaundement, wenynge þat his fader

500 wolde in no wyse ordeyne for hym but þat were good and

471 wote] wote wote   480 where] h is an interlinear addition
by I

profitable, and also if he asked enyþynge of his fader, he wyst wel þat his fadere wolde nat telle hym þe trewþe, þerfor he þou3t to aske certeyn questions of oþer men, and nat of his fader. Wherefor he askid one of his maistris þat he knew most kunnynge of al oþer, why his fadere had shet hym so within þat palice. And praide hym to telle hym þe cause whi, and he wolde loue hym best of al oþer, and haue hym most in reputacion. The maister was wyse, and knew wel þe parfit prudence of þe childe, and þat he were nat þe cause of þe childis perdicion. He tolde hym al þe cause fro þe begynnynge to þe endynge of þe gret persecucion þat his fader had a3en þe Crysten peple, and namly a3ens heremytis and monkis, which he had dreuen out of euery toun and cyte. And also how grete clerkis had seyde of his predestynacion whan he was bore: 'And because þou sholdist nat heere of here doctryne, þerfor he wyl þat no man come in to þe, but þo þat he hath assigned. And because of trust þat he haþ / vnto vs, he or- deyned vs to loke to 3ou, and to teche 3ou, byddynge vs þat we shold nat telle 3ou, ne shewe 3ou, enyþynge þat sholde make 3ou sory or heuy.' Whan þe childe herde þis, he durst no more sey, but anon þe Holy Gost enspired hym, and fulfylled hym with grace, as 3e shul heere afterward.

The fader come oft tymes for to se his sonne, for grete loue þat he had vnto hym. On a day it happid þat þe childe askid his fader and seyde: 'O Fader and Kynge Worthi, gretly Y desire to lerne of þe whereof it is þat such sorowe pershith my soule.' And whan þe fader herde þis, anon he was turbelid in his spyrit, and seyde: 'Now wel beloued sonne, tel me þy sorowe and heuynes, and anon Y shal turne it into ioye.' þan þe childe seide: 'What is þe cause þat þou shettist me so within þis palice, and wylt suffre no man to come in to me?' The fader answerid and seide: 'Sonne, for because þat Y wolde þat noþynge greuyd þyn herte, and Y desire þat þou sholdist lyue in al lust and lykynge, disporte, and in al oþer delite al þy lyf lastynge.'

The child answerid hym a3en and seide: 'Fader, know wel þat in þis manere Y may nat lyue in ioye, merthe, and prosperite, but þat Y am put in grete tribulacion and angwysh, so þat mete ne drynke may do me good. For it is to me boþ bytter and vnsauery, and þerfor Y desire to se þe merthe

and disporte þat is wiþout þis palice, to haue þerof merthe
and solace. þerfor, if þou / wylt þat Y be nat deed by in-
firmyte, lete me go out abrode where þat Y wyl, to haue dis-
porte and conforte of þynge þat Y neuer sye.' Whan þe kynge
herde þis he was riȝt sory and hevy, and þouȝt if he deneyed
þis his sonne, he shold be cause of his more desese and
sorowe and heuynes, and seide: 'Sonne, Y shal fulfylle al þyn
askynge.'

Anon þe kynge ordeyned for his sonne hors and meyne,
and bade hem to lete hym go where he wolde, and þat þey
shold be wysely ware þat noþynge come to hym but good,
and þat in euery place þei shold brynge before hym al maner
menstralcye and disporte to glade and conforte his herte
þerin.

On a day as þe kyngis sone rode aboute in his disporte, he
sawe twey men in his way, þat one was a lepere, and þat oþer
a blynde man. And whan he sawe þes two men he was sore
abasshid in his herte, and asked hem þat were with hym what
men þey were, and why þey were so foule for to loke on.
They sawe þat þey myȝt nat hyde hem out of his siȝt; þei
tolde hym: 'Thes ben passions and infirmytees of men, þat
fallen vnto hem by corupte matere, and of euyl complexion.'
The childe askid aȝen: 'Don þes infirmytees falle to al men or
nat?' þei answerid aȝen and seide: 'Nay, for sothe, þei falle
nat to al men, but to some men þat helthe is take fro by
abundaunce of euyl humoris.' The childe askid aȝen and
seide: 'Syþ þes seeknes / fallen nat to al men but to some
men, me þynkiþ þat þer is no man but þat he may haue þis
seeknes to come sodenly on hem and vnauysed.' Thei answerid
aȝen and seide: 'There is no man þat may know certenly þat
is to come to hym, ne what shal befalle hym. For þat passith
mannys nature, and is in no mannys powere, but only in oure
goddis aboue, þat been vndeedly.' Than þe childe enquerid of
hem na more, but helde his pees, and was gretly dismayed in
his herte for þe siȝt þat he sawe, and for þouȝt he changid
his chere.

Many dayes afterwarde þe kyngis sonne wente out to dis-
porte hym, and he fonde an olde man, whos face was al

567 fallen] fallen a   572 mannys powere] mannys and powere.
573] vndeedly] *underlined by M with gloss:* immortall

rowgh, his body was feble, his armys al lethy, his heed was al
hore, his teeth were out, and he spake al stamerynge. The
childe wondryd gretly of hym, and bade hem þat were with
hym to brenge hym to hym, and askid hem what manere man
þat was, and what was þe cause of his febylnes. Thei tolde
hym and seide: 'This man is passed fere in age, and for grete
febylnes þat olde men han, he is come to þis wrechidnes.'
Than þe chylde askyd aȝen and seide: 'What is þe ende of þis man?'
þei answered aȝen and seide: 'Forsothe,' quod þey, 'noþynge
ellis but deth.' þan he askyd whepere þat deth were þe ende
of al men, or but of one man alone. They seide aȝen to hym:
'But if deth were, it were vnpossyble þat euer eny / man f.
sholde come to þis febylnes and wrechidnes þat he is in.'
Than seide þe childe aȝen: 'In how many ȝere fallith þis
wrechidnes to man, and whan comyth deth, and if þer be eny
craft to ascape þis wrechidnes, and to kepe a man fro þis
febylnes, or nat.' They answerid hym aȝen and seide þat in
foure score wynter or an hundryd wynter þis febylnes and
age fallen to þe peple, and afterwarde þei deye. 'It may non
opere be, for deth is þe dette of kende, and fro þe begynnynge
of þe world it was ordeyned to al peple in general.'

The childe was wyse and redy, and conceyued wel al here
answeris in his herte, and syghed sore, and seide: 'Treuly, þis
lyf here is ful bytter, and ful of sorowe and wrechidnes. Who
may be syker of þe tyme of his deth þat is so vncerteyn, and
nat only vncerteyn, but as ȝe sey þat no man may ascape it.'
This he had euer besely in his herte, and contenuly he þouȝt
on deth, and in al his lyf his mende was on þis sorowe and
wrechidnes, and euer he seyde to hymself: 'Wheþer deth wyl
take me as he doth oþer men? Who shal haue mende on me
after my deth? Y trowe al shal be forȝete, and if he þat is
deed be brouȝt to noȝt, where þer be afterwarde eny oþer lyf
or eny oþere worold?' This he þouȝt euer in his herte, so þat
for þouȝt he waxe al pale. But euer in his fadris presence,
whan he come to hym, he shewde glad chere and mery, and
feyned in his herte iolite and gladnes. For he wolde þat his
fadere knew noþynge of his þouȝt ne of his / desese. And f.
gretly he desired for to fynde some man þat he myȝt opene
his herte vnto, and kowde fully certefye hym, and enforme

610 noȝt] noȝt and

hym in þis matere. Oft tymes he askid his forseide maister if
he knew eny man þat myȝt helpe hym to sett his herte in
620 eese of such matere þat vexed hym so sore, wherefor he was
so hevy. The maister answered and seide: 'Chylde, Y tolde þe
longe ago how þy fader distroide wyse men and heremytes.
Some he kylde, and some he pursewed, þat kowde ryȝt wel
haue enformed þe in þyn entente, and now Y know nat one
625 þat is left in al þis regyon.' Than þe childe was ful of sorowe,
and lykned hymself to a man þat had lost a grete tresoure,
and set al his besynes where he myȝt fynde it. Thus he lyued
in grete þouȝt and heuynes þat hym þouȝt al þe iolyte,
merthe, and prosperite of þis world was but fylthe and
630 abhomynacion. God knew wel þe childis desire, þat wyl þat
euery man be saued. Of his grete goodnes he shewde hym
a wey þat he must gon in for to come to saluacyon, in þis
manere wyse.

There was þat tyme an holy monke þat leuyd in gret per-
635 feccyon. And in holynes of lyuynge he passed al þat were of
monkis religion. Of what cuntre he was, and of what kynne,
Y passe ouere at þis tyme. In þe londe of Sannaar he had
made hym a celle, in deserte. He was a preest, and þerin he
dwelled. And his name was Barlam. This holy man, by reuela-
13v cion of God, knew wel / what state þe kyngis sonne was in.
641 This holy man wente out of deserte and turned to þe world,
and changid his habite, and dede on hym seculere clopis, and
toke a shypp in manere of a marchaunt, and come vp in þe
londe of Inde, and wente to þe cyte þere was þe kyngis sonnys
645 palice. He dwellid þere a grete while, and besily enquered of
þe kyngis sonne, and also of hem þat were aboute hym, þat
serued hym and kepte hym. And whan he knew þat þe for-
seyde maystere was moste famuliare with hym amonge al
oþer men, he wente to hym and seyde: 'Syr, wyte þou wel
650 þat Y am a marchaunt, and am come hyder fro fer cuntre,
and Y haue brouȝt with me a precious stone þat no man haþ
non such. And Y shewde it to no man ere now. And because
Y know wel þat þou art a wyse man and a redy, perfor Y wyl
shewe it to þe, and Y pray þou þat þou wylt brynge me into
655 þe kyngis sonne, þat Y may shewe hym þis stone, for treuly

Matt.
13:45

638 heʒl he w, w cancelled   639 Barlam] underlined by R with anno-
tation: Barlam   644 Inde] underlined by R

it passith al oþer iewellys in þis world. The vertu of þis stone is to make blynde men to se, deef men to heere, dumme men to speke, to make seek men hole, to ȝeue wysdom to lewde men, to dryue awey deuelis, and to do al þynge þat is good and meruelous to mannys wyt.' The maister answerid hym and seyde: 'Y se wel þat þou art a stable man, wyse and redy. But Y merueyle gretly of þy wordis. For Y haue knowe and seyn many noble stonys and precious margaritis, and / Y kowde telle þe of þe vertues of hem, but of such vertu as þat stone is, Y saw neuere ne herde before þis tyme. Y pray þe lete me se it. And if it be as þou seist, Y shal brenge þe into þe kyngis sone, and þou shalt haue perfor plente of al worldly good, and tyl Y se and be certeyn þerof, Y wyl nat telle þe kyngis sone of a stone of so grete a vertu.'

Than Barlam answerid aȝen and seide: 'þou seist soth, for þou saw neuer ne herdist telle of such a stone þat had such vertues and operacions. But bycause þat þou desiryst to sen it, Y telle þe treuly: þis precious stone haþ nat only þes vertuys, but also he hath anoþer grete vertu, þat it wyl be sey of no man clerly, but of hym þat is chaste in body, and in no manere synne defouled. And if eny man loke þeron and be nat chaste in body, but be defouled in synne, he shal in þe siȝt þerof be blynde and gon out of his mende. And because þat Y am no good leche, and Y considere wel þat þou art nat so parfyte in clennes, Y am gretly aferde þat if þou se it, þou sholdist be blynde, and also gon out of þi mynde, and þan were Y cause of þy distruccyon. But Y haue herde telle þat þe kyngis sone hath clere eyen to se it, and is also chaste in his body. þerfor Y desire to shewe hym þis tresoure, and be nat þou neclygent þat þi lorde mow haue þerof a syȝt.' The maister seide aȝen: 'If it be soth þat þou seist, Y pray þe / lete me nat se þat stone. For Y wote wel, Y haue leuyd al my lyf in synne, and þerfor Y kepe nat se it. But me semyth þat Y may trust to þy wordis, and þerfor anon Y shal go telle þis to my lorde.'

The mayster wente in, and tolde al þis matere to þe kyngis sonne. And whan þe chylde had herde al þe maistris wordis, he felte such a gladnes and a ioye in his herte þat his soule

672 operacions] acio blotted   673 nat] t is blotted in MS   679 leche]
ascender of h and e blotted

was ly3tned al with gostly conforte, and anon he bade þat þe
695 man sholde come in to hym. And whan Barlam come in, he
bade þe maistere to gone out of his chamber. And whan he
was gon, Iosaphat seide vnto Barlam: 'Now shewe me þat
precious stone þat my maister tolde me þat was so meruelous
and of so grete vertu.' Barlam answerid a3en and seide: 'O
700 worthy kyngis sonne, it were vnri3tful and vngoodly to me to
telle 3ou enyþynge þat were wronge and contrarye, þat shold
displece 3oure noble worthynes and dignyte, but al þyngis
þat Y shal telle 3ou, þei ben trewe and wiþout eny doute.
But first Y must fele 3oure wyt and 3oure kunnynge, ere Y
705 shal shew 3ou þis grete mysterie. For my Lorde seith þat per
was a man þat wente out for to sowe his seed. And as he
sewe, some fylle beside þe wey, and þe byrdis of þe eyre
eete it vp. Some fyl vpon stonys, þere was but litel erthe, and
it grew vp anon, and whan þe sunne shone vpon it, anon it
15 was drye / and faded awey, for it had no roote. Some fyl
711 amonge thornys, and whan þe thornys grewe it distroide þe
good seed. And some fyl into good londe, and it bro3t forth
an hundridfold froyte. þerfor if Y fynde in þyn herte londe
þat is good and froytful, Y shal sowe in it þe seed of Goddis
715 worde, and Y shal shewe þe þe feire precious stone þat Y
haue bro3t vnto þe. And if þe londe of þy herte be stony or
ful of þornys, it is nat good to me to sowe þerin þis precious
seed to be deuowred with fowlis and beestis, to whom Y am
comaundid to shewe no precious margarites. But Y trust so
720 moche in þe, þat Y shal fynde so good londe in þi soule, þat
þou shalt mow se þis precyous stone, and by his vertu þis
seed shal growe in þi soule, þat it shal brynge forþ an hun-
derdfold froyte. For þi loue Y haue take vpon me grete
laboure and trauayle, and am come fro fer cuntre to shew þe
725 þynge þat þou saw neuere ere, and to teche þe þat þou neuer
herdist.'

Than spake Iosaphat and seide to hym: 'O worthi olde
man, Y desire gretly to heere new þynge þat is good, and þy
worde haþ so feruently styred my soule þat Y haue grete

Matt. 13: 18
Mark 4: 3
Luke 8: 5

695 Barlam] *underlined by R*   697 Iosaphat] *underlined by R*   Bar-
lam] *underlined by R*   699 Barlam] *underlined by R*   705 my lorde
seith] *annotation by R: Narracio*   721 shalt mow] *underlined by M*
725 neuere ere] *underlined by M*   727 Iosaphat] *underlined by R*

lykynge to heere þo questiones þat ben necessarye vnto me. For before þis tyme Y founde no man þat kowde teche me of þes þyngis, þat þou hast me tolde. And if Y kowde fynde eny man þat kowde teche me þe worde / of helþe and of gostly seed, Y shold nat take it to fowlis ne to beestis, and þe londe of myn herte shold nat be founde stony, ne ful of þornys, as þou hast seide, but treuly Y shal take it, and wysely Y shal kepe it. Therefor, if þou knowyst such þynge, hide it nat fro me, but shew me þe trewthe þerof. For whan Y herde telle þat þou were come fro fer cuntre, Y hoped wel to haue of þe þat Y desired. þerfor Y made þe to come in to me, and Y haue made þe famyliare with me, as þou were one of myne. And so þou shalt be nexte myn herte, þat Y be nat deceyue(d) of my purpos.' Than seyde Barlam: 'Thou hast wel done to take non hede to þy grete worthynes, but only to hope of euerlastynge saluacion. Here now þis example.'

'There was some tyme a grete and a glorious kynge in Cecile, whos name is Seynt Stewene. And as he rode in his chare of gold, and was arayde in gay and precious clothis, and moche peple with hym, it happid þat he mette with twey men, þat had on hem foule clothis, and al totorne, and were ful lene and pale of face. Anon as þe kynge saw hem in such myschef and pouerte and febylnes of body, he lepe out of his chare with his clothis þat were so precious, and dede hem worshyp and reuerence, and toke hem in his armys and kyste hem. The lordis and þe grete men þat were with hym had grete scorne and indignacion, þat / here kynge dede suche reuerence and worshyp vnto þe poore men, and such shame dede vnto his dygnyte. Thei durst nat anone reproue hym þereof, but made a compleynt and a suggestion vnto his brother, þat he shold speke vnto þe kynge, þat he dede non such reprofe to his grete dygnyte. Hys brother was heuy hereof, and in a fer manere spake to hym, þat hym þoȝt it fyl nat for a kynge to do non such humylite ne be so lowly. The kynge conceyued wel what he mente, and considered wel what was his entente, but no worde he seide as at þat tyme. The vse and condicion of þis kynge was þat what tyme he ȝaf þe sentence on eny mannys deth, he wolde sende a bedel

743 Barlam] underlined by R   746 There was] annotation by R: Exem-
plum   747 Stewene] underlined by R   763 it fyl] underlined by M

before his gate þat was ordeyned þerfor, and þer he sholde
blowe in a trumpe, and þerby al men shold wel know þat þe
man was worthi to be deed. And whan ny3t come, þe kynge
sente þe man with his trumpe vnto his brotheris gate, and þer
he bade þat he shold blowe with his trumpe. Whan þe kyngis
brother herde þe trumpe of deth at his gate, he was sore
aferde to be deed, and al ny3t he disposed his gooddis. And
in þe mornynge erly he dede on hym clopis of blak, and toke
with hym his wyf and his children, and wente vnto þe gatis of
þe kyngis palice, moornynge sore and wepynge. And whan þe
kynge saw hym so wepe, and in so grete heuynes, he bade
hym come in to hym, and seyde: "O þou Fole and vnwysc
man! Whi art þou so sory and heuy?" / He answered a3en
and seide: "For Y herde tony3t þe trumpe of deth blowen at
my gate, wenynge þat Y shal be deed, and Y haue noþynge
trespacid, wherefor Y put me in 3oure grace." The kynge
seyde a3en to hym: "If þou dreddist so moche þe bedel of
þi broþer þat blew at þi gate, a3ens whom þou wost wel þou
hast nat trespacid, how durst þou þan reproue me þat in my
lownes dede reuerence and kiste þe bedelis of my lord God,
þat wiþ here trumpe shewde me þe bytter deth and þe gastful
comynge of God, a3ens whom Y wote wel þat Y haue tres-
pacid gretly? Se now þyn owen foly. An'd' in anoþer manere
Y shal reproue hem alle þat made þe to reproue me for myn
humylite." And þus þe kynge informed his brother, and sente
hym home a3en.

Afterwarde þe kynge comaunded foure chestis to be made
of tree, and tweyn were kouered al aboute with gold, and put
þerin ful of deed mennys bonys, and shett hem fast with
lokkis of gold. That oþer tweyne were al dawbyd aboute with
pych and terre, and fylde hem ful of precious stonys and
noble oynementis and swete bawmes, and bonde hem aboute
with cordis. Than he bade to come before hym al þo lordis
and gentiles þat made his broþer to reproue hym for his
humylite, and sette tofore hem þes four chestis, and bade hem
deme whych of þo chestis weren most ryche and precious.
Anon þei demyd þe two chestis of / gold to be richer þan þe
oþer tweyne, for þei supposed þat in hem was grete tresoure

16v
770
775
781
785
790
795
800
805
17

of diademys and of oþer precious iewellys. And þe oþer
chestis þat were dawbyd without with pich and terre, þei
seide þat þei were foule and abhomynable, and no good
þynge worthy to put þerin. Than seyde þe kynge to hem:
'Wel Y wote now þat 3e deme þes chestis by si3t outwardis,   810
but 3e considere noþynge þat is wiþin, þerfor 3e shul se now
what þynge is within hem, þan 3e may telle me what þei ben
worthy.' Anon he bade þat þei sholde opene þe chestys of
gold. And whan þei were opened, þer come out of hem a
cursed stenche, and þe sy3t of þat was within was grysly and   815
abhomynable. Than seide þe kynge to hem: 'This is þe fygure
of hem þat in þis world ben arayde in gay and precious
clothynge, and ben born vp with grete nobilite and pryde.
And in here soule þei be foul and stynkynge al in synne.'
And þan þe kynge bade opene þe oþer two chestis, þat were   820
dawbid without with pych and terre, and whan þey were
openyd þe sy3t of þat was within was so glorious þat it con-
fortid al þe peple þat stode þereaboute, for þe bry3tnes and
þe swete sauoure. Than seide þe kynge to hem: 'Treuly,' he
seyde, 'þis is lyke to þo men þat were so poorly and foule   825
clothid outwardis, and within þey be ful glorious and precious,
þat 3e wende were foul and abhomynable. Therfor Y fyl
doun to grounde and dede hem reuerence, for Y wyst wel þat
þey more preciously weren / in þe si3t of God þan al þe rych   f. 1
men þat hadden al þe ryches of þe world.' Thus þe kynge   830
tau3t his meyne þat þey sholde no more deme of þynge þei
saw outwarde, but only take hede to þe goodnes þat is in-
warde. Therfor, Syr, do after þis meke kynge and wyse, and
do as he dede, and þan Y hope þou shalt nat be deceyued.'

Iosaphat answered hym a3en and seyde: 'This Y considere   835
wel, þat þou hast tolde me, but on þynge Y wolde leme. Who
is þat lorde, þat þou toldist me in þi begynnynge þat sewe þat
seed þat þou spakist of before?' Barlam answered a3en and
seyde: 'If þou wylt know, my lorde, wyte þou wel þat my   840
lorde is Cryst Iesu, þe only sonne of God, blessed and almy3ty,
kynge of kyngis, and lorde of al lordis, þat is vndeedly, with-
out begynnynge and without ende, ygloryfied with þe Fadere
and þe Holy Gost. Treuly, Y am non of þo þat worschipe þes

1 Tim.
6: 16

835 Iosaphat] underlined by R   838 Barlam] underlined by R
841 vndeedly] underlined by M with gloss: immortall

fals goddis þat ben deef and dumme, and haue no soule, but
Y worshipe one God in þre personys, Fader, and Sonne, and
Holy Gost, in one nature, in one substaunce, in one ioye, and
in one kyngdom without deuycyon. So in þre personis is but
one God þat is without begynnynge and without endynge,
euerlastynge, vnconuertible, vnchangeable, vnuisible, good
and ryȝtful, þat al þynge made of naȝt, both visible þynge
and vnuysible.

Fyrst he made þynge vnuysible, þat is, þe vncorperal angelis   Gen. 1
of heuene, þe multitude of hem may / nat be numbred, þat
euer seruen God in his hyȝe maieste. Afterwarde he made þe
visible þynge, þat is al þis world, heuene and erthe and þe
see, and arayde hem with dyuerse kendis. In heuene he or-
deyned þe sunne þe moone and þe sterris, and oþer planettis.
The erthe he araide wiþ trees, herbis, and beestis to brenge
forth here froyte. The see he araide with dyuerse kendis of
fyssh. Al þis he made at his comaundement. Than afterwarde
he made man, with his owen handis, of þe erthe, and made
hym a soule vnto his owen lyknes, and ȝaf hym resoun and
vnderstondynge. This man was made after þe ymage of God,
for þe vnderstondynge of þe free wylle þat God ȝaf hym, and
also after þe lyknes of God, for þe possibilite of his vertu.
Thus God made man, and made hym lorde and kynge ouer
al erthe. Of hym he made a womman lyke vnto hym to be his
make and his helpe. He made also paradise in þe eest, ful of   Gen. 2: 8
al myrthe and delytes, and þerin he put man þat he had made   ff.
and bade hym to take parte of al trees and of al þynge þat he
had made, saf only of one tree, þat was called þe tree of
knowynge good and yuel, and tolde hem þat what tyme þei   Gen. 2: 17
tastid of þat tree, þei shold deye. Also one þat was prynce of
al angelis turned awey fro his lorde, and fyl al to malice, nat
wythstondynge þat he was made to / be good. He had fre
wylle, and turned fro good vnto euyl, and waxe proude and
rebelle to his lorde God. Wherefor he was put out of his dig-
nyte and of his ioye, and caste he was doun into helle. And
þere he was first called an angel, þan he was called þe deuyl
Sathanas. With hym also were caste out of heuene al þe   Rev. 12: 9
angelis þat were vnder hym, and consentid to his malice, and
þei ben also called deuelis, as malicious creaturis and fals to
here God. There þe deuel forsoke al goodnes, and toke hym

to al malice and enuye, and euer after he was enemy to man,
þe which was put in so grete worshyp þat he had lost þorouȝ
his pride. This deuyl toke on hym þe lyknes of an adder, and
spake to the womman, byddynge here þat she sholde ete of
þe appel þat God forbade here, and so by here he deceyued
Adam. Therfor bycause þey were inobediente vnto Goddis
comaundemente, and eete of þe tree þat was forbode hem,
þei were put out of Paradise, and so þei were changid from
a blissed lyf and good conuersacion, vnto grete sorowe and
wrechidnes. And for lyf, he was condempned vnto þe deth.
And þe deuyl in his malice is euer besy vpon erthe to brynge
men into temptacion, and so he broȝt hem into horrible
synne. But God wolde nat suffre þis, for he sente a flode
vpon erþe and distroide al þat was on erþe, safe o ryȝtful
man þat he fonde, with his wyf and his children, and certeyn
beestis with hem, he put into a shyp, and / so þei were saued.
And bade hem to multiplie aȝen þe erthe. Ȝit afterwarde,
whan þe world was encresid and multiplied, þe deuelis temp-
tacion was so myȝty amonge þe peple þat anon synne and
dyuerse errouris began fast to encrese. Some turned al to
here owen wylle, and wende þer had be no God but þey, and
þus þei gouerned hemself al without wysdom. Some ȝaf hem
al vnto fortune, and þerby þei were reuled and gouerned.
Some made fals goddis, and to hem þei 'dede' reuerence,
worship, and sacrifice, þat shold be auctoris of here synnes
and of here euyl dedis, and made of hem figuris and ydollis,
þat ben both deef and dumme. And hem þei setten in templis,
and dede to hem sacryfice, raþer þan to here God. Some wor-
shiped þe sunne and þe moone and þe sterris, þe which God
sette in þe fyrmament to ȝeue liȝt to al þe world, and by
hem al erthe sholde be gouerned by þe ordynaunce of here
makere. Some worshiped and serued fire and water and al
oþer elementis, and also vnresonable beestis. Some serued
crepynge beestis, and hors and keene, wherfore þey made
hemself worse þan þat þynge þat þei serued. Some made
symylitudis of men, and called hem here goddis, and some
þei named goddessis. Wherof some were auowtrers, some
man killers, some enuyous, some wode, some angry, some

885

890

895

f. 1

900

905

910

915

920

robbers, some thefis, some / halt and lame, and some feble
and wycchis. Some deide in sodeyn deth, some were drenchid,
some were transfygured into oþer beestis, and some come to
925 myshap and to myshcaunce, whereþorouȝ men toke example
of here goddis þat þei made, and were brouȝt vnto al manere
of wrechidnes. That tyme such derknes kneuered al oure
kende þat vnneþe was eny man þat knew his God.

'Abraham þat tyme was a man alone þat knew his lorde   Gen. 11: 25
930 God amonge al oþer creaturis. He considered wel þat heuene
and erthe and þe see, þe sunne and þe moone and þe world
and al þat is þerin, þat þei were neuer made of hemself. No-
þere he had no beleue to þe fals ydollis þat þe peple serued,
but in al þes creaturis he knew wel here makere, one lorde,
935 God Almyȝty. God knew wel his grete perfeccion of his feith,
and þerfor shewde hymself vnto hym, nat in his owen sub-
staunce, for þat is vnpossible here eny creature to se, but in
anoþer lyknes, and put such perfeccion and vnderstondynge
in his soule þat he made hym famuliare with hym, and his
940 leef seruaunt. This Abraham tauȝt al þat euer come of hym
for to beleue on þe same God þat he beleued on, and þat he
was makere of heuene and erthe, and non oþere but he.
Wherefor God behote hym to multeplie his seed, as þe sterris   f. 20
of heuene and grauel of þe see. And þat seed he called / his
945 owen peple. And hem he delyuered out of þe thraldom of
Egipte and of þe kynge ⟨P⟩harao, with grete wondris and   Exod.
tokenys þat he wrouȝt by his seruauntis Moyses and Aaron,   14: 22
þat withstode þe crewel malice of Pharao with grete afflic-
cions, and broȝt þe peple of Israel þat were of þe kenrede
950 of Abraham þorouȝ þe Reede See, where þe see departid,
and had a drye passage, and þe see stode vpon euery syde
of hem as a walle. This children of Israel Kynge Pharo pur-
sewed with grete multitude of peple, and folowed hem
into þe see, and anon þe water turned aȝen sodenly, and
955 drenchid al here enmyes þat non were leeft alyue. After-
warde he ledde his peple fourty wyntere in deserte, with
wonder myraclis, and fedde hem with angelis mete, and toke

922 some²] repeated as first word verso   929 Abraham] underlined
by R   940 leef] underlined by M   Abraham] underlined by R
943 behote] underlined by M with gloss: promised   946 Pharao] under-
lined by R   947 Moyses] underlined by R   Aaron] underlined by R
950 Abraham] underlined by R   952 Pharo] underlined by R

Exod.
16:4-35

hem .x. commaundementis in two tabelis of stone by his ser-
uaunte Moyses in þe Mount of Synay, comaundynge hem to
do no worship ne reuerence to no fals goddis ne ydollis, but
to hym alone, and hym þei shold serue in worde and dede.
Afterwarde God brou3t þis peple into þe londe of beheest,   960
þat was a good londe and plentenous, which he behy3t
before to Abraham and to hem þat come of hym. For sothe, it
were to longe for me to telle al þe wondris and meruayles þat
he wro3t for his peple, for trewly þey may nat be numbrid,   965
by þe which he wolde withdrawe al mankende fro þe cursed
seruytute of ydollis / and to serue hym only þat was here f. 20
makere. And 3it al þe peple for þe synne of Adam deiden,
and wente to helle. God of his goodnes wolde nat suffre his
peple in sorowe and wrechidnes, and had on hem pite and   970
compassion, in so moche þat he sente his owen dere sonne,
þat was euen with þe Fader and þe Holy Gost without begyn-
nynge and without endynge, and very God, to come doun
fro þe trone of heuene into a maydenys wombe. And of here   975
and by þe inspiracion of þe Holy Gost he toke mankende and
was made man, without eny mannys seed, and she a maide
euere beforn and after. This maide is called Mary, þat by
worde of þe angel conceyued both God and man. þis passed
al oþer natural concepcion. Thus God become man for us   980
by mayde Mary, and by þe workynge of þe Holy Gost, and
was verry God and man, which in his manhode was passible
and without synne. He toke vpon hym oure infirmytees to
a3en-beye his peple fro þe deuelis thraldom. For because þat
deth come into þe world by synne, it must nedis be þat oure   985
a3en-beyere shold be without synne. This God and man .xxx.
wynter was here conuersaunt amonge þe peple, and was bap-
tised in flum Iordan of his seruaunte Seynt Ion, þat passed al
oþer prophetis. And while he was baptised þe voys of þe
Fader of Heuene was herde, þat seyde: "This is my wel be-   990
loued sonne, / in whom Y am wel plesid." Also þe Holy Gost f. 2
was seyn vpon hym in liknes of a dowve. And after þat he
wro3t many myraclis. He made deed men to ryse to lyue,

Rom. 5:12

Matt. 3:17
Mark 1:9
Luke 3:22

959 Moyses] *underlined by R*
gloss: promise   964 Abraham] *underlined by M with*
underlined by R   *gloss:* redeemer
986 a3en-beyere] *underlined by M with gloss:* redeemer
lined by R

962 beheest] *underlined by M with*   969 Adam]
964 Abraham] *underlined by R*
984 a3en-beye] *underlined by M with gloss:* redeme
988 Ion] *under-*

blynde men to se, he drofe deuelis out of þe peple, deef men to heere, dumme men to speke. He helid seek men and feble, he clensid lepris, and he renewed aȝen oure olde nature both within and withoute. He tauȝt þe peple þe wey of trewthe both in worde and dede, for to leue synne and to come to þe lyf þat is euerlastynge. He chose to hym .xii. disciplis which he called apostelis, and he bade hem to preche al peple þe wey to þe blis of heuene, and nat to ȝeue here trust in þyngis þat ben erthely. Wherefor þe pryncis and þe bysshoppis of þe Iewys were smyten with enuye aȝens hym, and had indignacion to hym for þe grete myraclis þat he wrouȝt, and þey condempned hym to be deed. Than þey hyred one of his disciplis for to betraye hym. þey toke hym and beet hym and dede hym grete persecucion. Al þis þat good lorde suffrid by his owen good wylle for saluacion of mannys soule. Thus he had for us grete payne and passion, and at þe last þey hynge hym on þe cros. Al þis he suffred in oure kende, þat he toke of us, but in þe Godhed of hym he was inpassible and vndedly. Thus Cryst deyde on þe cros / for oure synne. For treuly, he dede neuer synne ne neuer was founde ydel worde in his mouthe. Than wente he doun into helle, and breke vp þe stronge gatis, and delyuered out his holy peple out of þe thraldom of þe deuyl. He was take doun of þe cros, and leyde in a sepulcre. The þirde day he aroos fro deth to lyf, and ouercome deth, and ȝaf us victori aȝens it. Than was he in his manhode vncorruptible and inpassible. He appered to his disciplis and ȝaf hem pees, and by hem to al crysten peple. And after fourty dayes he stye into heuene in oure kende, and sit at his Faderis ryȝt syde. Hereafterwarde he shal come doun aȝen to deme both quyk and deed, and to ȝelde euery man after he haþ deserued. Aftere his glorious ascension he sente þe Holy Goste in liknes of fyre to his disciplis, and fulfylled hem with al maner langage. Afterwarde þei wente aboute þe world and prechid þe peple þe riȝt feith and beleue, and cristened hem in þe name of þe Fadere, and of þe Sonne, and of þe Holy Gost, and bade hem to kepe Goddis comaundementes. Thei lyȝtned þe peple þat was in erroure, and made hem to forsake here fals mamettis. Bit þe

Luke 6: 13

Matt. 27: 18

1 Pet. 2: 22

Matt. 28: 19

1010 kende] *underlined by M with gloss:* nature   1020 stye] *underlined by M with gloss:* ascended   1030 mamettis] *underlined by M with gloss:* Idoles

deuyl haþ enuye vnto us, and stireth þe peple to worshipe fals ydollis, and nat to know here God þat is almy3ty. But his powere is made feble, and al his wrenchis failen by þe vertu of Cryst Iesu.

'So now, Syre, in fewe wordis / Y haue tolde þe of my Lorde God. But 3it þou shalt know hym more perfitly hereafter, if þou wylt receyue his grace, and become his seruaunt.'

And whan þe kyngis sonne had herde al his wordis, his herte was li3tned with þe li3t of grace. And anon he aroos vp fro his sete, and for ioy he kau3t Barlam in his armys and seide: 'For sothe, good man, Y trow þis be þe stone most precious of al stonys þat þou hast tolde me of, and wylt shewe it to no man but to hym þat is enspired with grace in his soule. And treuly, sith Y haue herde þe thus sei, and haue conceyued þi wordis, my herte is gretly li3tned with grace, þat me semyth þat al sorowe and heuynes is paste fro me. Therfor, syth Y haue al þis perseyued wel, Y pray þe telle me more þynge þat may stire myn herte to al goodnes.'

Barlam answered a3en to hym and seide: '3is, Syr, 3it þer is on þynge þat was kepte and hid from al þe generacions of patriarkis and prophetis, and many oþer men þat were enspired with þe Holy Gost, and desired for to sen it, and 3it þe[i] saw it no3t. But now it is 3ouen to þis last generacion þat is for to se oure lorde, Iesu Cryst. And perfor who beleuyth þis and is crystenyd, he shal be saued. And who beleuyþ na3t, he shall be dampned.'

Than Iosaphat seide: 'Treuly, Y beleue al þat þou hast seyde. / And þat God Y shal worshipe. But Y pray þe, teche me what þat cristenynge is, þat euery man is bounde for to receyue.'

Barlam answerid a3en and seide: 'Grace is þe roote of Crysten feith, and þe perfyte fundament of bapteem. This grace puttiþ awey fro mannys soule al fylthe and spotte of synne and al pollucions of malice. Thus oure lorde Iesu Cryst comaundid þat we sholde be born a3en by water & by þe Holy Gost, and so we sholde be brou3t a3en vnto oure olde dygnyte,

Matt. 13:17

John 3:5

1033 wrenchis] underlined by M with gloss: crafte and subtelties
1040 Bar-lam] underlined by R
1044 sei] seide
1047 more þynge] underlined by M
1049 Barlam] underlined by R
1052 þei] þe
1053 3ouen] underlined by M
1057 Iosaphat] underlined by R
1061 Barlam] underlined by R

by prayere and callynge of his name, and by grace of þe Holy
Gost. Thus we ben baptised by þe worde of God, in þe name
of þe Fader, and of þe Sonne, and of þe Holy Gost, and grace
abideth in his soule þat is crystened, and ly3neth hym and
renewith hym vnto Goddis owen ymage, and puttiþ awey al
wykkednes, and ioyneth us to God þat we mow be his eyris,
and come to euerlastynge lyf. For withoute bapteem þer may
no man trust to come to heuene, þau3 he dede al þe good
workis þat is possible eny man to do. For þus seide Crist Iesu,
sauyoure of mankende: "Y telle 3ou treuly, but 3e be borne
a3en of watere and of þe Holy Goste, 3e mow nat entre into
þe kyngdom of heuene." Therefor Y pray þe, before al oþer
þynge, sith þou hast conceyued þis feith and beleue in þi
soule, without eny tariynge and with al þi desire, hy3e þe to
be cristened, and þat þou lette nat for noþynge, for in tari-
ynge is grete / perel, because þe comynge of deth is to us so
vncerteyn.'

Than seide Iosaphat vnto hym: 'What good þynge is þat,
þat may nat be goten withoute bapteem? What þynge is þat
þat þou callest the kyngdom of heuene? How hast þou herde
þe worde of God? Which is þat vncerteyn terme þat fylleth
my herte with so grete sorowe and þou3t, and makiþ my
body so feble? Whepere men þat ben deed and brou3t to
no3t, come afterwarde to eny oþer lyf? This Y desyre gretly
to know. Y pray þe, enforme me in þis matere.'

Barlam 3af hym þis answere and seyde: 'The good hope
þat Y tolde þe of is þe hope of þe kyngdom of heuene. This
is in no mannys tunge for to telle. For holy wryt seith that
þe ioye þerof is so moche þat "non eye may se, ne eere may
heere, ne herte may thynke, þat God hath ordeyned for hem
þat louen hym." And whan þat we ben past out of þis world,
and ben made worthy to God, and vncoruptible, þan God
shal shewe and opene vnto us þat blis and ioye þat passith
now al oure vnderstondynge, and 3eue us lyf þat is euerlast-
ynge, and be counuersaunt and felawes with holy angelis.
And if we be worþy to be ioyned to God, þan shul we know
al þynge by hym, þat now we may in no kende vnderstonde.

Matt. 28:19

John 3:3

Isa. 64:4
1 Cor. 2:9

1068-9 in þe . . . Gost] *underlined by R*   1080 hy3e] *underlined by
M with gloss:* hast   1084 Iosaphat] *underlined by R*   1092 Bar-
lam] *underlined by R*

2 Cor.
3:18

Also, as Y haue founde in holy wryt þat þe heyest þynge þat
is in þe blis of heuene is þe siȝt of þe blissed Trynyte, thre
persones and one God, þe which shal þere be seyn clerely /
in his owen lyknes. And þat siȝt passith al ioye þat euere was
ordeyned. This wonderful ioye may no man comprehende in
þis coruptible body in worde ne in þouȝt. Therfor þe first
grounde of þis holy contemplacion is feith and trewe beleue,
for without þat it may nat be comprehendid. And afterwarde
must folowe good workys. And þan feith and good workis
shal brynge þe to þis grete perfeccion. Also, if þou wylt wyte
whereof Y haue lernyd þe worde of God, wyte it wel þat Y
haue lernyd it of þe holy gospellis, þat techiþ us both þe
corupcion and vnstabylnes of þis world, how we shul haue
remyssion of oure synnes, and also of þe kyngdom of heune,
and of þe ioye and prosperite þat is þere durynge without
ende. Thes gospellis wrote to us þe disciplis and apostelis of
Cryst, as Y tolde þe before, þe whiche he chose vnto hym
and were conuersaunt with hym here vpon erthe, and saw þe
myraclis þat he wroȝt, and knew his preuyte and his doc-
tryne. And þey, after his ascension, wente aboute þe world
and prechid þe same doctryne, and lefte it to us wryten after
hem to oure erudicyon, þat was sufficient to oure saluacyon.

John
21:25

For one of þes euangelistes wrote in þe ende of his gospel in
þis wyse: "Ȝit ben þere many oþer thyngis of Cryst Iesu þat
he wrouȝt whych Y haue nat wryten in þis book, for if Y
sholde wryte al þat he dede, al þe bookis in þe world were
nat sufficiente to receyue it, ne comprehende." In þis book
of þe holy gospel is conteyned Cristis / incarnacion, his f.
workis, his myraclis, his glorious passion þat he suffred for vs,
his resureccyon, his ascension, and also his secunde comynge
of þe dredeful day of dome. For þe same Sonne of God shal
come aȝen into erthe with wonderful ioye and multitude of
angelis to deme al mankende, and to ȝelde euery man after
þat he haþ deserued. For whan God made man in þe begyn-
nynge, he enspired in hym þe spirit of life, þat is called a soule
resonable and intellectual, and for his trespas he was con-
dempned to be deed, which deth may no man ascape. For
deth is nat ellis but þe departynge of þe soule fro þe body.
And whan þe soule is departid fro þe body, þan fallith þe
body al to corupcion and to noȝt, and þat soule goth where

þat God þat made hym wyl fowchesafe, to such place as he
145 haþ ordeyned for hymself whyle he was in þe body. For as he
haþ deserued here, so shal he be rewardyd þere. Afterwarde,
oure lorde Cryst Iesu shal come in grete maiʼeʼste and dredful,   1 Thess.
for to deme al þe world. Than al þe company of heuene shal   4: 16
be moved for drede, and quake in his siȝt. þan shal an angel
150 blowe a trumpe, and at þe sounde þereof, al deed men shul
aryse in body and soule togydre, and come before his trone,
and þat body þat was fyrst corruptible shal þan aryse and be
vncoruptible. And of al þis þat Y haue seide, loke þou be no-
24v pynge in / doute. For it is nat impossible to hym þat made
155 þat body of erthe in þe begynnynge, to turne it aȝen into
erthe. And after þat it 'is' corupted, eft sones to make it to
aryse aȝen by his owen sentence. For if þou wylt wel consi-
dere hou many þyngis God made of noȝt, þou maist wel
know þat þis þat Y haue shewde þe is sufficient. Vnderstonde
160 wel how God made man of þe erthe, how he made þe erthe
of noȝt, how he stabeled þe erthe, how þer comyth out
þereof dyuerse kendis of vnresonable þyngis, so many kendis
of herbis and of trees. And also take hede of oure kende, how
it is euere multyplied and encresed. Whereof comyth al þis
65 but of hym þat made al þynge of noȝt? Wherefor it is nat
impossible to hym to make þo bodyes þat ben so broȝt to
noȝt for to ryse aȝen with þe soule to receyue of þe iuge
after þat he hath deseruyd. For after þat a man doth here, he
shal be rewardyd. þerefor þe ryȝtwysnes of God were nat
70 proued, but if men shold ryse aȝen. For many men þat leueden
ryȝtfully and holy lyf in þis world, þey were greuously vexid
and turbelid, and suffred grete persecucion, and at laste were
slayne. Also many cursed men and wykkyd þat leueden in þis
world in grete iolite and prosperite deiden also. Therefor God
75 þat is good and riȝtful haþ ordeyned a day of doome and of
resureccyon þat euery soule sholde receyue his body aȝen.
25 / And þe cursed man þat had here ioye and prosperite shal
haue payne and turmente. And þe good man þat had here
grete afficcion for his synne shal þere be made eyre of þe blis
80 of heuene. For oure Lorde seith: "They þat lyen in here gravys   John 5: 25

1156 is] an interlinear addition by   1063 take hede] underlined by
M with gloss: marke   1069 ryȝtwysnes] ryȝtwysnes g   1072 tur-
belid] underlined by M

shal heere þe voyce of þe Sonne of God. And þey þat han do
wel shul aryse in þe resureccion of lyfe. And þei þat haue
don euyl shul aryse in þe resureccion of doome." And whan
Cryst shal sytt in þe doome, þan shal þe bokis ben openyd,
þat al þe dedis, wordis, and thou3tys of al maner peple be
wryten in. And þan al preuytees shal be shewde. There shal
be non aduoket ne man of lawe to speke for no man; þere
shal be no fals excusacion, ne mayntenaunce of þe grete
peple; þere shal be no takynge of 3iftys to peruerte þe ri3t-
ful doome. But þat trewe domysman shal ri3tfully deme both
worde, dede, and þou3t, and þey 'þat' han do wel shal go
into euerlastynge lyf, and receyue wonderful medis with
angelis of heuene. And þey þat haue done euyl shul be
dampned to euerlastynge derknes with þe deuelis of helle,
there is wepynge and gnasshynge of tethe, and turment with-
oute ende, and be departid fro þe si3t of God, and þat is here
moste payne, and here last confusion. Than after þat grete
sentence, þe good peple shul euer abyde in / perfyte ioye,
neuer to feele desese ne payne, ne neuer after þat shal be non
regeneracion, ne þe dampned peple neuer to come out of
turment. Wherefor lete us lyue in such conuersacion here in
þis world, þat we may than ascape þe grete manace of þe iuge,
and stonde on þe ry3t syde of þe Sonne of God. For þe good
men shul stonde on þe ry3t side, and þe euyl men on þe lefte
syde. Than shal þe good men be called þe blissed children of
þe Fader, and be brou3t to þe euerlastynge kyngdom of
heuene. And þe euyl men shal be called cursed men, and be
put fro his swete face into þe bytter and horrible payne of
helle.'

Than seyde Iosaphat a3en to hym: 'O Man, þou hast tolde
me many wonderful þyngis þat ben both gastful and drede-
ful! If it be as þou seist, þat whan a man is deed and turned
into powdre and asshyn, and afterwarde shal ryse a3en, þe
good men into ioye, and þe euyl men into payne, what syker-
nes hast þou here of to telle and knowe of so manye dredful
þyngis þat ben to come? And what stedfast grounde hast þou
to beleue on hem?'

1190 domysman] underlined by M with gloss: Iudge
interlinear addition by I　　1192 medis] underlined by M with gloss:
rewardes　　1210 Iosaphat] underlined by R

1190

11

11

11

1

f.

1

1

1

Barlam answered hereto and seyde: 'Of þo þyngis þat ben passed we haue ful sykernes of þyngis þat ben to come. For þey þat tauȝt þis and prechid wente neuer out / of þe weye of trewthe. But þei were lyȝtned with sygnes and merueyles, and with dyuerse vertues, and tolde of þyngis þat were to come. þey tauȝt noþynge þat was foly or feyned, but þat was stable and trew, as oure lorde Iesu Cryst had enformed hem both in worde and dede. For Crist seith in þe gospel: "Y sey to ȝou treuly, þat þe houre comyth þat deed men shul heere þe voice of þe Sonne of God. And þei þat heere it shul lyue." And eft sonys he seith: "The houre comyth þat al men þat ben in here gravis shal heere þe voyce of þe Sonne of God. And þey þat haue do wel shul aryse into resureccion of lyf, and þey þat haue done euyl, into resureccion of doome." And eft sonys he seith: "Haue nat ȝe redde of þe resureccion of deed men, þat God seith: 'Y am God of Abraham, God of Ysaac, and God of Iacob?' þere is no god of deed þyngis, but of quyk þyngis. As þe cokkel is departid fro þe wheete and caste into þe fyre and brente, so it shal be in þe ende of þe world. The Sonne of God shal sende his angelis and gadere togydre al þe wykked peple, and caste hem into fyre of helle, where is wepynge and waylynge and gryntynge of tethe. And þan shul þe ryȝtful men shyne as þe sunne in here fadrys kyngdom." And whan he had / seide þis, he put to more and seide: "He þat 'haþ' eeris for to heere, lete hem heere." With such wordis and many oþer, oure Lorde declared oure resureccion. Also he confermyd his wordis with his workis. For he reysed many deed men vnto lyf. In so moche þat nyȝ his ende of his conuersacion in þis world, he reised to lyf a frende of his þat was called Laȝare, þat had leyn foure dayes in his grave. Also Crist in his owen persone suffred deth, and þe þirde day he arose aȝen fro deth to lyf, and was þe fyrst þat arose. Also many oþer men þat were deed rysen with hym, but þei deyden aȝen. But whan þat prynce arose, he was vndedly. For deth myȝt neuer haue powere of hym afterwarde. Thus prechid þei þat were with hym, and were

John 5: 25, 29

Mark 12: 26

Luke 20: 37

Matt. 13: 40

1 Cor. 15: 1

his seruauntis, and herden his wordis and his doctryne. And Seint Poule seith, whos callynge was nat made of men but of heuene: "Bretheren," seith he, "Y haue made open to зou þe gospel þat Y haue prechid зou, Y haue receyued." For as holy wrytt seith þat "Crist deide for oure synnes, and whan he was deed he was beried, and after þat he was beried he arose fro deth to lyf". Than sith Cryst arose fro deth to lyf, how may men seye þat deed men shul nat aryse? If Cryst arose nat, oure beleue were wronge and vayne. зit зe ben in зoure synne. / If oure hope were nat only in Cryst while we lyuen here, we were moste wrechis of al men. Now for sothe Crist is rysen fro deth to lyf, þe fyrst of al þat rysen. For deth come in by a man, and as al men

1 Cor. 15: 22

deyden in Adam, so þey alle shul be quykened in Cryst. And whan þis coruptible þynge is clad with þynge incorruptible,

1 Cor. 15: 55

þan may be seide in þis wyse: "Deth is clene ouercome. Where is deth now þi power and þi prykkynge?" þan shal deth be distroyed, and neuer afterward be corupcion, but vncorupcion, euermore lastynge. And so without eny doute þere shal be resureccion of deed men, and þis must we perfytly beleue. Also we muste beleue þe ioye of ryзtful men, and þe payne of synners, at þe dredful day of doome. For þan al þe elementis shul be brente, and þe corupcyon þerof be put to helle to encrese þe payne of þe dampned peple. Than heuene and erthe shal be al newe. And non euyl dede ne good dede shal þan remayne vndiscussed. For þere shal be зolden acountis both of worde, dede, and þouзt. For oure Lorde seith hym-

Matt. 10: 42
Mark 9: 41

self: "What man þat зeueth to þe leest of my peple a drauзt of water in my name, he shal nat lese his mede." And also he

Matt. 25: 31

seith: "Whan þe Sone of God shal come in his maieste, and / al his angelis with hym, þan shal he syt vpon his seete of his maieste, and before hym al peple shul be gadered. And þan he shal departe hem asundre, as an heerde partiþ þe sheepe fro þe geete. And he shal put the sheepe on his ryзt syde, and þe geete of his lefte syde. Than shal he say to hem þat stonte on his riзt syde: 'Come зe blissed children of my Fader, and

1255 Poulet] *underlined by R* 1268 Adam] *underlined by R* 1280 зolden] *underlined*
1276-8 of synners . . . peple] *bracketed by M* *by M*
1287-8 heerde . . . geete] *underlined by M*

take þe kyngdom þat was ordeyned for ȝou in þe begynnynge of þe world, for Y haue hungred, and ȝe haue ȝoue me mete, Y was a thurste, and ȝe ȝaue me drynke, Y was a gest, and ȝe harborowed me, Y was nakid, and ȝe ȝaue me clothis, Y was
295 seek, and ȝe vysited me, Y was in presoun, and ȝe come to me.' " Why seith Cryst þis, but for þo dedis of mercy þat we do here to þe nedy peple in hys name, he holte hem done to hymself? And in anoþer place he seith: "Euery man þat knowlichith me before men, Y shal knowlich hym before my   Luke 12: 8
300 Fader in heuene." Thus by al þes þyngis þat Y haue seyde and by many mo, he haþ wel shewde þat þe retribucion of good workis is ferme and stable.

'Also þe retribucion of euyl men and here payne and turment, he haþ shewde by many parablis in many dyuerse wysis.
305 One is where he seith þat þer was a ryche man cladde rychely   Luke 16: 19
with bysse and purpoure, and euery day was serued gloriousely
28 with deynte mete and / drynke, and he had no mercy on þe nedy peple so þat he dispised a poore man þat was called Laȝare þat lay seek before his gate, and wolde nat ȝeue hym
310 of hys crummys þat fylle fro his table. And whan þey were bothe dede, þe poore man was born into Abrahamys bosome: þat betokenyþ þe poore man was rest of ryȝtful men. And þe ryche man was beryed in helle, in fyre and in grete turmente. To whom Abraham seide: "Thou hast receyued moche good in þy lyf, and þou
315 hast grete turmente."

'Also in anoþer place Cryst lykneth þe kyngdom of heuene   Luke 14: 16
to a kynge þat made a grete weddynge to his sonne: þat betokenyþ þe ioy and blys þat is to come. Nat þat weddyngis
320 and tablis ben in heuene, but by here symilitude he tauȝt his disciplis in parablis how þey shold be fulfylled with al goodnes in heuene. Many of hem þat were boden to þe feest were necligente and come nat, but excused hem in dyuerse manere. One wente to his toun þat he had bouȝt, anoþere to his
325 negociacion and laboure, and þe þyrde had weddid a wyf. And þus þey come nat to þe kyngis feeste. Thes men ben

1292 haue ȝoue] underlined by M   1293 ȝaue] underlined by M
1297 holte] underlined by M   1299 knowlichith] underlined by M
knowlich] underlined by M   1304 dyuerse wysis] underlined by M
1309 Laȝare] underlined by R   1310 Abrahamys] underlined by M
1314 Abraham] underlined by R   1315 Laȝare] underlined by R

clene alyenate fro þe ioyful myrthe, and oþere were called into þe feeste, so þat þe house was fulfylled with peple. The kynge / wente in for to se his gestis as þei were at mete and þere he fonde a man þat was nat clad in weddynge clothis, and seide to hym: "Frende, how comyst þou in and hast no weddynge clothis vpon þe?" And he durst nat speke. Than seide þe kynge to his seruauntis: "Bynde his handys and feete, and caste hym into deepe derkenes, þer shal be wepynge and grentynge of teth." They þat forsoke to come and were in-obedyente ben þo men þat wyl nat come to þe feith and beleue on Cryst, but abyden in here ydolatrie, or in oper heresye. And he þat had on hym no clothis of weddynge, be-tokenyth hym þat is in þe beleue, but he haþ infectid his soule wyþ synne. And for his soule is defouled with synne, he is riȝtfully put awey fro þe ioys of heuenly weddynge.

'Anoþer parabole also he tellyþ of .x. maydenes, of þe whych .v. were wyse, and .v. were folys. The foly maydenes token here lampis, but þey had non oyle with hem. And þe wyse maydenes to'k' oyle with hem. By þis oyle is vnder-stond good workys. At mydnyȝt þere was made a crye: "Loo, þe spouse comyth, go ȝe out and mete with hym." By þe mydnyȝt is vnderstond þe vnsikernes of þis lyf. Than arose þe wyse maydenes þat hadden oyle with hem, and mette with þe spouse, / and wente in with hym to þe wed-dyngis, and þan was þe gate shette. And þey þat were nat redy wente for to beye oyle and come aȝen, and þan þey fonde þe gate shette. þan þei cryde and seyde: "Lorde, Lorde, opene þe gate vnto us." He answerid aȝen and seide: "Y sey to ȝou treuly, Y know ȝou nat." By þis we mow wel vnderstonde what rewarde we shal haue for oure wordis, dedis, and þouȝtis in tyme to come. And Cryst seith þat for euery ydel worde þat a man spekiþ here, he shal þereof ȝeue acountys at þe day of doome. Also he seith þat euery heere of oure heed is numbryd, þat is vnderstonde þe leest þouȝt þat a man thynkiþ shal be ȝoue acountys of at þe day of doome. Acordynge hereto seith Seynt Poule: "For soþe," he seith, "þe worde of God is quyk and swyft and more per-shynge þan a twohande sworde, tuchynge vnto þe partynge of þe body and soule, and demyth þe intente and þouȝt of

Matt. 25:1
Luke 14:16-24

Matt. 25:11

Matt. 12:36

Matt. 10:30

Heb. 4:12

f. 28
1330

1335

1340

1345

f. 29

1350

1355

1360

1365

1345 tok] *k is an interlinear addition by I*

herte, and þer is no creature vnuysible in his siȝt, but al þynge
is nakyd and open to his eye." Also þys same þynge before
þis tyme, holy prophetis þat were lyȝtned with þe Holy Gost,
opynly þei shewde þis, and seide. Fyrst seide þe prophete
Ysaye: "Y know here workis, and after hem þey shul be re- Isa. 66: 18
f. 29v wardyd. Beholde and se Y come to / gadre togidre al peple
and langagis, and þei shal come and se my ioye. And heuene
and erthe shal be newe, which Y shal make to abyde before
me, and euery flessh shal come to worshipe me in my syȝt."
þis seith oure Lorde by his prophete Ysaie. And also: "þei Isa. 66: 24
shul go out and se þe careynes of men þat haue trespacid
aȝens me, for þe number of hem shal nat deye, and here fyre
shal neuere be quenchid." Also, of þe same day of doome, he
seith: "Heuene shal be shette as a booke, and þe sterris shul Isa. 34: 4
fallen as þe leeuys of a vyne, for þe day of oure Lorde comyth
ful of wodenes and of yre, for to put al þe world to deserte,
and to lese al þe synners þerin. For þe sterris of heuene shul
ȝeue no lyȝt, þe day shal be derke þauȝ þe sunne be vp, the
moone shal leese al here briȝtnes." Also he seiþ: "Wo to hym Isa. 10: 2
þat doth synne and wykkidnes and vanyte. Wo to hym þat
seith good is euyl, and euyl is good, and put bitter into swete,
and swete into bytter. Wo to hem þat ben myȝty to drynke
wyne, and stronge in drunkenes, þat iustifien þe wykked man
for ȝyftis, and take awey þe ryȝt of a ryȝtful man fro hym.
Wo to hem þat bowen þe doome of a poore man, and distroien
nedy mennys substaunce, and rauyshyn wydowes and make
ȝoure praye þe faderles childe. What shul ȝe do in þe day of
my visitacion? Whidere shul ȝe flee for helpe and socoure?
f. 30 For þere ȝe / shul forsake al my ioye." Also to þis anoþer
prophete seyth: "Nyȝe is þe grete day of oure Lorde, and Zeph.
comyth faste hyderwarde. The voyce of þat day is bytter, for 1: 14 ff.
þan stronge men shul be þere turbelid. þat day is a day of yre
and of tribulacion, of sorow, of angwyssh and of wrechidnes,
þe day of tempest and of derkenes, þe day of wepynge and of
crye vpon smale cytees and on hyȝe corneris. And Y shal
sturble þe cursed men, and þey shul go as blynde men, for þei
haue synned before God. Here bloode shal be shedde as þe
grounde, and here body as filthe. Here gold ne here syluer
shal nat delyuere hem in þat dredful day of God. In þe fyre

1370 Ysaye] *underlined by R* 1401 sturble] *underlined by M*

of his yre al erthe shal be deuowred. For in grete haste he
shal make an ende of al þat is þerin." Herto acordith þe
Ps. 50: 3 prophete Dauyd, and seiþ: "God shal come openly and oure
God shal nat be stylle. Fyre shal brenne in his siȝt, and in
kompas shal be grete tempest. He shal calle heuene fro aboue,
and þe erthe for to deme his peple." Also he seith: "Aryse
Ps. 82: 8 vp God and deme þe erthe, and euery þouȝt shal be shewde
to þe, and þou shalt ȝelde to euery man after his workys."
Thus holy prophetis, fulfilled with þe Holy Gost, haue tolde
of þe day of doome, and of þe rewarde þat þan shal be ȝoue
to þe peple, of þe resureccion / of deed men, and of þe euer-
lastynge ioye þat shal be peraftere. And Cryst hymself tauȝt
þis same here on erthe, and bade us þat we shold stedefastly
beleue.'

When Iosaphat herde þis he had grete compuncion and
sorowe in his herte, and wepte sore, and seide: 'Thou hast
tolde me many wonderful þyngis and dredful by þi narracion.
And sith al þes þyngis be comynge, Y pray þe telle me what
Y shal do, þat Y may ascape þat greuous payne þat is ordeyned
for synful peple, and þat Y may come to þe parfite ioye of
good men þat shal euermore dure.'

Barlam answerid to hym aȝen and seide in þis wyse: 'It is
wryten þat Seynt Petre þat was prynce of apostelis tauȝt
such peple þat had compuncion in here herte as þou hast
now, and asked what þei shold do. He answerid and seide:
Acts 2: 37 'Do ȝe penaunce, and take ȝe þe ȝifte of þe Holy Goste, for to ȝou and to
synnes, and loke ȝe be crystened in forȝeuenes of
ȝoure children is beheste made, and to hem þat ben ferre,
whom oure Lorde God had called." Therfor, beholde þou
and se, for Cryst haþ shedde in þe his mercy plentefully, and
he haþ called þe, for þou were ferre from hym, for þou hast
serued fals goddis, nat goddis, but deuelis and ydollis þat ben
both dumme and deef vnsencible. Wherefore, befor al þynge,
hyȝe faste to hym þat haþ called þe, and of hym þou shalt
haue ful knowlych of al þyngis vysible and vnuysible, and if
þou wylt nat come at his callinge, / but art slowe and tariest,
þou shalt haue þe ryȝtful doome of God. For Seynt Petere
Acts 8: 22 seide to one of his discipis: "Y beleue þat þou hast nat herde

1407 Dauyd] underlined by R   1419 Iosaphat] underlined by R
1426 Barlam] underlined by R   1441 Petere] underlined by R

þi callynge, for þou tariest, and art slowe." þou shalt take þe cros and folowe þy Lorde God þat haþ called þe fro deth to lyȝt, and fro derkenes to lyȝt. And treuly, for to doute God by ignoraunce is þe derkenes and þe deth of þe soule. And who þat seruyth ydollis, shal be brouȝt to euerlastynge perdicyon, whos lewdenes Y shal telle þe, to whom it is lykned by example.

A wyse man onys tolde me þat þey þat worshipen þes fals goddis and mamettis ben likned to a man þat kauȝt a litel byrde called a nyȝtyngale. The man toke his knyfe, and wolde haue kylde here for to eete here. The byrde spake to þe man and seyde: "O lewde man, what profite shalt þou haue to sle me? For Y 'am' so lytel þat Y may nat fylle þy wombe. And if þou wylt lete me haue my lyf, Y shal ȝeue þe þre þyngis. And if þou wylt kepe hem wel, þou shalt fynde grete profyte in hem whyle þi lyf shal laste." The man had grete wonder how þe byrde spake, and hoped to heere some newe tydyngis of here, and behete here to lete here go, if she wolde telle hym as she seyde. The byrde ȝaf hym anon þis answere: "Man," she seide, "desire noþynge þat may nat be had in no kende. Be nat sory of þynge þat / þou hast loste and maist neuere haue it aȝen. And beleue nat al þat þou heerist, which is incredible. Kepe wel þes þre þyngis, and þou shalt be wel at eese, whereof a clerke made þes verse:

Perdita ne plangas, ne credas omne quod audis,
Ne cupias aliquid, id quod habere nequis.

The man had grete wonder of þe byrde, and of here wysdom, and lete here fle where she wolde. Afterwarde þe byrde wolde proue if þe man had kauȝt eny profyte by þe wysdom of here wordis. She come aȝen and seide to hym, fleynge in þe eyre ouer hym: "Alas, man, what eyled þe to lese so grete a tresoure as þou hast lost þis day? For þere is in my body a precious stone þat is gretter þan a grypis eye. And in þe world is þere non so precious a iewell, for it is worth al þe world." And whan þe man herde þis, he was ryȝt sory, and repentyd hym sore þat he had lete þe byrde gon, and þan he spake to here feyre, to loke if he myȝt haue here aȝen, and seide: "Come aȝen to me, swete byrde, and Y shal fede þe

1467–8 Perdita . . . nequis] *underlined by R with annotation:* verses

wel with good metys, and þou shalt haue a cage of golde, and whan þou wylt, þou shalt fle þy waye." The byrde answered a3en and seide: "Now, trewly, Y wote wel þat þou art a foole, and hast take ful litel profyte of þe wysdom þat Y tolde þe. Y bade þe fyrst, þat þou sholdist nat be sory of þynge þat þou hast loste and maist neuer rekeuere it a3en. / Now þou hast asayde for to take me a3en, þat þou some tyme haddist in þi bondis. But wyte þou wel, þou shalt neuer rekeuere me a3en. Also, Y bade þat þou sholdyst neuer beleue al þynge þat þou heeryst þat is incredible. And now þou beleuyst þat þer is in my body a precious stone þat is gretter þan a grypis eye, and þou maist wel se þat my body is so lytel þat it may in no kende comprehende so grete a thynge.'

'For sothe, so be þey foolys þat trusten and beleuen in þes fals ydollis. For þe peple maken þes fals mamettis with here hondis, and whan þey haue made hem, þey worshipen hem, and seyn: "Thes ben þo þat han made us." How may þey be here makers, þat þey made with here owen hondis? And þei kepe hem strongely for thevys, and sayn þat þei ben kepers of here helthe. How grete foolis ben þey þat trusten on hem, þat mow nat helpe hemself! They 3euen here tresoure to deuelis, and maken ynma3is þerof, and seyn þat þei ben 3euers of here goddis, þat þei had neuer hemself, ne neuer shul haue. Therfor it is wryten: "Be þey made lyke vnto hem þat maken hem." For whan þei haue made þes ydollis, þei take hem vpon here shuldrys and sette hem in here place, and þennys þei mow nat meve. And whan þey cryen vnto hem, þey shul nat ben herde, ne þei may nat delyuere hem from euyl. Therfor þey shul be dampned, þat trusten on þes / fals mamettys, and seyn þat þei ben here goddis. Thei do sacry-fice to deuelis and nat to God, and vnto fals goddis þat þey know nat. This is a shrewde generacion, and in hem is no feith. Fro þis generacion God hath called þe, and seith: "Go out of þe myddel of hem, and departe þe from hem, and tuche non vnclene þynge, but safe þe fro þis fals generacion." "Ryse vp and go fro hem, for in hem is no reste." For þey haue many goddis þat ben inordynate and discordynge, and begilen þe peple. And we haue nat many goddis, but one God, þe Fader of heuene, of whom is al þynge, and we in hym, and one lorde Iesu Cryst, by whom is al þynge, and we

Ps. 115:8
Ps. 135:18

Deut. 32:20

2 Cor. 6:17

Mic. 2:10
1 Cor. 8:6

1485
f. 32

1490

1495

1500

f. 3

151

150

151

152

by hym, which is þe only sonne of God and begynnynge of euery creature. For in hym is al þynge made vysible and vnuysible. Al þynge is made by hym, and without hym is noþynge made. Also we haue one Holy Goste, in whom is al

1525 þynge which [is] ry3tful, and good conforte and grace. Eueiych of þes þre persones is perfyte God, but nat þre goddis. For which þe Fader is, such is þe Sonne, and such is þe Holy Goste. In þes þre persones is one nature, one kyng-dom, o vertu, o ioye, o substance, dyuysion only in persones,

1530 but one vnyte in Godhede, one Fader, þat is nat goten, one Sonne, þat in þis world was borne, one Holy Goste, þat comyth of hem both. So in þre personys wee worshipen one Godhede, and he is verry God alone in Trynyte, for of hym, and by hym, and in hym is al manere þynge. By his grace Y knew of þe / and was sente for to teche þe þat Y haue lerned

536 and kepte vnto my olde age, whych if þou wylt beleue and be crystenyd, þou shalt be saued. And if þou beleue nat, þou shalt be dampned. For al þe iolite, delite, and ryches þat þou hast delyte in now here, ben but seduccion, and shul sone

540 passe aweye. And at þe laste þou shalt be put in a grave, and al þy kynne and þy frendis shul forsake þe. Therefor put awey fro þe al þe delytes of þis world, þat ben but fylthe and stenche, corupcion and abhomynacion, and wyl brenge þi soule to dampnacion, and at þe day of doome wyl caste þe

545 fro þe face of God, into þe fyre of helle, þere for to brenne without ende. This shalt þou haue and moche worse, if þou abyde in þy fals beleue. And if þou wylt take þe helthe þat þou art called to, and come to þi Lorde God with grete desire and gladnes, and folowe hym with al þyn herte, and forsake

550 al þynge for his loue, and only serue hym, heere now what stabylnes and what delectacion þou shalt haue perfor. If þou sytte, þou shalt be syker. If þou slepe, þou shalt haue good reste, and þou shalt nat drede þe wykked temptacions of þe deuyl. If þou walke, þou shalt be stronge as a lyoun, and lyue

555 in ioye and gladnes. Thou shalt haue vpon þe ioye, preisynge, and iolyte, and fro þe shal fel al wepynge and sorowe. "Than þi ly3t shal breke out as þe mornynge, and þy / helthe shal þe sonner sprynge. Thy ry3tfulnes shal go before þy face, and þe ioye of God shall gadre þe togydre." Than shalt þou

Col. 1: 15

Prov. 3: 24

Isa. 58: 8

f. 33

33v

1525 is] om.

clepe, and oure Lorde shal answere þe and seye: "Y am here. Y am he þat do awey þy synne and þi wykkednes. Y haue mende on þe, and Y shal iustefie þe." Thus seith oure Lorde God Almyȝty.'

Than spake Iosaphat þes wordis and seyde: 'Y beleue al þes wordis þat ben good and wonderful. Y forsake clerly al þe seruage of þes fals ydollis. For ere euere þou comyst into me, Y hated hem in myn herte, but now Y hate hem more parfytly, for þou hast tauȝt me of here begynnynge, and þe lewdenes of hem þat don hem eny seruyce or worshyp. Y desire to be þe trewe seruaunte of God, if þou holde me nat Y vnworthy þerto for my synne and wykkidnes. But Y truste fully þat he wyl forȝeue me my synnes, for as þou seist, he is both benygne and mercyful. Now Y am redy to receyue bapteem, and to kepe al þat þou hast seide. But what shal Y do after þat Y am crystned? And if beleue and crystenynge be sufficient vnto soule helthe, or noȝt? And if Y shal do auȝt ellys Y pray þe telle me and hide it nat fro me.'

Barlam answerid hym aȝen and seide: 'Heere now what þou must do after þy crystenynge. Thou must absteyne þe from al synne and vyce, and set þe only vpon the grounde of trewe feith and of vertuous workinge / for as feith is deed without workys, so workis ben deed without feith. For Seynt Poule seyth: "Go ȝe in spyrite, and do nat þe desires of þe flessh." The workes of þe flessh ben þes: auowtry, fornycacion, vnclennes, lecherye, þe seruyce of fals ydollis, wychcrafte, enmytees, debatis, enuye, wreth, stryf, discorde, manslauȝt, couetyce, cursynge, luste and lykynge of loue, drunkenes, glotonye, and such many opere: and þei þat don þus shul nat haue þe kyngdom of heuene. The froyt and þe workis of the spyrit am þes: charite, ioye, pees, pacience, benygnyte, mekenes, feith, sufferaunce, contynence, holynes of body and soule, mekenes of herte, contricion, almasdeede, forȝetynge of euyl, manlynes, wakyngis, penaunce for synne þat is done, wepynge, sorowe of herte, mornynge for a mannys owen synne and also for his neghboris synne, and many

Isa. 43:25

Gal. 5:16

1564 Iosaphat] *underlined by R*   1565 wonderful] *n is an i cancelled by R and altered by I into an abbreviation for n; I has also underdotted S's cancelled i*   1578 Barlam] *underlined by R*   1583 Poule] *underlined by R with gloss: Fortitudo*   1593 manlynes] *underlined by R*

such othere, þat ben ioyned togydre as a laddere here in erthe, and afterwarde þei brynge mannys soule to þe blis of heuene. This we be bounde to holde strongly after oure bapteem, and to fle al þynge þat is contrarye þerto. And afterwarde if we leeue þe wey of trewthe, and turne aȝen to oure olde synne as a dogge to his vomyte, þan shal falle to us grete myschef. **2 Pet. 2: 22** As God seith hymself, whan an vnclene / spyrite goth out of a man by grace of bapteem, he gooth aboute by drye placis sekynge his reste, and he may non fynde. Than he seith: "Y shal turne aȝen into þat hous þat Y come fro." And whan he **Luke 11: 24** comyth he fynte it clene swept and arayde, þat is to seyn, wyde and vacante, þat haþ nat takyn þe workis of grace, ne haþ made hymself ryche with vertu. Than he goth and takiþ seuene oþer spiritis worse þan he, and þei al gon and dwellen þerin. So þat man is made worse afterwarde þan he was before. For bapteem doth awey al synne þat is don before and afterwarde. It is to us a stedefast walle and stronge armoure aȝen oure dedly enmye þe deuyl. There is but one bapteem, and þerfor it is good þat we kepe it stedefastly þat we be nat afterwarde defouled with synne, but þat we be besy to kepe þe commaundementis of God. For Cryst seide to his apostelys: "Go ȝe and teche þe peple þorouȝ þe world, **Matt. 28: 19** and crystene hem in þe name of þe Fader, and of þe Sonne, and of þe Holy Gost." But Cryst rested nat þere, but bade hem moreouer: "And teche ȝe hem to kepe my comaunde- **Matt. 28: 20** mentys, þat Y haue tauȝt ȝou." Also he bede us to be poore in spyrite, which he seyde ben "blyssed and worthi to haue **Matt. 5: 3** þe kyngdom of heuene." Also he bade us to wayle and wepe, and þan we shul haue euerlastynge conforte. Also to be meeke, and hungre and thrust after ryȝtfulnes, / to be mercyful, and sone forȝeue, to haue pite and compassion, and to be clene in herte, and to absteyne us fro al þe pollucion of þe flessh and spyrite, to be pesible amonge neghboris, to suffre al persecucion and tribulacion and reproue for riȝtwisnes, and for þe loue of God, and þan we shal haue þe euerlastynge ioye in heuene. Also Cryst bade his disciplis þat here liȝt sholde so shyne in þis world before þe peple þat men myȝt se here good workys, þat þey mow gloryfie here fadere þat

1616 besy] *underlined by M*   1628 pesible] *underlined by M* is in heuene. Also he 3af þe lawe vnto Moyses, which he bade

Exod. 20:13 hym to teche to þe chyldren of Israel, and was þis: "Thou shalt slee no man. þou shalt do no lecherie. þou shalt nat

Matt. 5:21 stele. þou shalt bere no fals wytnes." For Cryst seith: "Who þat is wrothe wiþ his brother without cause, he shal be gylty of þe doome, and who þat seiþ to his brother folily, he shal be gilty of helle fyre. And if þou wylt offre þi 3yfte before þe autere, if it come to þy mynde þat þy brother haue eny-bynge in herte a3ens þe, leue þere þi 3yfte before þe autere, and go fyrst and reconsile þe to þi brother." Also:

Matt. 5:27 "þe þat seth a womman and desireth to defoule here, he haþ do lecherie in his herte." Also he byddeth us þat we shold nat

Matt. 5:37 swere, but oure oth sholdbe: "3e, 3e," and "nay, nay". If eny man aske þe au3t in þe name of God, 3eue hym with good wylle, for God / louyth a glad 3euere. Also Cryst seith þat:

Matt. 5:43 "3e haue herde seide 'þou shalt loue þy frende, & hate þyn enmye.' And Y sey to 3ou, '3e shal loue 3oure enmyes. 3e shal do wel to hem þat haten 3ou, þat 3e mow be þe sonnys of 3oure fadere þat is in heuene, þat makiþ þe sunne to shyne both vpon good men and euyl, and to rayne vpon ri3tful men and vnri3tful.'" "Deme 3e nat, þat 3e mow nat be demyd 3oureself." "For3eue, and it shal be forgeue 3ou."

Matt. 6:14
Matt. 5:3 "Make 3e no tresorie here vpon erthe, þat ruste and mothys mow gnawe it and distroye, and theuys stele it, and bere it awey. But make 3oure tresorie in heuene, where neiþer ruste ne mothis mow gnawe it ne distroie, ne theuys bere it awey.

Matt. 6:26 For where þy tresorie is, þer is þyn herte. Be nat besy in 3oure mende to þynk what 3e shul eete, and what 3e shul were, for 3oure Fader of heuene knowyth wel þat 3e haue nede herto, both to mete and to clothe. For he þat made both soule and body shal 3eue it both mete and clothe. He norship and fedith þe by'r'dys of þe eyre. He makyþ feyre þe lylies of þe felde. He arayeþ þe feeldis with feyre flouris and dyuerse. Therfor, seek fyrst þe kyngdom of God, and

Matt. 6:14 his ry3twysnes, and þan al þes þyngis shul falle vnto 3ou.

Matt. 7:2 Loke 3e do to anoþer man as / 3e wolde þat he dede to 3ou.

Matt. 7:13 Go in by þe streyte wey. For þe wey þat ledyth a man to

1634 Moyses] underlined by R   1665 byrdys] r is an interlinear addi-
tion by S who has placed it after y; R has placed a caret after b
as he, he cancelled   1669 as]

perdycion is ful brode, and many men gon þerin. The wey
þat goth to lyf and to saluacyon is streyte and narowe, and
fewe beth þat comyth þerin. Euery man þat seith "Lorde,   *Matt. 7: 21*

675 Lorde," shal nat entre þe kyngdom of heuene, but he þat   *Matt. 10: 37*
doth þe wylle of my Fader þat is in heuene. He þat loueth
his fader or moder more þan me, he is nat worthy to be my
disciple." Thes þyngis and many oþer mo oure Lorde Ihesu
Cryst tauȝt his disciplis, and bade hem to teche it forth to þe
680 peple. And al þes þyngis we owe to kepe if we desire to come
to perfeccion and to haue þe incorruptible crowne of lyf
whych God shal ȝeue to al þo þat louen hym.'

Than seyde Iosaphat: 'Y pray þe, syre, telle me one þynge.
That if it happe so þat after my bapteme whych makiþ þe
685 soule so feyre and clene, for to trespas in one of þe com-
maundementys or in two, wheþer þan al myn entente and
purpos be voyde, and leese þe grace of God, and wheþere my
hope and truste to God be þan al distroyed.'

Barlam answerid aȝen and seide: 'Syr, þynk nat so. For
Almyȝty God, þat become man for saluacion of mankende,
36v / knewe wel þe infirmyte of man, and his vnstabylnes. And
691 because þat he wolde nat þat we were pershyd after oure
bapteem, as a wyse leche he ordeyned for us a remedie to
reforme us to grace aȝen. And þat is penaunce. And bade us
to do penaunce in forȝeuenes of synne. For after þat we be
695 onys born aȝen by water and þe Holy Goste; we mow neuer-
more afterwarde receyue no baptem. For baptem is ȝouen but
onys. And þerfor whan we falle in eny synne after oure bap-
teem, we must clense it aȝen by grete penaunce, and sorow
of herte, and wepynge of eye. And so we shul haue forȝeue-
700 nes of oure synne aȝen, þorouȝ þe mercy of oure lorde Iesu
Cryst. Penaunce is called a baptem ȝouen by þe grace of God,
but it nediþ grete sorowe and laboure. God delyuered many
men of here synnes, for synne may nat ouercome þe goodnes
of God, if we be sory and do penaunce for oure synne. There-
705 for we must do penaunce leste deth come sodenly, and
distroye us in oure synne. For in hell is no penaunce, ne

1682 Iosaphat] *underlined by R*   1688 Barlam] *underlined by R*
1691 were pershyd] *underlined by M with gloss: destroied*   1706 penaunce]
*marked with an interlinear x by M, with marginal comment: x. so yt apperes that to
do penaunce is nothing eles, but to repent. the wordes underlined (that may availe)
are not the same hand: but have ben added by some papist grosser then ye first writer*

confession after oure deth. Therefor we muste, whyle we lyue here on erthe, be stabelid and groundid in þe ry3t beleue. And yf we trespace by neclygence in eny synne, we muste perfor be sory, and do penaunce. / Who may numbre þe mercy of God, þat is so infenyte? For sothe, no man. Than syth þat synne is numerable and may be mesured, how may synne ouercome þe grete mercy of God þat is vnnumerable and may nat be mesured? Þerfor we sholde neuere be in dis- peyre for oure synne. For Cryst shedde his precious blode to for3eue us oure synne. In many placis of holy wrytte we haue founde þe vertu of penaunce, and moste by þe precepte of oure lorde, Jesu Cryst. For Cryst hymself tau3t and seide: "Do 3e penaunce. þe kyngdom of heuene shal neghe vnto 3ou." Also in a parable Cryst telliþ of a chylde þat toke a certeyne substaunce of his fader, and wente into fer cuntre, and þere he wastyd al his good lyuynge lecherously. At laste þer fylle grete hunger in þat cuntre, so þat þe chylde wente and serued a man for to haue his lyflode, which sente hym for to kepe his hoggys. The chylde was bro3t to so grete myschef and wrechydnes, and suffred so grete hunger þat he desyred to fylle his bely with þe coddys þat þe hoggis eeten, and no man 3aue hym non. At þe laste þe chylde remembrid hym of his myschef and confusion, and seide in hymself: "Treuly, many seruauntis be in my fadris / housholde and han plente of mete and drynke, and Y pershe here for hunger. Þerfor Y wyl aryse and go to my fader and seye: 'Fader, Y haue synned before God and þe, and now Y am nat worthy to be called by sonne. þerfor, good fader, make me one of þi seruauntis.'" And þan þe chylde arose and come to his fader. Whan þe fader saw his sonne fere fro hym, comynge hom- warde, anon he was mevid with mercy, and had grete pyte on his sonne, and wente a3ens hym, and toke hym by þe nekke and kyste hym. And in þe worshype of hym he made a grete solemnyte and a feest, and kylde a kalfe for hys loue. 'For sothe þer is anoþer good example for synners to make

Matt. 4:17
Mark 1:15
Luke 15:11

f. 3

171
17
17

17

17

f. 3
17

17

17

1707 deth] I's interlinear addition   þat may auayle follows   1711 Than]
annotation by R follows: nota   1717 penaunce] underlined by M with
gloss: repentance   1719 Do 3e penaunce] underlined by M with
resipiscite   vnto] vnto vs, vs cancelled   gloss: 1724 lyflode] underlined by
M with gloss: sustenaunce   1738 a3ens hym] underlined by M with
gloss: to meet him

hem to do penaunce for here synne. Cryst seith hymself:
"There was a man þat had an hundred sheepe, and he had
loste one of hem. He lefte neyenty and nyene in deserte, and

745 wente for to seke þat sheepe þat was loste. And whan he had
founde it, he take it vpon his shuldrys, and brouȝt it to þe
oþer sheepe. And þan he kallid togydre his neghboris and his
frendis to make ioye with hym for þe fyndynge of his sheepe.
Therfor þer shal be more ioye amonge þe aungelis in heuene

751 of one synner þat doth penaunce / for hys synne, þan of
nyenty and nyene þat neuer nedid to do penaunce."

Luke 15: 4

'Also Petre, þat is prynce of apostelis, denyed oure Lorde
thryes in tyme of his passion, by þe sufferaunce of God, þat

755 þerby he sholde considere his owen freelte, and þe freelty of
al mankende. And whan it fylle in his mende of þe wordis of
oure Lorde, he wente out and wepte bytterly, and dede
penaunce þerfor, and so God forȝaue hym his trespace. And
where he was first prynce of apostelis, he was afterwarde
ordeyned mayster and heed ouer al þe world.

Luke 22: 62

760 'Also Crist seyde to hym after his resureccyon, in corec-
cion of hym, "Petir, louyst þou me?" He answeryd him aȝen
and seyde: "Ȝe, Lorde, þou wost wel þat Y loue þe." By þes
examplys and many mo we mow wel lerne and vnderstonde
þe vertu of penaunce, how good it is for to hate synne, and if

765 we do eny synne, to be sory and do penaunce þerfor. As seith
þe prophete Dauyd: "Y haue trauayled in my wepynge, Y
shal wesshe my bedde by syngel nyȝtys, and Y shal make
moiste my bedstrawe with my teeris." Thus is þe clensynge
of synne made by þe blode and þe mercy of Cryst Iesu,

770 where þat he seith: "If ȝoure synnes ben blak and foule, Y
muste hem whyte as snowe." This is trewe, and þis we
muste stedefastly byleue. / And after tyme þat we haue þus
receyued þe grace of God and be made his children by þe
vertu of penaunce, we muste be wel ware þat we fal nat aȝen

775 into synne. For many a man falleþ into synne and haþ no
power for to ryse aȝen. And some þat turneþ aȝen into synne
neuer after haue grace to do penaunce. And some deyen ere
þei do eny penaunce, and be nat sory for here synne, and ben

*John
21: 16*

Ps. 6: 6

Isa. 1: 18

1755 whan] what, t cancelled by S and R; S has added abbreviation sign over a
1766 Dauyd] underlined by R   1767 by syngel nyȝtes] underlined by M
with gloss: singulis noctibus   1772 after tyme] underlined by M

dampned. Therfor it is perlous to falle a3en into synne. But if a man casualy falle a3en into synne it is good þat he aryse sone a3en out þerof, and do penaunce, and þan to abyde in goodnes vnto hys lyuys ende. For God seith: "Turne 3e to me, and Y shal turne to 3ou."

To þis Iosaphat askyd a questyon, and seide: 'How sholde Y do for to kepe meself clene fro synne after my bapteme? For if a man falle into synne a3en he muste perfor do penaunce, and lyue in grete laboure and sorowe, wepynge and waylynge for his synne. And þat is ri3t harde and hevy to a man to do. Therfor Y wolde fynde a syker wey, þat Y my3t parfytly kepe þe comaundmentys of God, and neuer to trespas in hem for to wrath my Lorde God, and neuer to falle into synne after it is for3eue me.'

Barlam answerid a3en and seide: "Treuly, Syr, þou seist wonder wel. It is gretely to be desyred, but it is ful laberous, and / impossible it is to ley a stykke on þe fyre and brenne nat. So it is ful harde to a man þat leuyth in seculere lyf, in grete besynes, in sturbel, in delite, in iolite, in ryches, to kepe parfytly þe comaundementis of God, and neuer to trespas in hem, and to kepe hym clene fro synne. For oure Lorde seith:

"No man may serue two lordis at onys. Oþer he shal hate þat one and þat oþer loue, or þat one he shal susteyne and þat oþer dispice. 3e mow nat bothe serue God and þe world."

Also Seynt Iohan euangelist seith in his pystle: "Loue nat 3e þe world, ne noþynge þat is in þe world, for al þynge þat is in þe world, or it is þe luste of þe flessh, or þe lust of þe eyen, or pride of lyf: þis comyþ nat of God, but of þe world. And þe world shal passe, and al his luste and lykynge with hym. But he þat doth þe wylle of God, he shal abide without ende." There han many holy men lerned þis lessoun, both of God and his apostelis, seyinge þat we muste by grete tribula- cion come to þe kyngdom of heuene. Therfor þei wenten anon after here bapteem fro þe world, to lede here lyf in grete perfeccion, and to kepe here lyf vndefowled, and fro al corupcion of synne, and some for here 'bapteem' were

Marginal references: Zech. 1:3 · 1 Cor. 7:9 · Matt. 6:24 · 1 John 2:15

1784 Iosaphat] underlined by R
1791 to wrath] underlined by M
1793 Barlam] underlined by R
1795-6 in-possible . . . nat] underlined by M with gloss: to anger
1797 sturbel] underlined by M
1798 Barlam] underlined by M
1807 lust and lykynge] underlined by M
1814 here] here marterdom, marterdom cancelled

15 marterid. For marterdome is a ful precious bapteem in þe siȝt
of God, for God suffred marterdom for us, and called it a

9v bapteem. / And after hym were marterid his disciplis and
apostelis, and also many oþer marteris þat withstoden þe fals
kyngis and tyrauntis, and al hem þat worshiped þe fals ydollis.

20 And þei suffred for þe loue of God al manere of turment.
Thei were with beestis deuowred, in fyre brente, kylde with
sworde. þus þei made a good ende in good confession, and in
good hope, and trust in God. Thei gate þe mede of here
riȝtwisnes, þei ben felawes with angelis, and þei be made

25 þe verry eyres of Crist Iesu, whos vertu encresid in so moche
þat þe sowne of hem wente into al þe erthe, and here wordis
wente þorouȝ þe world. And nat only here wordis ⟨and here⟩
workis, but also here blode and here ⟨bonys ben ful of⟩ holy-
nes. The which myȝtly dryuen aweye deuelis, and hele⟨n⟩ al

30 manere of seeknes. Also þe ⟨clothes⟩ þat þei ⟨. . .⟩ here ben so
precious þat euery man is bounde to do hem reuerence and
worshyp. The goodnes and þe myraclis of hem were to longe
for to telle. And afterwarde þo crewel kyngis and tyrauntis,
for here cursed persecution, pershyd and wente to helle.

35 And many oþer trewe Cristen kyngis were so fulfylled with
grace in here soule þat þei desired for Crystis loue to suffre
marterdom. And in þe same loue þei had such deuocion þat
þei laboured aboute non oþer þynge, but to kepe here soule
clene, and hem vnpollute and vndefouled, and forsoke al þe

40 lustis of þe flessh to kepe hem in vertu by þe grace of þe
Holy / Goste. Thei considered wel þat it were harde to kepe
perfytly and vertuously þe comaundementis of God in þis
world, and þerfor þei forsoke þe world, and al here gooddis,
here fader and moder, here children, here cosynes, here

45 frendis, here ryches, and al here delite and iolyte, by þe
gracious ordynaunce of God, and fledde into deserte, and
þere þei suffred moche angwych, moche tribulacion and grete
turment, to whom þe world was nat worthi. And leuyd in
hilles and in dennys, in kavys of þe erthe. Al worldly refec-

50 cion þey put awey fro hem, and hadden smale lyflode and

1827–30 And . . . so] cancelled and corrected by I to read: And nat only 'by'
here wordis and workis, but also 'by' here blode and here passyon þey tauȝt vs
holynes. The which myȝtly dryuen aweye deuelis, and heled al maner of seeknes.
Also þe lorys þat þei tauȝt here ben so. lorys is underlined by M with marginal
gloss: doctrine   1850 lyflode] underlined by M

thenne clothynge. And so þei leuyd in deserte, in grete penaunce, for þei wolde se no matere of synne, but euer to haue here desire, here loue, and here mynde in holy con-templacion for to plese God. Thei made here body lene and feble with grete abstynence, and were marteris in here wylle, and folowed Crystis passion, and were made partable of þe kyngdom of heuene. Thus þei leuyd in solitary lyf, with grace and with vertu. And some come in non hous, but walked aboute in þe heete of þe sunne, in grete colde, in showris, in rayne, in wynde and in grete tempest of wedere in grete tribulacion. So þei encresid fro vertu into vertu, and forsoke al flesshly conforte, and leuyd with rootis and herbys, with drye breed and watere, and euer dede penaunce more and more / so þat vnneþe þei my3t lyue by þe harde mete, þei f. toke þerof so litel. For some of hem eete no mete of al þe woke longe, but only on þe Sonday. And some eete but twyes in þe woke. Some eete but at þe two dayes ende, but þey had neyþer envye ne pride þat my3t apeyre here good workys. The leest of hem had non envye to þe moste, ne þe moste to þe leest, to dispice his neghboris holynes. þey had no vayn glorie in here owen holynes and vertu, but euerych of hem ioyed of oþeris good lyf and welfare, for he þat had most vertu þankyd God þerof, for he wyst wel þat it come of þe grace of God, and nat his owen deseruynge. Thei were in so grete meeknes þat þei helde hemself na3t worth, ne noþyng þat þei dede. As oure Lorde seith hymself: "Whan 3e do al þynge þat is comaunded 3ou seth in 3oureself: 'We ben vnprofytable seruauntes, and do nat as we owe to do.'" Ri3t so þei þo3t in hemself þat þei dede nat bysily þat was comaunded hem, but þat 'þei' lefte many þyngis þat hem behoued for to do. And euery man / helde hymself moste f. wreche and moste febyl in conuersacion and most necligente, and euer wenynge þat somethynge was behynde þat was to be

Luke 17:10

1856 partable] underlined by M

1878-84 hemself ... man] bracketed by M with comment: then where are workes of superogation

linear addition by I

continuation of prec. bracket

1871 apeyre] underlined by M

1882 bysily] underlined by M

1883 þei] inter-

1884-6 helde ... somethynge] bracketed by M, a

do. So euer man was meke to oþere. And eche of hem
mekere þan oþer. They fledde fro þe world for veynglorie,
and fro þe peple, and dwelled in deserte, only for to serue

890 God, of whom þei hopid for to haue rewarde for here good
werkis. For þei wyst wel þat many good deedis were done for
vaynglorie, and perfore þei had no good rewarde of God, for
þei were do for preisynge of man, and nat for preisynge of
God. For þei þat done good workis for mannys preisynge and

895 nat for Goddis loue, þei shul haue dubble harme, bothe þei
make here body lene and febyl, and also þei shul haue no
good rewarde of God perfor. And þei þat desiren with al here
herte for to do good workis, nat for veynglorie but for loue
of God, þei dispice al erthely rewarde, and mannys preisynge,

900 and abiden þe good rewarde þat God wyl ʒeue hem þerefor
in þe blis of heuene. Some of þes holy men han here solitarie
dwellynge place in deserte alone, eche fro other, and þei
withdrawe hem out of þe peplis companye, and perfor þei
come but selde togydre. And some þat han here cellis fere

905 asondre comen to one cherche only on þe Sonday. And þei
don þere Goddis seruyce, and receyuen here howsell in
41v remyssyon of here synnes þat makiþ holy both / body and
soule. And euery man techyth oþer to lyue in vertu and in
good conuersacion, for to kepe hem fro þe cursed batailes of

910 here gostly enmyes, þat þei mowe haue no power in hem.
Than euery man goth home aʒen to his hous, and haþ re-
ceyued þe grace of God in here soule, and don good workis
þat ben ful swete in Goddis siʒt, and plesynge to þe Trynyte.
By suche examplis and conuersacion, and in such ordre of

915 lyuynge here þei folowen an heuenly lyf, in prayeris, in
wakynge, in wepyngis, in pilgrymagis, in hauynge mynde of
here deth, in lowenes and meeknes, in silence, in neede, in
myschef, in pouerte, in chastite, in clennes, in pees, in
perfyte charite aʒens God and here neghbore. þus þei lyuen

920 in a manere as angelis, wherfor God haþ wroʒt for hem here
on erthe many myraclis. And þe good fame of here holy
conuersacion hath spred þorouʒ þe world. If þou wylt know
who was þe groundere and þe fyrst makere, and ordeyned þis
holy conuersacion, his name is Seynt Antonye, þat made first

925 here ordynaunce, how þei shold lyue, and tauʒt hem what

1888 oþer] anoþer, an cancelled   1924 Antonye] underlined by R

mede and rewarde þei shold haue perfor of oure Lorde God Almyȝty. And as so many oþer men after hym lyued þat same lyf, and deseruyd to come to þat same ioye, blissed be al þo þat forsaken al erthely thynge, for / þe loue of God, f. and lyuen in charite. They wepte and wayled nyȝt and day for to haue euerlastynge conforte. They lowed hemself wylfully, for þey wolde be heyned in heuene. They turmentid here flessh with hunger and thurst, with grete wakynge and penaunce, for þei wolde haue þe delitis and þe ioye of paradis. þey were made þe tabernaclis of þe Holy Goste in here soule by clennes of lyuynge, for it is wryten: "Y shal walke and dwelle in hem." They crucified hemself in þis world, for þei wolde sitte at þe day of doome on his riȝt syde þat was don on þe cros. They were girte al in trewþe, and hadde here lampis euer aredy brennynge to abyde þe comynge of þe immortal spouse. Thei remembrid hem euer in here mynde of þat dredful houre of deth, and of þe syȝt of ioye þat after þat shal be to þe blissed peple. And also of þe paynful turmente of þe dampned peple. And al was for to gete euerlastynge ioye. Therefor now þei be made impassible as angelis, and ben with hem in ioye, whos lyf þei folowed here in erthe. Thei ben blyssed, for þei considered þe vanyte of þis fals world, and þe vnstabylnes of þe peple, and forsoke it, and made here tresorie in heuene, where lyf is without deth, euermore durynge. And treuly, þis world is odible and abhomynable. For how moche þat / euer þe world ȝeuyth his frendis f. and his louers, he takiþ it aȝen fro hem in grete wreth, and disspoyleþ hem al naked, and clothiþ hem with confusion and grete greuaunce, and þan he sendiþ hem to euerlastynge tribulacion. And whom þat he enhaunsith here, anon sodenly euerlastynge wrechidnes makiþ hem lowe, and castith hem vnder þe feet of here enmyes. Suche is his grace and such ben his ȝyftis. He is an enmye to al his frendis, and to al hem þat done his wylle. He is crewel to al hem þat bowen vnto hym. He deceyueþ al þat trusten in hym. He makiþ fals behestis to al vnwyse men, and al is for to drawe hem to hym. And when þey consente vnto hym, anon he is vnkende and deceyueþ

2 Cor. 6:16
Gal. 6:14
Matt. 25:1-12

1931 loued] *underlined by M*
1938 doome] doome of, *of underdotted by S and cancelled by R* 1945 impassible] *underlined by M*
1932 heyned] *underlined by M*
1949 where lyf] *annotation by M:* the worlde

hem, and noþynge fulfylleþ that he behight hem. Today he
styreth hem to delicate meetis and to glotonye, and tomorowe
1965 he castith hem to here enmyes to be deuowred. Today he
makith a man a kynge, and tomorow he puttiþ hym al to
thraldom. Today he makith a man ryche and to haue moche
good, and tomorow he makiþ hym to go abeggynge. Today
he settyþ a crowne on his heed, and tomorowe he makiþ hym
1970 to change his chere. Today he araieth a man with precious
f. 43 clothis, ryche owchis, / and koleris aboute his nekke, and
tomorowe he throwith hym doun, and leith hym in stronge
feteris. Today he makith a man feyre and amyable, and
tomorowe he makiþ hym foule and abhomynable. Today he
1975 makiþ a man glad and mery, and tomorowe he makiþ hym to
wepe and be sory. What ende þe world ȝeuyth to al his
frendis, heere, and Y shal telle þe. He makiþ hem þat louen
hym as wrecchis euer to dwelle in þe payne of helle, and þat
is euer his entente and purpos. þere may no sorowe ne
1980 wepynge brenge hem pennys, ne þei shul haue no mercy
while þei be þere. Treuly, þe world haþ euyl begiled hem.
And ȝit he doth al þe craft þat he kan to kacche a man into
his crewel snaris. For al þei þat seruen such a wykked and
cursed lorde, and withdrawe hem fro God þat is so good a
1985 lorde and meeke, and ȝeuen hem to þis presente lustis and
likyngis, and ben so faste bounde þerin, and haue no mynde
on þynge þat is to come hereafterwarde, and leten here
soulys lyuen in hungere and be fulfylled with synne, treuly,
Y lykne hem to a man þat fleeth ferre fro a wode vnycorne.

990 'There was a crewel and a wode vnycorne, and pursewed
a man for to slee hym. / The man was aferde of his deth,
43v and fledde fast fro hym. He fledde so ferre þat at þe laste he
fylle into a grete pytte and a deepe. And ere he was fully
doun, he kauȝt a bussh with his handis, and þat he helde
995 faste. And kauȝt vnder his feete a lytel grene tufte, and stode
þereon, wenynge to hym þat he was sykere ynouȝ, and in
pees. He loked al aboute hym, and at laste he saw two mees,
a white mowse and a blak mowse. And þei gnewe faste vpon
þe roote of þe bussh þat he held hym by. And almoste þei

1971 owchis] underlined by M with gloss: monilia   1979-81 þere
. . . hem] underlined by M with comment: Ex Inferno non est redemptio
1982 craft] underlined by M

had gnawe it atwo. Than he loked downwardis into þe pyttes
grounde, and þere he sawe an horrible dragoun kastynge out
fyre aboute hym. He lokid on þe man with feers eyen and
brennynge. He had his mowthe euer open and euer was redy
to haue deuowred hym. He lokyd to þe tuffe þat his feete
stoden on, and þere he sawe foure addris heedis þat lokyd
out of þe banke vpon hym, redy to haue byten hym. He
loked vpwarde aȝen, and þer droppyd out of a branche of
þe bussh a litel hony. And whan he had tastyd þerof he had
so grete swetnes þerin, þat he had forȝete al þe grete perel
þat he was in, þat is to sey, how þe vnycorne stode aboue
hym redy for to slee hym, benethe hym þe horrible dragoun
redy to swolowe hym, and at his feete þe foure addris redy
to byte hym. And within a litel while þe roote / of þe bussh
was gnawen a two, and his hondes failed, and his feete slode
awey fro þe banke, and anon he fyl doun into þe dragounys
mowth, and þer he was deuowred. This may wel be lykned
to al hem þat trusten to þis world, and þus it is to vnderstonde:
by þe vnycorne Y vnderstonde deth, þat euer persueth to
take mankende. þe grete pytte is þis world, ful of euyl and
cursed snaris. The white mowse and þe blak mowse arn vnder-
stonde þe day and þe nyȝt, þat wastyþ vs euermore litel and
litel in al oure lyf. The bussh þat we holde vs by is þe pros-
perite and a litel possession of þis worldly good. The hony is
vnderstonde þe swetnes and delite þat we haue in þe wordly
good. The foure addris ben vnderstonde þe foure elementis
þat we be made of, by whos inordynate conturbacion mannys
body is dissolued. The crewel and horribele dragoun þat is
benethe is vnderstonde þe depe pytte of helle, þat euere
desireth to deuowre hem þat setten more by þe delites of þis
world þan by þe blis of heuene. This swetnes of þe prosperite
of þis world is so moche sett in mennys herte, þat it makiþ
hem to forȝete al þat is nedeful to here saluacion, and neuer
wyl beware tyl þei falle into þe dragounys mowth þat is þe
depe pytt of helle. Þus þis world many a man begyleþ.'

　　Iosaphat was glad of þis example and parable and seyde:
'Treuly, þi tale is / ful good and ful wel lykned. Y pray þe,
telle me mo examplis, þat Y may wel knowe what þis presente

2000

2005

f. 44

2010

2015

2020

2025

2030

2035

lyf is here, and what sorowe and euyl þe world 3euyth his frendis þat louen hym.'

Barlam answered a3en and seyde þat 'þe louers of þis world, and al þo þat han more delite and conforte in þe ioye and prosperite of þe world þan of þe blis of heuene, ben lykned to a man þat had thre frendys. And tweyne þerof he loued hertly, and had so moche truste in hem þat he desired for to dey for hem. And þe þyrde frende he loued nat so moche, but had of hym but lytel reputacion or non, and shewde hym neuer but lytel frendeshyp. So it fyl on a day þat sergeauntys and þe kyngis mynystres come in grete haste and arestyd hym to brenge hym before þe kynge, for to 3eue an answere of hys dette of ten þousande besauntys þat he au3t þe kynge. And whan he was þus arestid to come before þe kynge, he wente fast aboute to gete hym frendshyp. He went to his fyrst frende, þat he loued best of al oþer, and seide vnto him: "Frende, þou knowist wel how ofte Y haue do for þe, and put myn owen lyf in perel for þi loue. Now Y haue nede vnto þe, Y pray þe helpe me, for often tymes þou haste behote me grete frendeshyp, and of al men in þe world Y truste þe moste. Now Y pray þe, / in my grete nede, shewe me some confort of loue for al þe loue and frendeshyp þat euer was betwene vs, for but Y haue þy loue and helpe Y am vndone foreuer, for Y am arestid to come before þe kynge to paye my dette, and Y haue nat wherewith to paye it." That oþer answered hym a3en and seide: "Man, treuly, Y am nat þi frende, ne Y knowe þe nat who þou arte. For Y haue frendis þat Y muste þis day make me mery withal, and hem Y shal kepe to my frendys aftyr þis tyme. But 3it for olde knowlych þat haþ ben bytwene us, haue here two heyris with the in þy wey, but it wyl do þe but lytel profyte, and neuer hereafter truste nat to me for no frendeshyp." And whan þe man herde þat he my3t haue no truste in his helpe he wente awey in grete sorowe, and come to his oþere frende, and seyde: "Frende, haue in mynde what grace and loue and frendeshyp Y haue do to þe in al my lyf, and now today Y am falle in grete desese and daunger to þe kynge, and perfor Y haue grete nede to þyn helpe. Y pray þe, for al loues helpe

2040 Barlam] *underlined by R*   2050 besauntys] *underlined by M*
2057 behote] *underlined by M with gloss: promised*

me, or ellis Y am loste foreuer." That oþer answerid aȝen and seyde: "Forsoþe, Y may nat helpe þe at þis tyme. For Y haue so grete ocupacion and besynes þat, treuly, Y may nat helpe þe þouȝ Y wolde, / but ȝit for olde frendeship Y shal go with þe a litel weye, þauȝ it profite þe but litel, and þan Y wyl come home aȝen and do myn owen besynes." The man wente forth, and was al distitute of here frendeshyp, and for sorowe he wepte sore, and for þe vnkendnes þat he had of his frendis þat he loued so moche before tyme. Than wente he forth to þe thyrde frende in whom he had neuer truste, and neuere was moche in his felawshyp, and fyl doun to grounde vnto hym, and made rewful chere vnto hym, and seyde: "Frende, Y haue no cause, ne naȝt Y haue deserued to haue þy frendeshyp ne þy loue. Y wote wel þat Y neuere dede þe good tyme, ne neuer was frendly to þe, but now my grete nede makiþ me to come to þe, for al myn oþer frendis in whom Y truste so moche haue forsake me, wherefor Y pray þe haue no mynde of myn ygnoraunce ne of myn vnkendenes, but haue rewthe on me, and helpe me in my nede and mys-chef, þat Y am broȝt in at þis tyme." He answered hym with glad chere, confortynge hym and seyde: "Treuly, Y know þe wel for my dere frende. And Y wyl nat forȝete þy smale benefettis, but Y shal quyte þe wel þerefore. And þerfor drede þe nat. Y shal go before þe, and pray þe kynge for þe, and Y shal kepe þe fro þyn enemyes hondis, truste wel þerto, and be nat sory." The man was glad, and wepte for ioye, and seide: "Alas, / Y may wel wepe and be sory, and al þe good dedis þat euer Y dede to myn oþer frendys ben euyl besette and bestowed. But now Y wyl no more be sory, for Y haue founde helpe and truste in þis frende in my grete necessite, to whom Y shewde ȝit neuer loue ne frendshyp."'

Iosaphat had grete wonder of þis tale and example, and prayde hym to expone it vnto hym, and telle hym what it mente. Barlam answerid hym aȝen and seyde: 'By þe fyrst frende is vnderstonde þe loue þat a man haþ in grete posses-siones, and ryches, and wordly good, for þe whych a man puttyþ hymself in many grete perelis, and suffreth grete desese and turmente. At þe laste whan he is deed, of al his

2094 rewthe] *underlined by M with gloss: pytie*
underlined by R
2109 Barlam] *underlined by R*

grete ryches and wordly good he shal naȝt haue with hym to
his grave but a lytel clothe to sowe hym in. By þe secunde
frende is vnderstonde þy wyf, þy chyldren, þy kynnesmen,
þy cosynes, and al þyn oþer flesshly frendis whych a man
louyþ moste here in erthe, and for here loue he puttyþ hym-
self in grete perel, both body and sowle. But whan a man is
deed, þey wyl do but lytel for hym, but go with hym a lytel
wey, þat is to his grave. And anon þey gone home aȝen and
done here owen besynes, and forȝeten hym as sone as þe
body is put in / þe erthe. By þe þyrde frende in whom a man
shewyþ so lytel loue to and frendeshyp, ys vnderstonde a
mannys good workys. þat is, feith, hope, charite, almasdede,
and al oþer vertuys whych gone before us ere we deye and
prayen God for us, þat he wyl delyuere us fro oure crewel
enmyes þat maken grete accusacions aȝens us, and euer
awayten to take vs and to distroye. This is a trewe and a
trusty frende at nede. And ȝit we wene while we lyue, þat
þey don us lytel goodnes and frendeshyp, but hereafter þey
shul do us moche good þat it passyþ al oþer frendeshyp, and
þei wyl do for us whan al oþer frendeshyp wyl fayle.'

Than seide Iosaphat to Barlam: 'Wel mote þou be good
man, and moche ioye mote þou haue of þy lorde. For þi
good wordis þou hast made myn herte mery and glad with
þy talkynge, þat is so good and plesaunte. But Y pray þe þat
þou wylt telle me þe vanyte of þis world, and how a man
may passe frely þerby withoute eny lettynge.'

Barlam vnderstode wel his wordis and seyde: 'Y haue
herde telle þer was a grete cyte, and þe peple þerin had an
olde custome and longe tyme vsed, þat þei wolde take a
strangie man and vnknow⟨n⟩ / þat knew noþynge of þe lawe
of þe cyte, and hym þei wolde make here kynge. And he
sholde haue power ouere hem, and good ynoȝ to parforme
his wylle durynge but one ȝere. And whan þe ȝere was done,
wenynge þe kynge, þat he sholde abyde in his ryalte and
ryches withoute eny drede or tresoun, sodenly þe peple rysen
aȝens hym, and pulled of hym his regal clothes, and drewe
hym naked þorouȝout þe toun, and put hym in an ylonde
fere fro þe cyte, þer to abyde in hunger and colde, and neuere

2123 frende] frende frende   2134 Iosaphat] *underlined by R*   Bar-
lam] *underlined by R*   2140 Barlam] *underlined by R*   Bar-

to haue more of hys ryches ne of his grete prosperyte. And
þer he sholde be distroyed. Afterwarde, by þe custome of þe
cyte, þer was ordeyned anoþer man to be here kynge, þat was
a wyse man and a redy. Þis man knew nat of þe myshap and
wrecchidnes þat his predecessouris were broȝt im, and how þei
were dryuen out of þe cyte, but he trauayled nyȝt and day
how he myȝt best bestowe his ryches and his goodys. And
whan he was in his moste prosperite, a wyse man þat was of
his counseile tolde hym of þe lawe and of þe custome of þe
cyte, and þen exiled to an ylonde fer perfro, and þer to
abyde in hunger and myschef tyl he be deed. And whan he
knewe þat he muste be dryuen out of his / kyngdom, he or-
deyned anon his grete tresore whereof he had þre disposicion,
and myȝt do þerwith what he wolde, and toke a grete quantite
of golde, of syluere, and of precious stonys, and bade his ser-
uauntis þat were trewe to hym to bere hem into þat ylonde,
and also toke clothys ynowȝ and vitailed it with al maner
vytayle. And whan þe ȝere was done þe peple of þe cyte
arose aȝens here kynge, and drofe hym al naked out of þe
cyte as þey seruyd oþere before his tyme, forþ into þe ylonde.
And whan he come þydere, where þat oþer kyngis pershyd
for hunger and colde, he lyued in grete ioye and prosperite,
and had grete plente and welfare of ryches and vytaile by þe
good puruyaunce þat he had ordeyned before. So þat al þe
peple of þe cyte seyde þat he was þe wysest kynge þat euer
come þere. By þis cyte is vnderstonde þis wrechid world. The
peple of þe cyte ben þe pryncis and þe powere of fendys þat
ben gouerneris of þe world, þat stiren men to lust and lykynge
and prosperite of þe world, and perin þei make men to sett
here truste as it sholde euermore dure. And while we be in þis
prosperite and in þis seduccion, and noþynge take hede of þe
blis of heuene, ne noȝt dispose for us þat shold do us eny
profyte þyderwarde, deth comyþ on us sodenly, and þan þe
naked into / euerlastynge derknes, vnto þat ylonde where þe
dampned peple shal pershe without ende. But þe good and
wyse counseloure þat made al þynge of noȝt made me to
come to þe, to shewe þe and counseile þe to þe ryȝt wey þat
shal brynge þe to þe blis of heuene, and to delyuere þe fro þe

2164 had] had þe, þe cancelled

2179 þat] þat stry, stry cancelled

f. 47

f. 4

erroure of þis world, whych Y loued wel some tyme, and had
grete delite þerin, tyl Y considerid in my soule þe vnsikernes
of þis lyf here, and how many men han pershyd þerin, some
encresynge in þe world, and some discresynge, þat non abode
95 in stedefast state, noþer ryche men in here ryches, ne myȝty
men in here strengthe, ne ioly men in here lust and lykynge,
and þei þat wende to haue lyued stabylly in here vanyte sone
fellen and were caste adoun. Al þis was but a whyle abydynge,
but sone passed awey. Al þis Y vnderstode wel, and þat al þe
00 ioye of þe world is but vanyte, and no profyte is þerin. We
must forȝete and dispice þe world and al wordly þyngis, þat
is to sey, his myȝt, his dygnyte and worshype, his gretnes, his
crewelnes, and al his lust and lykynge þat is contrarie to þe
blis of heuene. Y changyd also al þe prosperite þat myn elders
05 lyueden in, to lyue in penaunce and in contemplacion. Y
knew wel how þey were styred with þe crewel tyraunt, þe
world, and at laste þey passed out þerfro. Some þe world
8v transposed fro ryches to pouerte, / and some fro pouerte to
ryches. Some þat were seek and wende to deye, and ȝit þei
10 turned aȝen to lyf. Some it made wyse men and redy, and
some men lewde and foolis. Some þat were vnwyse and foolis
were set in grete prosperite and ioye, and some þat were wyse
men and redy were neuer but poore and nedy. Se now how
mankende is vexid and turbelid by þe wykkyd enmye, þe
15 world, and neuer may abide in one state, but is now here,
now þere, now in one degre and now in anoþer, as a dowve
þat fleeth fro þe egyl or an hawke. Now she is in o place, and
now in anoþer, now amonge trees, now amonge busshys, now
amonge stonys, now amonge þormys, for to hide hereself, and
20 neuer may fynde syker reste, but euer mevyth aboute in grete
drede and trybulacion. So it fareth by hem þat dreden to
leese þe welfare and þe prosperyte of þis world. Euer þey
trauayle aboute fro place to place, and neuer ben syker þerof,
ne stedefast, ne wyte neuer to what ende þey shul come, and
25 þe more þey laboure þer aboute, þe more wrechid is here lyf,
and vnblyssed. They desire to haue euyl for good, and malice
for goodnes, and hauen ful grete doute what rewarde þey
shul haue afterwarde for here laboure, wheþer þei shul be

2210 wyse . . . and redy] vnderlined by M   2211 lewde] vnderlined
by M with gloss: unlettered   2226 vnblyssed] vnderlined by M

receyued of God, as for his frende and knowen, or ellys as vnknowen and his enmye. Al þis Y vnderstode wel in myn herte, how þis lyf is but vanyte and þe prosperyte of þe world passith sone awey, which / Y laboured sometyme sore for to haue, but Y kaste out myn herte of al desire þerof, and put al awey fro me. And þan come into me good þou3tis and holy meditaciones þat was for to drede God and to done his wylle. Y knew wel þat was þe begynnynge and þe heed of al goodnes and perfeccion of wysdom. For, treuly, to drede God and to done hys wylle is lyf withoute eny sorowe and without eny temptacion. It is sykere and peseable, and the ry3t wey to kepe þe comaundementis of God. þer is noþynge per to streyte, ne croked ne harde, for it lakkyþ al thornys and breris of trybulacion. It is ly3t, playne and kende, it ly3tnyþ mennys hertys in holy contemplacion, and makyth here feete clene of here vnderstondynge, to vnderstonde Goddis worde, and þe holy gospel, and sykerly to go and to do þerafter. This Y desyre moste of al þynge, and þerin Y edefied my soule. So Y amendyd my lyf, and dede after þe doctryne and þe counseyle of a wyse man þat seide: "Go 3e out of þis world, and turne nat a3en, and euerlastinge lyf shal be 3oure mede and expensis, and 3e shul come to a place þat hap twey regyones, and þerin ben many dwellynge placis. Of þe which one region God hap ordeyned to al men þat louen hym, and kepyn his comaundementis. þat region is ful of al goodnes euermore durynge, where þey shul haue euerlastynge lyf, and þer / is noþer sorowe, ne waylynge, ne wepynge. The secunde is a region ful of derkenes, and of tribulacion, and sorowe, þat is ordeyned to þe deuyl and to his angelis. To þe which þei shul be sente þat deden here euyl workis, and changid euerlasting blis for þe vayne prosperyte of þis world, and made hemself to be mete to euerlastynge fyre." And whan I knewe þe trewthe þerof, Y forsoke þe worse wey, and 3af al myn intente and studye to come to þat oþer region þat is without al manere sorowe and malice, and ful of al goodnes and plente. But þe knowynge þerof Y haue now but in parte, as in a gostly myrroure. And whan Y shal se God face to face, þan shal Y haue perfyte knowynge þerof and vnderstondynge, and perfor Y shal þanke oure lorde Iesu Cryst. For þe lawe

1 Cor.
13: 9

2242 it²] it lyknyth, þyknyth cancelled

of þe spyrite of lyf is in Cryst Iesu, þat haþ delyuerid me
fro þe lawe of synne and of deth, and he haþ opened my
gostly eyen, þat Y may se without eny doute þat þe wysdom
of þe flesshe is deth, and þe wysdom of þe soule is lyf and
pees. Therefor, lyke as Y know þe vanyte of þis fals world
and haue forsake it, and hate it with a parfyte hate, riȝt
so Y warne þe þat þou hate it also, and forsake al þy tresoure
and ryches þat þou hast here, and make þerof a sykere tresorye
in heuene þat neuer shal fayle, þat whan þou shalt passe out
of þis world þou be nat founde poore and nedy, but ful of
ryches, as Y haue tolde þe before.'

Iosaphat askyd aȝen and seyde: 'How may Y sende before
me my tresoure of my ryches and of my lust and lykynge,
þat Y may fynde in hem þere syker merthe and perfyte
iolite? And how may Y perfytly hate þe world, and al þat is
þerin? and how may Y sett al my loue in heuenly contem-
placion, and truste playnly þerin, and in non oþer þynge?
Y pray þe telle me.'

Barlam answerid aȝen and seyde: 'The sendinge before of
ryches vnto þe blis of heuene is made by þe hondis of poore
men. For the prophete Danyel seide to þe kynge of Babi-   Dan. 4: 24
lonye: "Syr Kynge," he seide, "do be my counseil. Beye þy
synnes with almasdede, and þy wykkednes with þe mercy of
poore men." Also Cryst seyth himself: "Make ȝou frendis   Luke 16: 9
with þe money of wykkydnes, þat whan ȝe fayle and haue
nede, þei mowe receyue ȝou into euerlastynge tabernaclis."
And in many oþer placis, as þe gospel tellith, oure lorde
tauȝt many mo þyngis and profites of þe almas done to þe
poore peple. Therefor take þy ryches into poore memnys
hondis, for þat þou doste to þe poore peple for Goddis loue,   Matt.
God holte it done to himself, and he shal rewarde þe þerin   25: 40
many wysis. And, treuly, no man can telle þe rewarde þat
God ȝeuyþ to al hem þat louen hym. Therefor, now take þy
tresoure fro þat lorde þat þou hast serued here, and spende it
vpon þe poore peple, and þerwith þou shalt beye þe ryche
tresoure þat is in þe blis of heuene. / And so after þat, by þe
grace of God, þou shalt change þe vnstabylnes of þis world
þat passith sone awey, and haue þerfor stabylnes and vertu.

2279 Iosaphat] *underlined by R*   2286 Barlam] *underlined by R*
2288 Danyel] *underlined by R*   2291 Cryst] *underlined by R*

And also þou shalt forsake al derkenes, þe world and his gouernoure, þat is þe deuyl, and þy gostly enmyes, and perfor þou shalt haue ly3t, and bere þe cros of penaunse vpon þi shuldere, and folowe þi lorde, Iesu Cryst, and glorifie and worshipe hym þat þou maist be his eyre, and haue euerlast-ynge lyf.'

Than seide Iosaphat a3en to hym: 'It is good to dispice al erthely þynge, and to chese þis harde lyf as þou hast seyde before. But Y pray þe, telle me whepere was þe doctrine and þe techynge of þe apostelis of olde tyme, or ellis newly 3ouen vs for to chese þe better wey, and to leue þe worse, or nat.'

Barlam answeryd a3en and seyde: 'Y teche þe no newe lawe þat is newly made, God forbede þat Y sholde do so! But þat is tau3t me of olde tyme. For oure Lorde seyde to a ryche man þat askyd hym what he shold do to haue euer-lastynge lyf, þat same man had a gladnes in hymself, for he kepte al þat was wryten and comaundyd in þe lawe, 3it oure Lorde seide to hym: "3it þe lakkiþ one þynge þat þou must haue if þou wylt be parfyte. Go and selle al þat þou hast, and 3eue it to poore men, and þou shalt haue perfore tresoure ynou3 in þe blis of heuene, and come and folowe me, berynge þe cros of penaunce." And whan þe ryche man / herde þis he was ri3t sory. For he was ful ryche, and loth he was for to departe fro his wordly good. God saw þat he was sory, and seide to hym: "It is ful harde to a ryche man þat haþ moche tresoure to come into þe blis of heuene. For it is more ly3t to a chamele to go þorou3 a smale nedelys eye, þan a riche man to entre into þe kyngdom of heuene." Al holy men herde þis comaundement, and forsoke al here ryches and delid it to þe poore peple, and trustid fully to haue perfore euerlastynge ryches, and þey forsoke al þynge and folowed Cryst. Some were marteryd, as Y seide before. Some were heremytes and monkys, and forsoke al erthely þynge for Crystis loue and leuyd in deserte. Treuly, þis is þe comaunde-ment of [þe] euerlastynge kynge, oure lord God Almy3ty, þat withdrawiþ vs fro al þe loue of wordly good, to make vs to be partable of euerlastynge ryches.' Iosaphat askid hym

Luke 18:22

Luke 18:24

2312 Iosaphat] *underlined by* R   2318 Barlam] *underlined by* R
2341 þe] *om.*   2343 Iosaphat] *underlined by* R

þan þis question and seide: 'Syth þat þes olde þyngis ben so
profytable and nedeful, why do nat men folowe it, and do
þerafter nowadayes?'

Barlam answeryd aȝen and seyde: 'Many men han sewyd
it before þis tyme, and ȝit done. Some men han be slowe and
neclygent, and ȝit ben. For oure Lorde seith hymself: "Ful
fewe men gone þe harde wey and streyte, and ful many gone
þe brode wey and large." For þei þat ben onys / taken with
couetice, or lust and lykynge, or vaynglorie. þei ben holde
ful straytly, and wylfully þey sellen hemself to a strangie
lorde. And þei þat don þe contrarie, þey ben holde of God,
and kepyn his comaundementis. A soule þat is onys in dispere
of his saluacion, he is kauȝt in an vnresonable desire, and
þerin he is faste bounde. Therefore þe prophete, seynge such
grete foly and perel of þe soule, wepte sore and seyde: "Sonys
of men, why be ȝe so longe in so greuous an herte? Why loue
ȝe vanyte and seeke lesynge, þat holden þe ioye here ful grete
þat is but a lytel ioye and a lethy powere, and a fals pros-
perite?" And þat þei han, þei wene it ben heris, and þei be
nat heris, but þei ben as þe duste þat fleeth from one place to
anoþer, and sone it faileth as þe smoke, and begylen þe peple
as dremys, and vanshyþ awey as þe shadowe. Therefor, oure
Lorde bade his disciplis and apostelis, and to al his holy
lyueris, to preche þe peple in worde and dede þe ryȝt wey to
þe blis of heuene þat is so streite. And þouȝ fewe men gon
þerin, and many chesen þe brode wey, ȝit is nat þe holy con-
uersacion of Goddis ordynaunce brouȝt to noȝt, for as þe
sunne shyneth and ȝeuyþ lyȝt to alle manere men, so þe
goodnes of God, in maner of þe sunne, lyȝtneþ euery man to
grace after þat þei wyl make hemself abele / to receyue it.
For if men shette here eyen and wyl nat se þe lyȝt of þe
sunne, þan is nat þe sunne to blame, but he þat wyl nat se it.
But þei fare as blynde men þat gropen aboute þe wallys, and
some fallen in þe dyche, and some here facis ben crachyd
with sharpe thornys. And as þe sunne in his briȝtnes ȝeuyth
euery man liȝt þat wyl se his liȝt, riȝt so God ȝeuyth euery
man his grace þat desireþ to receyue it in clennes and vertu.
And as þe sunne ȝeuyþ euery man lyȝt þat wyl haue it, and

Matt. 7: 13
Luke 13: 24

Ps. 4: 2

Ps. 37: 20
Ps. 68: 2
Ps. 73; 20

Matt. 13: 43

Matt. 15: 14
Luke 6: 39

2347 Barlam] *underlined by* R   2361 lethy] *underlined by* M
2369 þe¹] þe bl, *bl cancelled*

constreyneþ no man to haue it but he wyl hymself, riȝt so
God ȝeuyþ euery man fre wylle and fre choyce, while he
leuyth in þis world, wheþer he wylle receyue his grace or nat,
at his owen perel.'

Iosaphat askyd hym anon: 'What is fre wylle and fre
choyce?' Barlam answeryd aȝen and seyde: 'Fre wyl is þe
resonable wylle and desire of þe soule withoute eny grucch-
ynge þeraȝens, grauntid to a man, wheþer he wylle do good
or euyl. Also, fre wylle is intellectual styrynge of þe soule by
his owen ryȝt. The fre choyce is þe wyse desyre and þe good
counseile þat is in vs. For what þat euer þe demyd vnto vs by
counseyle, we mowe haue fre choyse. And counseile is a
desire þat ȝeuyth vs knowlych what we shal do. It counseileþ
vs wheþer we sholde do it or nat, and for to chese þe better
þynge and to leue þe worse, and to desire and loue þat þynge
þat is demed us by counseyle. / And þan it is called good þynge
deliberacyon. And if a man desire nat and loue [nat] þat
þynge þat is demyd hym by counseile, þan is it nat good
deliberacion. Than afterwarde comyþ fre eleccion. And fre
eleccion and choise is nat ellis but of two purposis, to leue
þat one, and chese þat oþer. Hereby a man may wel wyte þat
ere he se it be demyd. For we may nat brenge to effecte al
þynge þat we se. Therfor fre choyse comyth aftere, to chese
a þynge whan it is demyd by counseyle. So counseyle comyþ
befor fre choyse. And fre choyse comyþ before euery þynge
ere it be do. Therfor nat only oure dedis, but also fre choyse
of oure purpos, ben þe cause of oure ioye and oure turmente.
For þe begynnynge of euery synne and of euery ryȝtfyl dede
is done by oure free choise, wheþer we wyl do it or nat. For
þat we desire to do, þat is oure dede. And after oure workis
encresiþ oure vertu and also oure synne, of al þys þynge we
haue counseile in oure conscience. So euery man haþ free
wylle and fre choyse, and þe more God encresith within his
þe more God encresith within his soule both grace and vertu,
and lyȝtnyth hym with þe lyȝt of his Godhede. The differ-
ence of / fre choyse is as dyuerse wellis of water þat wellen f.

2386 Iosaphat] *underlined by* R   2387 Barlam] *underlined by* R
2398 nat²] *om.*   2419 wellen] *underlined by* M *with gloss:* spring

420 out of þe erthe. Some wellen out but a litel oute of þe erthe,
some lower, some lowyst of al. Some of þes watris þat comen
oute of þe erthe ben ful swete in taste. Some wellen vp and
ben ful bitter and stynkynge. Some wellen vp largely, and
ȝeuen watere plente. Riȝt so it is in free chesynge. Some be
425 feruent and swyft to chese. Some ben ful slowe. Some chesen
al to goodnes. And some turnen fro al vertu and chesen þe
euyl. Therefor after þat þey desiren, þei do.'

Than seide Iosaphat to þe good man aȝen: 'Ben þer eny
oþer man þat prechen aboute al þis þat þou hast tolde me
430 now, or but þou alone, þat techyst me here today for to hate
þis presente lyf in hope to come to a bettere?' Barlam answerid
aȝen and seide: 'In þis cursed region Y know no man þat kan
teche it, for þi crewel fadere haþ put hem to stronge deth.
And ȝit euery day he laboureþ þat Goddis doctryne mote nat
435 be knowe. And in al oþer regiones and cuntrees, Goddis
worde is prechid and tauȝt. And some men don þerafter, and
some leuyth þe trewe and riȝt wey, and gon þe croked wey,
by tysemente and temptacion of here gostly enmye þe deuyl
of helle, þat makyþ hem to mysvnderstonde þe worde of
440 God, and taken it al in anoþer wyse. Treuly, þer is but one
treuthe þat is prechid and tauȝt by þe holy apostlis / and
holy fadris, and in al holy chirche is vsed þorouȝout þe world.
Þat doctryne is bryȝtter þan þe sunne, þe whych Y am sente
to preche and teche þe hyder into þis place.'

445 Than seide Iosaphat and askyd hym this question: 'Wheþer
my fader lerned or herde euere of þis doctryne, or nat.' Bar-
lam answerid aȝen and seide: 'Nay, for sothe, þy fader had
neuer her[d]e of gostly vnderstondynge, but his wytte is so
wythdrawe from al goodnes þat he may conceyue no good
450 ne vertu, but euer he is redy to do euyl.' Than seide Iosaphat:
'Treuly, Y wolde þat my fadere wolde lerne þis doctryne, and
kepe it wel in his herte.' Barlam answerid aȝen and seyde: 'Al
þis is inpossible for eny man to do, but only to God. For Y
haue herde seide þat þere was some tyme a kynge þat gouerned
455 wel his kyngdom, and was ful gentyl and meke vnto al his

53v

2428 Iosaphat] *underlined by R*   2429 man] *altered by I to* men
2431 Barlam] *underlined by R*   2438 tysemente] *underlined by M*
2445 Iosaphat] *underlined by R*   2446-7 Barlam] *underlined by R*
2448 herde] here   2450 Iosaphat] *underlined by R*   2452 Bar-
lam] *underlined by R*

peple, but he knewe nat his God, for he worshiped fals ydollis
and fals goddys. This kynge had a grete man with hym þat
was nexte of his counse(il). And he was a vertuous man, per-
fyte, wyse and redy in holy wrytte, and beleuyd in God. This
man was ryȝt sory because þe kynge was in such ydolatrye
and erroure, and ofte he wolde haue reproued þe kynge þerof,
but he durst nat for displesaunce of hym, and also for lesynge
of his owen profyte and seruyce. But ȝyt he awayted a tyme
for to drawe þe kynge to / good and to wythdrawe hym fro
his wykkyd erroure. It fyl on a day þe kynge seide to hym:
'Come on, and lete us gon aboute þe cyte and loke if we
mowe se þerin enypynge þat is to vs nedeful or profitable.''
And as þei walkyd aboute þe cyte þey sawe a lyȝt shyne oute
at an hole, and þere þei lokyd in and sawe a lytel dwellynge
place vndere þe erthe, as it were a kave. And þerin sate a man
þat was ryȝt feble, and almoste deed for pouerte and mys-
chef, and his clothis þat he had on were al totorne and ful
thredebare. And his wyf was faste by hym, and toke a dyssh
of glas in here honde, and sange merely, and daunsid aboute
and toke here hosebonde þe dyssh with moche ioye and
merthe, and ȝaue hym drynke. Al þe peple þat were aboute
þe kynge had grete wonder hereof, how þey þat were in so
grete myschef and pouerte, þat had noþer hous ne clothe,
and leuyd þere so sykere a lyf and a mery. Than seide þe man
þat was so grete of þe kyngis counseile: ''This is a grete
meruayle to vs, Syr Kynge, and also a strangie lyf. And ȝit
were we neuer so iocunde and merye in al oure ryches, deli-
cacies and prosperite, þouȝ it lyked vs neuer so wel as þis
wrecchid lyf is lykynge to þes folys. For it semyth þat þis
pouerte is to hem ful swete, and vs thynkyþ þat it is ful harde
and abhomynable. Y pray / ȝou, Syr Kynge, how lykyth ȝou
þis lyf?'' The Kynge seyde aȝen: ''It is þe moste bytter and
abhomynable of al þe lyues þat euer Y wyst.'' Than seide þe
wyse man vnto þe kynge: ''For sothe, Syr, know wel þis, þat
moche more wrecchyd, more sharpe, and more byttere and
vnblyssed þey holden oure lyf þat we lyue in, al þo men þat
lyuen in contemplacion and holynes, for to come to þe blis
of heuene, þat passith al mannys wytte and resoun. For al
oure golde and tresoure and ryall palyce þat we han here, þes

2456 he'] he g. g cancelled

f. 54

246

246

247

247

248

248

f. 5

249

men þat lyuen in contemplacion setten al at noȝt, but holden it both foule and stynkynge and abhomynacion in rewarde of þe ioyful tabernaclis þat ben in heuene, and also to þe grete dignyte and ryche crownes þat God shal ȝeue þere to al hem þat louen hym. For þouȝ al þe luste and lykynge of þis world seme to vs good and profytable, and put al oure hope and truste þerin, treuly, it is but lamentacion, wepynge and waylynge, and falsnes, in þe syȝt of þo men þat han tastyd þe swetenes of euerlastynge good." The kynge was astonyd of his wordis, and seide: "Who ben þei þat han a bettere lyf and a meryer þan we han?" The wyse man answeryd aȝen and seide: "Al þo, Syr Kynge, þat setten more pryce in þo þyngis þat ben euerlastynge, þan in þe iolyte of þis world." The kynge askyd hym anon: "Which ben þo þyngis þat ben euerlastinge?" / The wyse man answerid aȝen and seide: "The euerlastynge kyngdom of heuene, lyf withoute deth, ryches without eny pouerte, ioye and gladnes without eny sorowe and heuynes, and pees and reste without eny enmyte and debate. And þei þat deseruen for to haue þis shul be blyssed withoute ende. And þis lyf is certeyn withoute eny doute. They shal lyue in lyf euerlastynge withoute sorowe and heuynes, with merthe and solace, without eny laboure or desese in þe kyngdom of God, and reygne wyþ hym in blis without ende." The kynge askyd hym aȝen: "Who is worthy to haue al þis ioye and prosperite?" The wyse man answerid hym aȝen and seyde: "Al þo þat lyuen þat lyf þat wyl brenge hem þidere. And þe comynge in þerof is ful lyȝt, but þat is only to hem þat han wyl þerto." The kynge askyd hym aȝen: "Which is þe wey þat brengith a man þydere?" The wyse man answerid hym aȝen and seyde: "The weye þat brengith a man þidere is nat ellis but only for to knowe verry God, and Iesu Cryste his only sonne, and þe Holy Goste." The kynge anon had a gostly vnderstondynge in his soule, and seide: "Why haddist þou nat tolde me þis longe before þis tyme, for me semyth al þat þou seist is good and trewe, and nat for to be dispiced? And if we be eny þynge in doute, it is / good þat we seke besely tyl we fynde þe certeyn and þe trewþe þerof." The wyse man answeryd aȝen and seide: "Syr Kynge, þer was no slowthe in me for to telle þe þis matere longe ere þis tyme, but Y was aferde to cause þe to eny heuynes, or to

offende þe in eny manere wyse. And if þou wylt bydde me
hereafter, þat am þyn seruaunte, to remembre þe of þis
matere, truste wel þerto þat Y shal do my besynes, to brenge
þy soule vnto saluacion." "ʒis, treuly," quod þe kynge, "nat
only euery day, but euery houre, Y pray þe, Syr, remembre
me þerof and brenge it vnto my mende, for þis may nat be
forʒete, but besely ben bethouʒt on." "For sothe,' seide Bar-
lam, 'Y haue herde seide þat þis kynge lyued after an holy
lyf, and euer aplied hym to come to euerlastynge blis of
heuene.

'Riʒt so, Syr, by þi fader. If eny man wolde telle þi fader
of þe vanyte of þis world, and of þe lewdenes þat he is in, he
myʒt sey it in such a tyme þat, treuly, he sholde haue good
vnderstondynge in his soule, and know his owen erroure, and
come oute þerof, and to chese þe good wey þat sholde brenge
hym into saluacion. For now he is blynde, and for vnknow-
ynge, with his owen wylfulnes, he doth grete synne and
wykkednes.'

Iosaphat seyde aʒen vnto hym: 'Of my fader, God do what
his wylle is, for as þou seist, al þynge is to hym possybele, /
þat is impossible to eny oþer man. But treuly, Y haue leerned
by þy wordis þe vanyte and þe vnstabylnes of þe world, and
perfor Y þynke nowe to forsake it, and al my lyf hereafter-
warde to lyue with þe, þat Y mowe nat lese þe euerlastinge blis
of heuene for þe prosperite of þis world þat is so vncerteyn.'

Barlam answerid aʒen and seide: 'Treuly, Syr, if þou do as
þou seiste, þou art lyke a ful wyse ʒonge man þat Y haue
'herde' spoken of before þis tyme, which come of a ful ryche
kynrede, and by his fadris assente, weddid a ful feire womman,
and a ryche mannys douʒter. And whan he was weddid, hys
fader tolde hym many þyngis þat longid to weddynge, and
tolde hym how he sholde do. And whan he had herde his
fadris tale, hym þouʒt it an euyl þynge and a synful, and for-
soke his fadere, and wyf, and al þat he had, and wente his
weye. At laste he come to an olde mannys hous, and for
heete of þe day and for werynes, þere he wente in and restid
hym. The olde man had a douʒtere, and no mo children þan
here. She sate at here fadris dore, and wrouʒt faste with here

2553 Iosaphat] underlined by R   2559 vncerteyn] vncerteyn Bar,
Bar cancelled   2560 Barlam] underlined by R

hondys. And euer as she wrou3t, she preised God with here
mowthe, and þankyd God of þat he had sente here with al
here herte. This 3onge man herde how faste she preised God,
and askyd / here, and seide: "Womman, how may þis be, þat
þou þat art but poore and nedy and thankist as hertly þyn
lorde God of þy pouerte as þou3 he had sente þe al þe ryches
of þe world?" The damesele answered hym a3en and seide:
"Knowist þou nat wel," quod she, "þat a ful grete seeknes is
helid with a smale medicyne? Ri3t so a man is bounde for to
þanke God as hertely of litel good, as þou3 he had sente hym
al þe good in þe world. Y am," she seide, "an olde poore
mannys dou3ter, and Y þanke God hertely of þis litel good
þat he haþ sente vs, for wel Y wote, he þat sente vs þis my3t
haue sente vs moche more if he had wolde. For þes goodis
þat we haue here outwardis ben nat ouris, and þei þat han
hem han litel profite þereof, for ofte tymes it turneþ hem to
grete harme. And þei þat han but lytel, þei leuen in grete eese
without harme, wherefor me þynkith þe lesse is þe bettere,
syþ bothe shul come to one ende. Treuly, Y haue take þe
goodis of God þat is to me ful grete and necessa(ry.) For Y
am made after þe ymage of God, and he haþ 3oue me know-
ynge and resoun before al oþer beestis. And also by his mercy
he haþ made me partable of þe blis of heuene, and heuene
gate is open to lete me in yf Y wyl myself. For þes grete
3yftis þat am 3ouen bothe to ryche and poore it is worthi to
þanke God, and it is vnpossible to eny / man euer to þanke
hym ynou3 þerof. Therfor yf Y preise nat my God of þis
smale lyf þat Y am in, as wel as þe ryche peple of here grete
ryches, Y were moche to blame. And Y not what excusacion
Y shold haue vnto my God, but Y dede þus." The 3onge man
had grete wonder of here wordis, and called here fader to
hym and seide: "Syr," he seide, "3eue me þi dou3tere to be
my wyf, for treuly, Y loue here wel, for here goodnes and
meeknes þat she is in." The olde man answerid and seide:
"It is nat leeful to þe þat art so ryche a mannys sonne to
haue to þy wyf such a poore mannys dou3ter." The 3onge
man seide a3en vnto hym: "3is, forsothe, Y wyl haue here if
þou wylt. For Y sholde haue weddid a grete ryche mannys
dou3ter, and Y haue forsake here and fledde awey fro here.

2594 oþer] oþer resoun, resoun cancelled

And because of þe goodnes and meeknes þat þi douȝter haþ to God, Y purpose to haue here to my wyf." The olde man seyde aȝen: "Thou maist nat wedde here home into þy faderis hous, to haue here awey fro me, for Y haue non helpe but here." The ȝonge man seide: "Y shal abide and dwelle here, with ȝou, and lyue in þe same conuersacion þat ȝe lyuen in." Than dede he of al his ryche clothys, and askyd to put on hym poore clothynge. Anon þe olde man examned [hym] in many wyses to proue his herte and his wylle. And whan he knew his bouȝt ferme and stable, þat he asked his douȝter in no deceyte, but for to lyue þere a poore / lyf and only for þe loue, he arose vp and toke hym by þe honde, and ledde hym into a chamber, and þere he shewde hym grete ryches and grete sommes of money, þat þe ȝonge man sawe neuer so moche before þat tyme, and seide to hym: "Sonne, al þis Y ȝeue þe, because þat þou hast chose my douȝtere, and þou shalt be myn eyre." And whan þe ȝonge man had þis he passed al þe ryche men þat were in þe londe.'

Iosaphat seide aȝen to Barlam: 'Treuly, þis tale is ryȝt good and acordith wel to me, for wel Y wote þou seist þis by me. But what is þe examynacion þat þou wylt know by þe stedefastnes of myn herte?'

Barlam answerid aȝen and seide: 'Treuly, Y haue wel examned þe, and Y know wel þat þou hast a stedefast herte and a ryȝtful, but God ȝeue þe grace þat it may abyde so vnto þe ende. And perfor Y knele vpon my knees, and pray oure Lorde God in Trynyte, maker of al þynge visible and vnuysible which euer is, and euer shal be, whos Godhede had neuer begynnynge ne neuer shal haue endynge, which is dredful, almyȝtv, and mercyful, þat he wyl so lyȝt þyn herte, and ȝeue þe knowynge of his verry wysedom, þat þou mowe se what is þe hope of his callynge, and þe ryches of his heritage in heuene, þat his seyntis han, and þe gretnes of his vertu / þat is in vs þat ben in þe beleue, þat hereafterwarde þou be nat a pilgryme ne strangere, but a citesen and seruant to God, bylded vpon þe fundamente of prophetis and apostelis in þe hye cornerid-stone, Cryst Iesu, in whom euery good edificacion

Eph.
2: 19-21

2619 hym (2)] om.   2630 Iosaphat] underlined by R   Barlam]
2634 Barlam] underlined by R   2634 Barlam] underlined by R

þat is bylded growith in þe holy temple in oure Lorde God
Almyȝty.'

650 Iosaphat had grete compunccion in his herte of his wordis,
and seide: 'As þes þyngis þat þou hast seide, Y desire gretly
for to knowe. But one þynge Y pray þe telle me, to knowe þe
ryches of God and þe gretnes of his vertu.'

655 Barlam answerid aȝen and seide: 'Y pray God þat he wyl
teche þe þyn askynge, and þe knowlich þerof to fastene in þy
soule. For it is vnpossible to eny erthly man to telle þe his
myȝt and þe gretnes of his vertue, þauȝ al þe mennys tungis
þat euer were, or euer shal be, were al togedre but one tunge.

660 For þe gospel seith þat neuer man sawe God in his owen   John 1: 18
lyknes, but his owen Sonne, þat is euen with þe Fadere, and
he haþ tolde it. What erthely man may comprehende þe
vnuysible and wonderful ioye and þe grete vertu of God?
Treuly, no man, but he þat God haþ shewde it to, as he haþ
shewde vnto prophetis and apostelis. And we, after þe possi-

665 bilitie of kende, haue lerned it of here prechynge and doc-
trine. / For holy wrytt seith: "Heuenes tellen þe ioye of God,   Ps. 19: 1
and þe firmament shewith þe workys of his hondis." So þe
vertu of God and his Godhede is knowen of euery man here

670 by his wonderful workis þat he hath made. As whan a man
seth a feire hous and craftly made, anon he preiseth þe
workeman and þe makere þerof, þauȝ he neuer sawe þe
makere. Riȝt so in þe same manere whan we se þe wonderful
workis of oure Lorde God, anon we knowe and vnderstonde

675 vertu and his myȝt þat is in hym, þauȝ we se nat hymself.
Also Y may know hym in myself, for Y come nat of myself,
ne Y made nat meself, but he made me as he wolde. In þe
begynnynge he made al creaturis of þe which some shul be
demynute and deuoryd and neuer lyue aftere. And some shul

680 be brouȝt vp into his kyngdom, and be turned aȝen into lyf
euerlastynge. In non of al þes creaturis Y may withstonde
þe strengþe of his wysdom, ne noþynge adde þereto, ne take
awey neiþer in substaunce ne in kende, ne renewe aȝen þe
oldenes of eny creature, ne make it hole aȝen whan it is

685 corupte. There is no man þat euer myȝt make enyþynge of

2651 Iosaphat] underlined by R   2655 Barlam] underlined by R
2671 craftly] underlined by M with gloss: cunningly   2679 deuoryd]
interlinear addition by I

58ᵛ

Wisd. 7: 5

þat þat God made, noþer kynge, ne wys man, ne myȝty, ne
non oþer þat euer had mannys wytt. There is no man riche
ne poore, but al had one begynnynge in here byrthe. There is
but one comynge into þis world, ne but one goynge out.
There/for of al þes þyngis þat ben here aboute me, Y may
haue ful knowlych of þe grete vertu of God, þat is my makere.
Also Y considere wel and se þe makynge of euery creature,
þat al after hemself shul be changid and turned to corupcion.
But þo creaturis þat han vnderstondynge, þei arn kepte of
God after here fre wylle in good purpos, or ellys for defaute
of good into euyl. And also al sensible creaturis be made of
God after here kende vnto corupcion, to encresynge or to
discresynge, after here qualite of here changynggis, or here
locale mevyngis. Therefor, sith al creaturis were broȝt togidre
into þe world, how myȝt it be þat þo creaturis þat ben indis-
soluble shold abyde and euer be kepte, but þat þe grete vertu
of Almyȝti God meddelid hem togydre? Also, how myȝt eny-
þynge abide but he wolde hymself? And how shold enyþynge
be kepte fro hym, þat he wyl kepe vnto hym?

'For holy wryt seith: "As a shyppe may nat abide without
gouernance, but is anon drenchid, and as an hous may nat be
kepte withoute an ouerseere, how sholde þan þe world stonde
so longe with so wonderful creaturis, but only wiþ þe grete
myȝt, vertu, gouernaunce, and wysdom of oure Lorde God
Almyȝty?" Beholde how longe heuene haþ stonde, and is
nat apeired. / The erthe ne þe vertu þerof, siþ it was made, is
nat lessid ne swagid. The wellys, syþ þei were fyrst ordeyned,
han nat lefte to welle vp water. The see, þat receyueth so
many flodis, and ȝit passiþ nat his mesure. The cours of þe
sunne and moone is nat changid. The ordre of þe day and
nyȝt is nat turned. In al þes þyngis þe wonderful vertu of
God is shewde vs and declared with þe wytnes of prophetis
and apostelis, but no man may preyse worthily ne considere
þe vertu of his grete maieste. Al manere þynge visible and
vnuisible þe holy apostle considered wel whan he seide: "In
parte we know, and in parte we prophecie. But whan þat
tyme comyth þat al þynge shal be made perfyte, þan shal al
þat þynge be made voyde þat we knowe now but in parte."
Therefor þe apostele, considerynge þe grete ryches of God,

1 Cor.
12: 9

2704 kepe] klepe

725 cryde opynly and seyde: "O þe heght of þe ryches of þe Rom. 11: 3
wysdom and of þe kunnynge of God! His domys ben incom-
prehensible, and his weyes may no man sewe." Syþ þan þat
he þat was rauyshyd into þe þyrde heuene seide of God in þis
manere: "Who dare speke or þynke of such preuytees, but he 2 Cor. 12: 2
730 wyl ȝeye hym grace þat is ȝeuere and graunter of al wysdom." /
For in his hande be we and oure wordis, and al oure doctryne
and wysdom comyþ of hym. He haþ ȝouen vs / verry knowlich
60 of þat he haþ made, þat we may knowe þe disposicion and
ordynaunce of þe world, and þe vertu of þe elementis, þe
35 begynnynge and ende and myddil of tymes, þe alternacion
and changynge of houris, for al þynge he haþ ordeyned in
number and mesure. þerfor who may susteyne his myȝt and
his strengþe? For al þe world is in his siȝt, but as a stroke of
a balaunce, and as a drope of dewe þat fallith in þe mornynge,
40 he haþ on vs mercy, for he may al þynge do. He suffreth
synners to do penaunce for here synne, þer is no man loth to
hym. He turneth neuer fro a man þat wyl come to hym. He is
verry lorde and louere of soulis. Blissid be his name and
preysed in worldis withoute ende, Amen.'

45 Iosaphat seide to hym aȝen in þis wise: 'Thouȝ þou þouȝtist
euer to assoyle my questyones, þou myȝtist neuer, as me
semyth, haue better answerid þerto þan doth þe apostle
Poule, as þou seyst. For þou hast tolde me wel how God is
makere of al þynge, and ȝeuere of al gooddis. And þou hast
50 wel shewde by þy wordis his grete maieste and vertu þat
passith al mennys wyttys, and how no man may comprehende
it, but he þat hym lykyth for to shewe it vnto. Wherefor Y
60v wonder moche of þi wysdom, þat is so resonable. / There-
fore Y pray þe, leue al þis matere, and telle me how many
55 ȝere þou art olde, and where þou dwellist and in what place,
and hou many felawys hast þou with þe, þat lyuen in þis
same doctryne. For my herte falliþ strongly to þe, and Y wyl
neuer in al my lyf be departid fro þe.' Barlam answerid aȝen
and seide: 'Y trowe Y am .xlv. ȝere olde, and Y dwelle in
60 deserte in þe londe of Sannaar, and with me Y haue many

2727 sewe] underlined by M with gloss: follow, serche 2741 loth]
underlined by M 2745 Iosaphat] underlined by R 2748 Poule]
underlined by R

felawys þat lyuen þis same lyf þat Y lyue in, for to come al laste to þe blys of heuene þat euer shal dure.'

Iosaphat seide aȝen: 'How may þis be þat þou hast tolde me, for me semyth þat þou art .lxx. ȝere olde. How may it be þan þat þou seist þat þou art but .xlv. ȝere olde? þerfor me semyth þat þou art nat trewe in þi wordis.'

Barlam answerid aȝen and seyde: 'Treuly, siþ þat tyme þat Y was borne þou seist soth. Y am more þ[an] .lxx. ȝere olde. But treuly, I counte nat tho ȝeris þat Y haue spente in þe vanyte of þe world. For whyle Y lyue and am seruant to synne, Y am dede in my soule. Therfor Y shal nat acounte þe ȝeris of dethe to þe ȝeris of lyf. And syth þat Y forsoke my synne and left þe desire of þe flessh, þan lyue Y nat in flessh, but Cryst lyueþ in me. While Y lyue in feith and beleue, Y lyue in þe Sone of God þat ȝaf hymself / for me lyf, and for al mankende. And hem Y shal calle þe ȝeris of my lyf, and þe dayes of myn helthe, whych Y counte aboute .xlv. ȝere, and nat after þe numbere of þyn opynyoun. Therfor, Syr, þynke þou in þe same wyse, þat al þey þat ben dede of good workynge, þei lyue nat, þauȝ þei lyue in synne and seruen þe world, and spenden here lyf in lust and lykynge, and in euyl desire. And doute nat for þei am deed as to euerlastynge lyf. For þe wyse man calliþ synne, "deth of þe soule þat is vndedly." And þe apostle seith: "While ȝe were þe seruauntis of synne ȝe were free of al ryȝtfulnes. Therfor what froyte had ȝe in hem, þat now ȝe lothe and be ashamed of, for þe ende of hem is deth. And now ȝe be free of synne, and made þe seruauntis of God. ȝe haue froite in holynes, and þe ende þerof is euerlastynge lyf, for þe rewarde of synne is deth, and þe grace and rewarde of holynes is euerlastynge lyf in Crist Iesu, oure Lorde God."'

Than Iosaphat seide aȝen vnto hym: 'Syth þat þis fleshly lyf be ryȝt is nat called lyf, þerefor me semyth þat þis temporal deth owith nat to be called deth.'

Barlam answerid aȝen and seyde: 'Treuly, Y shal telle þe as Y fele in þis matere. Y drede nat þis temporal lyf, ne Y

Rom. 6:10

2763 Iosaphat] *underlined by R with annotation: nota bene*   2767 Barlam] *underlined by R*   2768 þan] þat   2769 tho] *interlinear
addition by M*   2772 of¹] of ȝȝȝ, ȝȝȝ *cancelled*   2795 Barlam]
underlined by R

calle it no deth. For if deth take me whyle Y am in þe comaundementis of God, it is a passage fro deth to lyf, þat is into a better and more perfite / lyf hydde in Cryst Iesu. For þe which lyf holy men han suffred grete desese and turmente for to sewe it, and for to come þerto. Wherefor þe apostle seith: "We know wel þat oure hous þat we dwelle in here shal be dissoluled and broken, þat we may haue an hous in God, in heuene, nat made with mannys honde, þat is euerlastynge. For in þis habitacion we wepe and haue grete sorowe. Therefor we desire to be cladde, and nat be founde naked in oure habitacion in heuene, for while we be in þis lyf we ben euyl greued, because we wolde be dispoyled fro þat þynge þat is dedly, and be cladde aboue with lyf þat euer shal dure.'

And also þe apostle seith: "Lo, Y wrechyd man, who shal delyuere me fro þe body of þis lyf." And aȝen he seiþ: "Y desire to be deed, for to be with Cryst." Also þe prophete seith: "Whan shal Y come and apere before þe face of my Lorde God?" Therefor Y þat am leste of al þe seruauntis of God drede in no manere þis temporal deth. And þis þou maist se wel hereby. For Y drede nat þy fadris manas, but boldely Y am come hider to þe to shewe þe a profytable worde and an holesom doctrine, where Y know wel þat if þy fadere wyst me here, he wolde ȝeue me a þousande dethis, if it were possible or in his powere to ȝeue me so many. But Y put þe / worde of God before al oþer þynge, and Y desire to sewe it; and also Y drede no temporal deth, but only Y obeie me to Goddis worde þat seith: "Dredith nat hem þat may slee þe body, for þe soule þei may nat slee. But dredith hym þat may sende both body and soule into the euerlastynge fyre of helle."'

Iosaphat seyde aȝen vnto hym: 'Al þis passith al þe nature of oure trewthe of oure philosophie þat tellith þe kende of þes erthely þyngis. Therefor ȝe ben blyssed þat han so good a wylle and a stedefast soule in oure Lorde God. But one þynge Y pray þe telle me: what is þy lyflode þat þou hast, and þo þat ben with þe in deserte? And also what manere clothis han ȝe, vnto ȝoure werynge?'

2801 sewe] *underlined by M with gloss*: to follow, search 2822 sewe] *underlined by M with gloss*: follow 2827 Iosaphat] *underlined by R* 2831 lyflode] *underlined by M with gloss*: victualles

61v
800
805
810
815
62
820
825
830

2 Cor. 5:1
Rom. 7:24
Phil. 1:23
Ps. 42:2
Matt. 10:28

Barlam answerid aȝen and seide: 'Treuly, oure lyflode is
such þynge as we may fynde, þat is to seye, froyte and herbis
þat growen in þe erthe. Wherefor no man debatith ne stryueth
with us for no manere couetice, for mete is ordeyned to al
men in laboure and trauayle without eny enuye. If eny trewe
crysten man offre eny brede to God, we take it as by þe
ordeynaunce of God, and þanke hym hyȝly þerof. Oure
clothis ben wollen clothis and heyris, and of brokkis skynnes
olde and sharpe þat renten oure skynne / and oure flessh, þat
is feble and vnstedefast. þat same is oure clothynge both
wynter and somere, þat whan we haue don it on we mow nat
take it of aȝen til it be al to rente and broken for age. Thus
we be vexid with colde and heete, in grete desese, for to haue
þe clothynge in heuene þat neuer shal fayle.'

Iosaphat axkyd hym aȝen and seide: 'Whereof is þan þis
clothynge þat þou hast on?' Barlam answerid aȝen and seide:
'This cloþynge Y borowed of one of my trewe bretheren for
to come and speke with þe þerin, for it was inconuenyent to
me to come to þe in my clothys þat Y am wonte to were. For
trewly, Y haue do to þe as dede onys a man þat had a cosyne
þat he loued wel, and was taken presonere, and ledde into
anoþer londe. This man desyred to fecche his cosyne out of
presoun, and he put of his owen clothys, and dede on hym þe
clothis of his enmye, and wente into þe same londe, þer his
cosyne was in presoun. And in þis manere he delyuered his
cosyne out of presoun. In þe same manere Y come to þe, in
þe same clothynge as þei ben in þat ben aboute þe, for to
in þyn herte þe seede of Goddis worde, and for to delyuere
þe out of þe presoun and thraldom of þy gostly enmyes. And
now by þe grace of God and by his vertu Y haue fulfylled in
þe þe mystery / of his worde as moche as is in me. And Y
haue shewde þe þe knowynge of God, and þe doctryne of
prophetis and apostelis. Also Y haue shewde þe þe erroure
and þe vanyte of þis world, and how euyl þe world is, and
deceyueth felly and crewelly al þat ben vnder his obedyence,
and cacchith hem in many snarys. And whan Y come þyder, Y
aȝen, þydre þat Y come fro. And now Y must gone

2834 Barlam] *underlined by R*
2848 Iosaphat] *underlined by R*
2868 felly] *underlined by M*

2836 debatith] *underlined by M*
2849 Barlam] *underlined by R*

shal do awey þis clothynge, and do vpon me my owen
clothynge aȝen.'

Than Iosaphat prayde Barlam to shewe hym his owen
clothynge þat he was wonte to were, if he had eny on hym.
Than Barlam dede of his vpper clothis þat he had on, and
shewde to Iosaphat an horryble siȝt, as hym þouȝt. For al his
flessh was wastid and made blak with þe hete of þe sunne,
and þe skynne cleyyd to þe bones, and was as streite as þouȝ
a skynne had be streyned [vpon] an harowe. He was gerte
aboute with a sharpe wollen clothe, fro his leendis doun to
his knees, and with such an oþer clothe were his shuldris
clothid vpwarde. Iosaphat had grete pyte of þis syȝt, seynge
his good conuersacion and his grete stedefastnes, and wepte
for grete sorowe and compassyon, and seide vnto hym: 'For
þou comyst hydere / to delyuere me fro þe bittere thraldom
of þe deuyl, and to brenge my soule out of his presoun, take
me with þe, and lete vs gon hennys togydre, þat Y mow par-
fytly be brouȝt out of þe erroure of þis world and receyue
my baptem and be þy felawe with þe in þy holy conuersacion.'

Barlam answerid aȝen and seide þat þer was some tyme a
ryche man, and had a kyde which he loued moche and
norshyd wel. And whan þis kyde was woxen and growen of
natural kende, he wente into deserte, þere for to feede hym
with oþer beestis. And þere he fonde a flokke of geete, and
fedde hym with hem, and folowed hem al aboute in wodys
and feeldis, and at euen he come home aȝen. And a morowe
aftere, þorouȝ necligence of his seruauntis, he wente into
deserte aȝen, and fonde þe wylde geete, and fedde hym with
hem, and at þe laste he folowed hem so ferre in þe wode þat
he kowde nat come home aȝen. The ryche mannys seruauntis
aspyden þat þe kyde was gon, and anon þei toke here horse,
and faste þei rode aboute for to seke þe kyde. And at laste
þey ouertoke þe wylde geete, and fonde hym with hem. Thei
toke here kyde aȝen, and brouȝt hym home. And þat oþere
geete þey pursewed, and some þei kylde, some þei distroyde,
and some þei drofe awey. In þe same manere Y drede me þat
if þou folowe me in / to deserte, Y trowe þy fadrys meyne

2873 Iosaphat] underlined by R   Barlam] underlined by R   2875 Bar-
lam] underlined by R   2876 Iosaphat] underlined by R   2879 vpon]
of on   2882 Iosaphat] underlined by R   2890 Barlam] underlined by R

wolde pursewe me, and take þe awey fro me, and þan sholde
Y be cause of al my bretherys distruccion and disese. But
oure Lorde God wyl þis, þat þou be crystned and abyde here
stylle in þis place, and be meeke and lowly, and kepe his
comaundementis. And þan afterwarde by his grace þou shalt
come to me, and al þy lyf we shal dwelle togidre. For Y truste
so moche in God þat we shul be ioyned felawys togydre in
euerlastinge conuersacion in þe blis of heuene.'

Than Iosaphat wepte sore and seide aȝen vnto hym: 'If þis
be pleysynge to God, mote his wylle be done. Therfor make
an ende þat Y were crystened, and take of me both moneye
and clothis to þe, and also to þy brethren, and go þy wey in
pees into þy place þer þou hast þi conuersacion vnto God,
and praye for me, þat Y mow neuer falle fro myn hope and
beleue, but þat Y may sone come to þe in siker reste and pees
to haue profite of my desire in ioye þat neuer shal haue ende.'

Barlam answerid aȝen and seide: 'It is Goddis wylle þat
þou receyue þi baptem and to kepe þi lyf in þe comaunde-
mentis of God. But of þi money and ryches þat þou seist þat
þou wylte ȝeue me, how may it be, þat þou þat art but a
poore man wylt ȝeue almas to hem þat ben rycher þan þou?
For ryche men sholde euer ȝeue almas to þe poore men, and
nat þe / poore to þe ryche. And þe leste of al my felawys is
rychere þan þou withoute eny comparsoun. But Y truste in
þe mercy of God þat hereafterwarde þou shalt be made ryche,
and ȝit þou shalt nat be merciful, þouȝ þou be now ful of
mercy.'

Iosaphat had wonder hereof and seide vnto hym: 'Syr, Y
praie þe, telle me how þis may be. In what manere doth þe
leste and þe pooreste of þi felawis passe me in ryches, þat
leuen in so grete myschef, pouerte, and desese, as þou hast
tolde me? Why callest þou me a poore man? And whan shal
Y be ryche? And why seist þou þat Y shal nat be mercyful,
þat am now so ful of mercy?'

Barlam answerid aȝen and seide: 'Y sey nat þat we suffre
eny tribulacion for no nede þat we han. For we haue plente
of ryches þat shal neuer fayle. For alwey to leye vp money to
money and neuer to parte þerfro, but euer to gadere togidre

more and more, þis is þe grettest pouerte and þe moste mys-
chef þat is. But þey þat dispysen þe prosperite and þe ryches
of þis world as fylthe, and put awey fro hem al þe delite of
deynte metis, and ryche clothynge, and ben glad in here
950 myschef and aduersite, þat he is neuer glad of þat loueþ þe
world, and haþ plente of ryches and money, and al þis dis-
pysen for þe loue of God, and for desire of þe blys of heuene,
and gaderen togydre þe ryches of vertu withoute enuye, for
þe hope and truste of ryches / þat shal neuer fayle, treuly, Y
955 calle hem rycher þan þou, or eny erthly kynge. And with þe
grace of God þou shalt take þis gostly substaunce, and besely
applie þe to haue þat goostly ryches and neuer be put þerfro.
For þis is þe verry trewe substaunce and ryches. And trewly,
þe plente of þis wordly ryches don rather harme to here
960 louers þan profite, and þerfor by verry deseruynge Y calle
hem þe laste myscheef and euerlastynge pouerte, which al þei
forsaken þat desiren to haue þe ryches of heuene, and fleen
þerfro, as a man wolde flee fro a serpente or a dragoun. And
if it so were þat þe enmye þat my felawis and breþeren haue
965 slayn and troden vnder foote were brouȝt to hem aȝen alyue
by me, forsoþe þan were Y cause of here bataile and also in
grete synne, and an euyl messangere. But God forbede þat
euer Y sholde do so. The same manere þou shalt vnderstonde
of oure clothynge. If þei lefte and dede of þe clothynge of
970 obedyence þat þei haue take in þe name of God, and dede
vpon hem aȝen þe clothis of corupcion and of inobedyence,
how shold Y þan construne hem to take vpon hem aȝen þe
clothynge of obedience and of heyre? But Y wote wel þat al
my breþeren ben plesed with þe clothynge þat þei han in
975 deserte, and þat þei holden moste trewest money and /
clothynge. And þat money and clothynge þat þou seist þat
þou wylt ȝeue hem, take and dele it to þe poore peple, and
make þereof a tresorie to þyself in tyme to come, by here
praieris. And þus þou shalt spende þy ryches al in good vse.
980 And afterwarde, take vpon þe þe armoure of þe Holy Goste.
Gerde þy lendys with trewthe. Do on þe þe habergoun of
riȝtfulnes, and take on þy heed þe helme of helthe, and shoo
þe in þe ordynaunce of þe holy gospel. Take in þyn honde

Eph. 6: 13

þe shelde of feith, and a sworde þat is þe worde of God. And whan þou art þus strongly armed, go to batayle aȝens þy gostly enmyes. And whan þou hast put hem to flyght and drawe hem vnder þy feete, þan oure Lorde God shal araye þe with þe crowne of victorie and of ioye in þe blis of heuene.'

With such doctryne and holesom wordis Barlam confermyd þe kyngis sonne, and made hym redy to receyue his bapteem, and bade hym to faste and to praye. And many dayes he abode þere, and ofte tymes he come in to hym, and tauȝt hym þe feith and beleue, and rehersed vnto hym þe holy gospell, and expouned to hym þe doctryne of þe prophetis and apostelys, for he was fully tauȝt of God, and so enspired with þe Holy Goste þat he had ful knowynge of Goddis worde, whereby þe kyngis sonne was conuertid.

And þat day þat he crystned þe kyngis sonne, he tauȝt hym and seide: 'Syr, beholde and se, / for now þou shalt take be marke and þe tokene of oure Lorde God, and be sygned with þe lyȝt of his chere, and be made þe sonne of God, and þe temple of þe Holy Goste. Therfor þou muste beleue in þe Fader, and in þe Sonne, and in þe Holy Goste, thre persones in Trynyte, but one God, deuyded only in persones, and but one in substaunce. Beleue one God, þe Fadere nat goten, and on oure Lorde Iesu Cryst, his one goten Sonne, þat is lyȝt of lyȝt, verry God of verry God, born before þe world of þe God þe Fader, is goten God þe Sonne, and of þat lyȝt is sprenge to vs euerlastynge lyȝt. And of þat verry vyne is sprenge to vs þe welle of lyf. And of þe vertu of þe Fadere come out þe vertu of þe Sonne, which is þe bryȝtnes of ioye and þe worde of substaunce which was at þe begynnynge of þe world at God, and withoute begynnynge and withoute ende, by whom al þynge is made, visible and vnuysible. Also þou muste beleue on þe Holy Goste, procedynge of þe Fadere and of þe Sonne, parfyte God, grauntere of lyf and of al goodnes, euen in substaunce, in wylle, and in powere with þe Fader and þe Sonne. In þis manere þou shalt worshype þe Fadere, and þe Sonne, and þe Holy Goste, þre persones in one Godhede, for in al þre persones is but one Godhede, one

2989 Barlam] *underlined by R*   3000 be] be *g, g cancelled*
3006 one goten] *underlined by M*   3007 of lyȝt] of lyȝt *ver, ver can-*
celled   3017 euen] *underlined by M with gloss:* equal

29
29
29
30
30
30
30
30
30
3

nature, one substaunce, one ioye, one kyngdom, one my3t, and one vertu. It is commune to þe Sonne and to þe Holy Goste to be of þe Fadere. The propyrte / of þe Fader is to be nat goten. And birthe is þe properte of þe sonne. And procedynge of þe Fadere and þe Sonne is þe propirte of þe Holy Goste. But beleue wel þis, þat þou maist neuer comprehende in þy mende þe manere of his natyuyte and of his procedynge. Seeke nat þeraftere, for it may nat be comprehendid. But beleue þis fully and prente it faste in þyn herte, þat þe Fadere and þe Sonne, and þe Holy Goste arn but one þynge, outake here propertees, as Y tolde þe before. And also þat þe Sonne of God, and he verry God, for oure helthe and oure saluacioun, wente doun into þe erthe by þe wylle of þe Fadere kouered with þe Holy Goste, and was conceyued in þe wombe of þe maide Marye by þe Holy Goste, without mannys seede. And of here he was borne verry God and verry man, of tweyn, and in tweyn intellectuall naturis, and in one persone. And þis þou muste veryly beleue withoute eny doute. And diseusse nat in þy mende, how þe Sonne of God meked and lowed hymself, and was made man of þe maydenes blode withoute mannys seede and withoute eny coruptyon of þe modere. Thus we be tau3t by holy wrytte, and þus we muste beleue, how and in what wyse we may nat comprehende. Beleue also þat þe Sonne of God was made man þorou3 his mercy, to take vpon hym al mannys naturis and passiones saue synne and ignoraunce. For he hungred, / he thrusted, he slepte, he trauayled, he was in drede by nature of his manhode, he was ledde to deth for oure wykkednes, he was done on þe cros, he suffryd deth, he was beryed, but his Godhede abode euer impassible and incorruptible. For he was impassible, and my3t nat suffre eny desese in his Godhede, but we knowe wel þat he suffred al disese and was beried in his manhede. And by his owen my3t he arose fro deth to lyf withoute corupcion, and sty3e into heuene. And a3en he shal come in ioye to deme both quyke and dede, and to 3elde euery man

66v
3025
3030
3035
3040
3045
67
3050
3055

3024 And'] And bry, bry cancelled   3039 meked and lowed] under-
lined by M   3041 coruptyon of þe modere] underlined by M with com-
ment: so he supposeth corruption in her   3044 to] to haue, haue cancelled
3046 ignorance] underlined by M with comment: nay, as he was man he was eu'r
ignorant[.] also: as of the last day   3054 sty3e] underlined by M with
comment: Here is no descending into hell. And gloss: went pp

after his workys. And deede men shul aryse out of here gravis. And þey þat haue kepte þe comaundementis of God, and haue ben in þe riȝt beleue, þey shal haue euerlastynge lyf. And þey þat han deide in here synnes and wykkidnes, þey shal haue euerlastynge payne. Beleue also þat þer is no sub-staunce of synne, ne comynge of itself, ne made of God, but it is oure owen worke, and comyth of þe deuyl, þat oure pride haþ brouȝt into us, and we do it of oure owen fre wylle. For we haue free wylle for to chese both good and euyl. Here-with þou muste beleue one baptem of water and of þe Holy Goste in forȝeuenes of synne. Also þou must beleue in þe grete mysterye of Cryste, þat þat bynge is þe verry flessh and blode / of Cryste, þat he ȝeueþ in forme of brede to Crysten peple in forȝeuenes of synne. For þat nyȝt þat he sholde be betraide he seide to his disciplis and apostlis, and by hem to al þat beleuen in hym: "Take ȝe and etith þis, for þis is my body þat shal be betraide for ȝou." Also he toke þe chalis in his reuerent hondis, and ȝaf hem, and seide: "Drynkyth hereof al ȝe. This is my blode of þe newe testamente þat shal be shedde for ȝou. This do ȝe in mende of me." Treuly, þe worde of God is so ful of vertu þat it turneth þe brede and þe wyne into þe flessh and blode of oure Lord Iesu Cryste, comynge on þe Holy Goste in halowynge and liȝtynge al hem þat receyuen it with deuocion. Also in þy beleue þou shalt worshipe þe reuerent crucyfixe, þat is þe ymage of Criste þat toke incarnacion for us, and beleue þat he is þe makere in lyknes of þat ymage. For holy wrytt seith þat þe reuerence þat is done to þe ymage passith into hym þat þe ymage is made aftere. For whan we se eny ymage, þan we se in oure soule whom it is made aftere. Therfor we worshype deuotly þe crucifixe, nat for it is God, but for it is þe lyknes of Cryste Iesu, þat was born for vs and done on þe cros and kysse it with grete desire and loue, and þanke hym þat he wolde be so / meeke þat for oure loue he wolde take vpon hym þe f.

Matt. 26:26
Mark 14:22
Luke 22:19

3060-1 no substaunce of synne] *underlined by M with comment:* syn is not a thing being but a fall from being

3075 in mende] *underlined by M with gloss:* in remembraunce

3083-4 þat¹ ... aftere] *underlined by M with comment:* Ther is no such holy wryt

3086 but ... Chryste] *under-lined by M with comment:* Ther was no Image of god seen in ye Mount. God and man is but one Christ. And ye god god can not be resembled by any Image. And ye man god only may not be worshiped

Phil. 2: 7

090 forme of a seruaunte. Also þou must worshipe deuotly þe
fygure of þe cros, for Cryst hynge þeron in flessh and blode
for saluacion of mankende. And þat fygure of þe cros he haþ
ȝouen vnto us for to be oure defence and proteccion, and
aȝens þe deuyl and al his angelis. For þe deuyl dredith so
095 moche þe cros þat he may in no manere abyde þe vertu of þe
cros. In þis doctryne and in þis beleue þou shalt be crystened,
and kepe þe faste herein from al heresie to þe laste ende of
þy lyf. And al manere doctryne þat is contrarye to þis beleue
þat Y haue tauȝt þe, þou shalt hate it, and þenke þat it is

Gal. 1: 8

00 contrarye to God. For þe apostle seith: "If we or eny angel
of heuene preche ȝou oþerwyse þan ȝe haue now receyued,
he is acursed." For þere is non oþer doctryne ne beleue saue
þat þe apostlis haue prechid and is confermed by al holy
chirche.'

05 Thus Barlam prechid and tauȝt þe kyngis sonne in þe
articlis of þe feith, and crystenyd hym in þe name of þe
Fadere, and Sonne, and Holy Goste, in a ponde of watere þat
was in þe palice, and þere he receyued þe grace of þe Holy
Goste. And þan þei wente aȝen into þe chambere, and þere
10 Barlam seide a masse and hoseled hym, and þere he þankid
God of his grete mercy and ȝyfte. Than seide Barlam vnto
8v Iosaphat: 'Blessed be God and oure Lorde, / Iesu Cryst, þat
by his grete mercy hath goten þe into þe hope of þe heritage
of heuene, in þe same Cryst Iesu, oure Lorde, by þe Holy
15 Goste. For today þou arte delyuered fro synne and made þe
seruaunte of God, and hast take þe wedde of euerlastynge
lyf, and forsake derkenes, and take lyȝt vpon þe, and þou
hast purchased þe fredom and þe ioye of þe sonnes of God.
For Criste haþ ȝouen power to al hem þat haue receyued
20 hym to be made þe sonnys of God, and to al hem þat beleuen
in his name. Therefor now þou art nat a seruaunte, but þe
eyre and þe sonne of God, by Iesu Cryste in þe Holy Goste.
Therefor, dere frende, kepe þe clene fro synne, and do good
workis vpon þe grounde of feithe and beleue. For feith with-
5 out good workys is but deed, [and] good workis without

3091 hynge] *underlined by M*   3105 Barlam] *underlined by R*
3110 Barlam] *underlined by R*   3111 Bar-
lam] *underlined by R*   hoseled] *underlined by M*   3111 wedde]
3112 Iosaphat] *underlined by R*   3116 wedde]
underlined by M with gloss: lyuerye   3125 and] ne

feith, as Y haue tolde þe before. Put awey fro þe hereafter-
warde al manere of malice. And also forsake al þe workes þat
þou hast do before þis tyme, and al erroure. And be as a
resonable chylde þat were now borne, and do vertu withoute
eny gile. And do so þat þou mow growe and wexe, to come
to þe ful knowynge of þe comaundementis of God into a per-
fyte man, into þe fulnes of þe age of Cryste, þat þi mende
houere nat aboute in erroure as a chylde, and be blowe aboute
with euery wynde. But be litel in malice, / and lete þy mende
be euer ferme and stable in al goodnes, þat þou may worthili
walke in þe callynge þat þou art called in, to kepe Goddis
comaundementis. Also put awey fro þe al þe conuersacion
þat þou haddist before þis tyme, and al vanyte, and with-
drawe þi wytte and þyn vnderstondynge fro al manere desire
and stryrynge of þe flessh, and do as þe sonne of liȝt to serue
God with al þy powere. For þe froyte of þe soule is in al
goodnes and riȝtfulnes and trewthe. And defoule nat þe
newe man þat þou hast take on þe þis day with þe oldenes
þat þou hast done before þis tyme, but renewe it fro day to
day in ryȝt and trewthe and holynes. This is possible ynouȝ
to hym þat wyl, as þou hast herde before. And it is vnpossible
þat go nat vnwysely þerin, but taken hede besely what is þe
wylle of God, and don on hem his armoure to fyȝt aȝens
here gostly enmyes, in prayere, and pacience, and hope.
Therefor, as þou hast herde and lerned of me, make þe a
stedefast grounde, and wexe wel and perfyte þerin, and do
a good knyȝthode, and haue feith and good conscience in /
good conuersacion. And sewe riȝtfulnes and mekenes, feith,
charity, and pacience, þat þou maist come to þe euerlastynge
lyf þat þou art called to. Pout also awey fro þe al luste and
desire of synne, nat only in dede but also in dede þouȝt, þat þou
maist presente þi soule vndefouled in þe siȝt of God. For nat

1 Pet. 2:1

Eph. 4:1

Col. 3:10

Eph. 5:9

Eph. 6:11

Gal. 5:22

3126-7 hereafterwarde] *underlined by M*
be blowe] *underlined by M*
3152 on] *on hyr, hye cancelled*
3157 sewe] *underlined by M*

3133 hovere] *underlined*
3146-7 it . . . God] *underlined*
3155-6 do . . . knyȝt-
hode] *underlined by M with gloss: follow*

only oure workys, but also oure þouȝtis, ben cause of oure
ioye or of oure payne. And we beleue wel þat Cryst dwellith
65 in a clene herte with þe Fadere and þe Holy Goste. And as
smoke dryueth awey been, riȝt so euyl þouȝtis dryuen awey
þe grace of þe Holy Goste. þerfor put oute of þyn herte al
euyl þouȝtis, and brenge in good þouȝtis, and þan þou shalt
make þyn herte to be þe temple of þe Holy Goste. For treuly,
70 euyl þynkynge brengith into us euyl workynge, and euery
euyl worke þat comyth of þouȝt, þauȝ it seme litel in þe
begynnynge, ȝit a litel and a litel it drawith to a grete synne.
Therfor beware of þe custome of synne, and drawe out of
þyn herte þe litel roote, leste fro houre to houre it be so
75 rootid in custome þat it may nat be pulled out without grete
laboure. And anon grete synnes comen vpon vs and pressen
doun oure soulis because þe lesse synnes be nat take awey
betyme, as ben euyl þouȝtis, vayne wordis, ydel and shrewde
spechis, which / nedith grete coreccion. As a man þat wyl nat
80 hele in his body þe smale woundis ofte tyme þei wexe rootyn,
and be cause of his deth, riȝt so if smale synnes comen into
a mannys soule and þei be nat pulled awey, anon grete synnes
comyn in, and pressith hym doun to grounde. And whan a
soule is drawe doun with synne, þan he dispiseth his correc-
85 cion. For whan a wykked man is falle into þe depnes of
synne, þan he haþ grete delite þerin, as a sowe deliteþ in a
foule pludde. Treuly, an vnblissed soule þat is kauȝt in euyl
custome of synne, he feliþ nat þe stenche of hys stynkynge
synne, but rathere he enioyeþ and deliteþ þerin, and trowith
90 þat his malice and his synne be good. And þouȝ at laste some
tyme it comyth to his mende to be corectid of his synne and
amendid, ȝit it is grete laboure and trauayle ere he may be
delyuered þerof, because he haþ be so longe in custome.
Therfor in eny maner wyse kepe þe wel from al shrewde
95 entente and wykkyd þouȝt, and specialy fro al vicyous cus-
tome, and kepe þe in vertu and encrese þerin, for if þou
laboure now and encrese in vertu, afterwarde by þe grace of
God þou shalt profite withoute laboure in vertu and in grace.
For vertu is þe habite of þe soule, and þer it abydeþ by grace,

Prov.
26: 11
2 Pet. 2: 22

3164-5 And as smoke] *underlined by M*   3165-6 dryueth . . . Goste]
bracketed by M   3171 ȝit . . . grete] *underlined by M*   3172-7 cus-
tome . . . betyme] *bracketed by M*   3186 pludde] *underlined by M*

and is ioyned þerto inseperably, riʒt as strengþe, wisdom, temperaunce and riʒtfulnes ben vndepartyd. The habite of þe / soule is þe qualitees and þe workis put in þe depnes of þe herte. If synne and malice þat be nat natural comen to vs outwardly into þe habite of oure soule by custome, þei may vnnethe be drawe out, moche more þan vertu þat is naturally ʒeuen vs by oure makere be with laboure rootefastid in oure soule. Treuly, þer it shal abyde, and neuer may be pulled awey, wherefor a man þat dede in þis wyse tolde me þat "Aftere Y had take contemplacion, and was fastened in þe habite of my soule and in grete meditacion, Y wolde nat put awey þe custome þerof, but helde my þouʒt þerein, and neuer Y wolde put it out of myn herte. And þan whan al my desire was set þerin, Y þouʒt on noþynge þat euere was contrarye þerto. And anon Y wente faste to fulfylle it in dede.

Ps. 42: 1

As þe prophete seith: ' As þe herte desireth to þe wellys of watere, so my soule desireth to God, þat is þe welle of lyf.' " By al þis it is shewde wel þat we haue þe possession of vertu within vs, and we be þe seruauntis of oure Lorde God, if we wylle kepe vertu and forsake synne. Therefor, sith þou art delyuered out of synne by þe mercy of oure Lorde God, and [hast] taken Cryst vpon þe by þe grace of þe Holy Goste, ʒeue þe al to God, and opene neuer þe gate of þyn herte to synne. But araye þi soule with bryʒtnes and swetnes of vertu, and make it þe temple / of þe Holy Trynyte, and ʒeue al þy mende to þis contemplacion. For if eny man be conuersaunte with an erthely kynge and be famyliare with hym, he is holde a grete man before al oþer men. Moche more þan how blissed shal he be þat euer hath God in his mende, for treuly, it is ful swete to be ioyned to hym and to speke with hym by praiere and deuocion. For he goth nyʒ God, and in a manere he spekiþ with hym face to face, þat makiþ his praiere with a feruente loue and with a clene herte, þat is withdrawe fro þe loue of al erthely þynge, and also in drede. For oure good God is oueral presente, and heryth here praieris þat praien to hym with a clere herte and a clene soule. As þe prophete

Ps. 34: 5

seith: "The eyen of oure Lorde God ben vpon ryʒtful men, and his eeris ben open vnto here praieris." And also oure holy

3205 rootefastid] *underlined by* M   3020 hast] *om.*

... swete] *bracketed by* M   3225-8 with

fadris seyn þat a man may be ioyned to God by deuote
prayere, and þei calle it þe worke of angelis and þe wey to þe
ioye to come, and þe moste entrynge into þe blis of heuene

40 and beholdynge of þe Holy Trynyte aboue al oþer vertuys.
Noþynge brengith a mannys mende to prayer, but only deuote
entente and purpos. And þerfor, conuenyently, praiere is
clepyd þe foreymagynacion of þe blis of heuene. But euery
praiere is nat such, but only þat praier is worthi to be called

45 so þat is made deuotly to God, þat is maistere and ȝeuere of
praiere to hym þat / prayeth, and is lefte vp by deuocion
aboue al erthely þynge, and clenly presentid to oure Lorde
God with a deuote herte and vndefouled. This deuote praiere
make þou vnto þi God, and þat is sufficiente to brynge þe to

50 heuene. And praie neuer casualy and vnwysely, for þan þou
shalt neuer haue profite þerin. But clense þi soule from al
synne, and from al wykkyd þouȝt, þat þi praiere may be
clene and clere in þe siȝt of God. Put out of þyn herte al
manere wreth and indignacion, for þey letten oure praieris to

55 come to God moste of enyþynge, wherefor þou muste for-
ȝeue in þyn herte al hem þat trespasen vnto þe, and do mercy
and almas vnto þe poore peple, and make hem þe wyngis of
þi praiere. And þan offre vp þi praiere vnto God with deuo-
cion and wepynge. And if þou praie in þis wise, þou maist

60 seye as seide þe prophete Dauid, for þouȝ Dauid were a
kynge and had grete besynes and occupacioun, ȝit he made
his soule clene from al synne, and seide to God: "Lorde, Y
haue had wykkednes in hate and abhomynacioun, but Y haue
loued þi lawe. Seuene tymes in þe day Y haue preised þe

65 vpon þe domys of þy ryȝtfulnes. My soule haþ kepte þi
wytnes, and haþ loued hem gretly. Lorde, lete my praier
come into þy siȝt, and ȝeue me vnderstondynge after þy
worde." Therefore make þi praier in þis wyse, and God shal
heere þe. And while þou praiest þus, he shal sey vnto ⟨þe⟩:

2 / "Y am redy to fulfylle þy riȝtful askynge." In þis manere
1 make þi praiere, and þou shalt be herde of God and be blys-
sed. For treuly, it is impossible but þat man þat makith his
praieris to God in þis deuocion, but he shal euery day profite

Ps. 119: 163 ff.

Isa. 58: 8

3243 foreymagynacion] underlined by M   3256 trespasen vnto þe]
underlined by M   3257 almas] underlined by M   3260 Dauid¹]
underlined by R   Dauid²] underlined by R

in goodnes and passe wel fro þe snaris of his cursed enmye, þe deuel. For as holy doctouris seyn: "It is no doute þat whoso leffiþ vp his mende to God, and so praieth God in his deuote soule, and he haue mende on his synnes and praie God of forȝeuenes with deuocion and wepynge, but þat God wyl be merciful and forȝeue hym his synne." And he þat doth þus customably, and þynkith þeron, he puttiþ awey al seculere besynes, and he is aboue al mannys passiones, and is called a spekere with God, wherefor he is þe more blyssed. Almyȝty God make þe worþi for to gete þis blis by þi praier. Now beholde wel and se, for Y haue shewde þe þe wey of þe comaundementis of God, and al his counceile, and noþynge lefte behynde þat sholde profite þe. And Y haue fulfylled my seruyce in þe. Of þe remnaunte, God sett perfeccion in þi soule, þat after þat he haþ called þe, he may euer kepe þe in þis holy conuersacion. For God seiþ hymself: "Be ȝe holy, for Y am holy." Also Seynt Petyr wryteþ and seith: "If ȝe praie ȝoure Fadere þat demyth euery man nat after his persone, but after his workys, seruyth / hym in drede while ȝe ben here. And know wel þat ȝe be nat bouȝt aȝen with gold and siluere fro ȝoure olde trespas, but with þe precious blode of þe clene lambe and vndefouled." Al þis haue in þy mende withoute sesynge. And before al þynge loke þou drede God and þynke on þe dredful dome, and what ioye þe ryȝtful men shal haue in heuene, and what payne þe synful peple shal haue in helle. Also þynke on þe vanyte of þis world, and of wordly þyngis, and also on þe euerlastynge þyngis þat be to come. For euery man in þis world is but as heye, and mannys ioye here is but as þe floure of heye. The heye wexith drye, and þe floure falliþ awey, but þe worde of God abideth euermore. Thus þynke alwey, and þe pees of God be with þe and illumyne þe, and ȝeue þe good vnderstondynge in al þat Y haue tauȝt þe, and brenge þe to þe wey of helthe, and put al maner euyl bouȝt out of þyn herte. And also kepe wel þi soule with þe sygne of þe cros, þat þe deuyl may nat come nyȝe þe, but þat þou mow profyte euer in vertu, and to come to þe blis of heuene, and be lyȝtned with þe glorious siȝt of þe blyssed Trynyte, Fadere, and Sonne, and Holy

1 Pet. 1:16

1 Pet. 1:24
Isa. 40:6

f. 7

3280 customably] *underlined by M* 3290 Petyr] *underlined by R*

Goste.' In þis manere Barlam confermyd and tauȝt þe kyngis sonne, and went home aȝen to hys ynne.

The maistris and þe seruauntis of þe kyngis sonne had grete wondere why þat suche / a strangie man come so ofte into þe palice. Therefor one of hem, þat þe kynge had ordeyned moste chefe maistere ouer his sonne, and moste trusted vnto hym, þat was called Ȝardan, wente to þe kyngis sonne and seide: 'Syr,' seide he, 'knowist nat þou wel how grete drede Y haue of þy fader, and how moche truste he haþ in me, and made me to loke to þe pryncipaly aboue al oþer men? And now he shal holde me a ful vntrewe seruaunte, for Y se how þis strangie man comyth in ofte tyme vnto þe, and spekith with þe. And Y drede me sore þat he be of þe secte of Crysten men, aȝen whom þi fader is a ful grete enmye. And if þy fadere wyte þat it be so Y drede me sore þat Y shal be deede for þi loue. Therefor, Syr, telle þy fadere now what man it is, and of what secte. And ellys Y warne ȝou to speke no more with hym aftere þis tyme. And if þou wylt nat do þus, lete me come no more in þy siȝt. And aske þi fadere þat he sette anoþer man in my stede.' The childe seide aȝen to hym in þis wyse: 'Ȝardan, before al oþer þynge do as Y telle þe. Go and stonde behynde my curteyn, and þou shalt heere al þat we seyn and speke togidre. And afterwarde Y wyl telle þe what þou shalt do.'

Than þe kyngis sonne put Ȝardan behynde his curteyn aȝens þat Barlam sholde come in to hym. And whan Barlam was come he seide: 'Syr, Y pray þe reherse to me Goddis worde aȝen and his doctrine / þat Y may þe more stede-fastly kepe it in myn herte. Than anon Barlam began to telle hym of God and of þe feith, and how he sholde loue God aboue al þynge with al his soule and with al his mende, and to kepe his comaundementis in loue and in drede; how he made al þynge of noȝt, vysible and invisible, and how he made Adam and sett hym in paradise, and how he was dryven out aȝen þerof for he trespased aȝen Goddis comaundemente. Than he tolde hym how grete harme we do vsself whan we

3312 Barlam] underlined by R   3318 Ȝardan] underlined by R
3322 a ful vntrewe] underlined by R   3332 Ȝardan] underlined by R
3336 Ȝardan] underlined by R   3337 Barlam¹] underlined by R   Bar-
lam²] underlined by R   3340 Barlam] underlined by R   3345 Adam]
underlined by R   3347 vsself] underlined by M

do eny synne, and leue þe workis of goodnes and of vertu.
Also he tolde hym þe payne and þe turment þat þey shul
haue for here synne, also how grete pite God had vpon man-
kende, for he sente prophetis to preche þe incarnacion of his
Sonne, and afterwarde how he was borne, how grete goodnes
and myraclis he dede, and suffred grete turmente and passion,
was done on þe cros and suffred deth wylfully for us, to
brenge vs aȝen to þe same state þat he made vs vnto. And we
be to hym ful vnkende. And al he tolde hym how grete ioye
and blis þei shul haue þat ben good men, and how grete
payne þei shul haue þat ben synful, þat is to sey: fyre neuer
to be quenchid, derknes euerlastynge, wormes vndedly, and
many oþere paynes euermore durynge. And whan he had
rehersed to hym in þis maner Goddis worde and his doctryne,
and of þe clennes of leuynge and of þe vanyte of þe world,
and of þe / wrechidnes þat þei shal haue þat deliten hem
þerin, than he praide deuotly vnto God Almyȝti þat he wolde
kepe Iosaphat in þe beleue, and make his herte stronge and
stedefast þerin, þat he myȝt neuere turne aȝen to his first
erroure, but abide in þe beleue of holy cherche, and lyue a
clene lyf in holy contemplacion. And whan he had made his
praiere, he toke his leue and wente home aȝen to his ynne.

Whan Barlam was gone Iosaphat called Ȝardan onto hym
and seide for to proue hym: what he wolde seye: 'Herdist þou
nat what wordis þis man seide to me? He comyth to begile
me with his lewde talis and vayn talkynge. And he wolde
make me to forsake al lust and likynge, merthe and prosperite
of þis world, and to serue anoþere strangie god.' Ȝardan
answerid aȝen and seide: 'Good lorde, what eyleth ȝou to
tempte me and asaye me in þis manere? For wel Y wote þat
þis mannys wordis be prentyd ful faste in þyn herte. And if
þei were nat faste prentid in þy mende, treuly, þou woldist
nat speke with hym so ofte as þou doste. And we knowe
noþynge of his doctryne, ne of his prechynge. For sith þi
fadere dede so grete persecucion aȝens Crysten peple, and
drofe hem out of his region, here prechynge and here doc-
tryne sesid. And if here doctryne and here prechynge like
þe wel, and ȝe may receyue and kepe it, ȝoure wille mote be

3370 Barlam] underlined by R　　　Iosaphat] underlined by R
underlined by R　　3375 Ȝardan]　　　　　　　　　Ȝardan] underlined by R

74v

performed in al goodnes. But Y not how Y shal do. For Y am
so ful of sorowe and of þou3t for drede of þy fadere, for Y
not what answere Y shal 3eue hym of þy gouernaunce, / for
Y haue ful necgligently don his commaundement to suffre þis
strangie man to come in to þe in þis manere.'

390

The kyngis sonne seide a3en to 3ardan: 'For sothe, me
thynkiþ noþynge so good ne so profitable vnto þi soule, and
perfor Y desire þat þou beleue in þe same doctryne, for grete
loue þat Y haue to þe before al oþer persones, þat is to make
þe for to knowe þi Lorde, and whereto þou art made, þat
þou maist come out of þe derkenes þat þou art in, and come
to þe li3t þat euer shal laste. And Y wende þat þou sholdist
gretly haue desired it, anon as þou haddist herde it. But now
Y se wel þat Y am al deceyued of my purpos. For þyn herte
is harde, and lewdly þou takist þat is seyde vnto þe. And if
þou telle þis to my fadere þou shalt nat ellys do but make
hym hevy and sory in his herte. And if þou wylt þat he be in
eese and haue non hevynes, telle hym in no wyse of þis matere
tyl þou se a tyme þat is kunnable and hoofful.' Thau3 þe
kyngis sonne tolde 3ardan in þis manere, it dede hym no more
profyte þan for to caste seede for to growe into þe water. For
þe wyse man seiþ þat wisdom shal neuer entre into an euyl-
wylled soule, ne abyde in a body þat is soget to synne.

395

400

405

On þe morowe Barlam come vnto Iosaphat and tolde hym
þat he muste go fro hym. Iosaphat was sory of his departynge,
and wepte for sorowe. Than Barlam bade hym / þat he shold be
stedefast in þe feith and in al goodnes, and 3af hym wordis of
conforte to make his horte stable, and ofte praide hym þat he
wolde lete hym go. And also he tolde hym þat nat longe after
þei shold be a3en togidre in felawshyp, and neuer be departyd.
Than Iosaphat wolde no more þat Barlam were laboured, and
wolde nat lette hym of his iorney. And also if 3ardan had dis-
kouered hym to his fadere, he sholde suffre grete payne and tur-
mente. And þerfor he spake to Barlam and seide: 'Holy Fader,

410

75

415

3391 3ardan] underlined by R   3404 kunnable and hoofful] under-
lined by M   3405 3ardan] underlined by R   3408 soget] soget g,
g cancelled   3409 Barlam] underlined by R   Iosaphat] underlined by R
3410 Iosaphat] underlined by R   3411 Barlam] underlined by R
3416 Iosaphat] underlined by M   Barlam] underlined by R   laboured]
underlined by M with gloss: greued   3417 3ardan] underlined
by R   3419 Barlam] underlined by R

sith þou wylt algatis go fro me, þat am ȝit in þis wordlys van-
yte, and wylt go home aȝen þer þou hast þi gostly reste and
holy contemplacion, þerefor Y wyl no lengere lette þe. But go
by wey in pees, and God kepe þe from all myschef and desese,
and pray for me to God in þyn holy praieris, þat Y may sone
come to þe, and se aȝen þy blissed face. But ȝyt Y pray þe
graunte me one þynge þat Y shal aske þe. Syþ þou wylt nat
take for þy bretheren money ne clothynge for here lyflode, Y
pray þe take somwhat for þiself, vnto þyn owen lyflode.' Bar-
lam answerid aȝen and seide: 'If Y wolde nothynge take of þe
for my bretheren for þei nede no such worldly matere whych
þei haue forsake, how sholde Y þan take þerof enyþynge to me-
self, þat Y wolde nat take for hem? For ȝif' it were good to
haue plente of riches Y sholde raþer haue take it for hem, þan
for meself. But because Y know þe freelte / and þe falsehode
þerof, Y wyl nat receyue it, ne þei shul neyþer.' Therefor to þis
askynge Barlam wolde noþynge obeye; ȝit Iosaphat praide hym
hertly to graunte hym anoþer peticion, and nat leue for no-
þynge, þat he wolde fowchesaue to leve hym þere þat sharpe
wollen clothe þat he had on in memorie of his religion, and also
to kepe hym fro temptacion of þe deuyl, and to take anoþer of
hym þerefor: 'þat þou maist alwey haue me in þi mende.' Bar-
lam answerid aȝen and seide: 'It is nat good to ȝeue þe an olde
clothe þat is holy, and to take a newe perfor þat is nat holy,
leste Y haue litel rewarde for my laboure. But because Y wyl
nat put þe fro þy deuocion, fecche me an olde clothe of heyre
þat is nat different fro myn, and þat Y wyl receyue for þy
loue.' Anon such a cloþe was broȝt and ȝouen to Barlam, and
Iosaphat toke his cloþe þerfor. And whan he had it he made
gret ioye in his herte, and helde it more precious þan eny
kyngis clothis of gold or of purpure, and þat clothe he kepte
hertly and loued it aboue al þe clopis þat he had.

Than Barlam a litel aforn þat he wolde go his wey, he
tauȝt hym his laste lessoun and seide: 'Wel beloued Brothe[r]

3420 algatis] underlined by M with gloss: needes
3427 lyflode] underlined by M with gloss: maintenaunce
3428-9 Barlam] underlined by R
3432 ȝif] an interlinear addition by I
3436 Barlam] underlined by R
3441-2 Barlam] underlined by R
3447 Iosaphat] underlined by R
3447 Barlam] underlined by R
3448 Iosaphat] underlined by R
3452 Barlam] underlined by R
3453 Brother] brothe

and Sonne, which Y haue goten by þe worde of God, know
wel now what kynge þou seruyst, and to whom þou hast
made þy promys and þy confession. þere/for kepe stedefastly
þy vowe, and fulfylle þi promys þat þou hast made to God in
presence of al þe company in heuene, which baren wytnes
þerof, and han writen it vnto þy profite and saluacion, which
if þou kepe wel, þou shalt be blyssed of God. And put neuere
þe prosperite ne ryches of þis world before þe ryches þat is
euerlastynge. There is noþynge so dredeful in þis world as is
þe fyre of helle þat ȝeuyth neuer lyȝt, and ȝit sesith neuer
of his brennynge. And þere is nopynge in þis world þat may
glad a man so moche as God, which ȝeuyth hymself to al þo
þat louen hym, whos feyrnes may nat be tolde, whos powere
may no man withstonde. And his goodnis þat he ȝeuyth to
his frendis passen al visible þynge without eny comparsoun,
which gooddis eye may nat se, ne eere may here, ne mannys
herte þynke. Whereof þou shalt be made eyre, if þou be
kepte with þe powere and þe vertu of God.'

Than Iosaphat wepte sore, and had grete sorowe in his
herte to parte fro such an holy fadere and a good maistere,
and seide: 'Fader, who shal teche me in þyn absence, and
where shal Y fynde a man to lede me in þe wey of helthe to
saluacion of my soule? Where shal Y now haue conforte and
solace of my loue and my desire? For treuly, þou hast recon-
siled me to God þat haue be to hym a ful euyl seruaunt, and
þou hast ordeyned me to be his eyre, þat neuer was / his
sonne, and þou hast brouȝt me out of erroure þat was nye
pershyd and deuoured with þe deuyl. þou hast couplid me
with Goddis sheepe, þat neuer dede erroure, and þou hast
shewde me þe conpendious wey of trewthe. þou hast brouȝt
me out of þe derkenes of deth, and also my feete out of þe
slythere wey of vnriȝt and of shrewdnes. Thou art myn
auctor of vnnumerable gooddis, of which no man may telle
þe profite. And þat Y may nat fully thanke God þerof, God
of his goodnes mote fulfylle it and performe to his plesaunce,
which ȝeuyth plentefull rewarde to al þat louen hym.'

Barlam, desireynge to conforte hym in his grete hevynes,
he arose vp and lefte vp his handis vnto heuene, and made his

1 Cor. 2: 9

praieris, and seide: 'Lorde God, þe Fader of oure Lorde Iesu
Cryste, which hast now made bry3t and shynynge þat haþ be
derke before þis tyme, and þis creature þou hast made of
no3t, and hast conuertyd þyn owen shap vnto þe, and hast
nat suffrid vs to gone after oure vnwysedom, Lorde, we þanke
þe of þy grete vertu, and also oure Lorde Iesu Cryst, with
whom þou hast made al þynge, and hast lefte vs vp a3en þat
were falle, and for3euen oure synnes, and brou3t hem a3en
to treuþe þat weren in erroure. Thou hast bou3t a3en þat
weren in presoun, and reised to lyf hem þat / were deed, with
þe precious blode of þi Sonne, Crist Iesu. Therefor, Lorde,
Y pray þe and þyn owen dere Sonne and þe Holy Goste,
beholde þi resonable sheepe þat comyth vnto þy sacryfice by
me, þau3 Y be vnworþy, and halowe his soule in vertu and in
grace. And kepe þis vyne þat is sett and plantid with þyn
Holy Goste, and make hym to beere and to brynge forth þe
froyte of ry3tfulnes, and conforte hym and dispose in hym
þi testament, and kepe hym fro þe deuyl and al wykkydnes,
by þy mercy and goodnes. Teche hym, Lorde, to do þy
wylle, and withdrawe nat þyn helpe fro hym. Good Lorde,
make hym eyre with me, þyn vnworþy seruaunte, of þy
3yftis þat euer shal dure. For, Lorde, þou art blyssed and
glorified in wordlis without ende, Amen.' And whan Barlam
had made his praiere he turned a3en to Iosaphat and kyste
hym, and praide God to 3eue hym pees and helthe. And þan
he wente oute of þe palice, ioyinge and þankynge God þat
he had brou3t his iorney to a good ende.

Iosaphat, after þat Barlam was gone, he fylle doun in his
prayeris and wepte sore, and seide: 'Lorde God, take hede
vnto myn helpe, and hye faste for to socoure me, for Y am
lefte to þe al poore. But, good Lorde, helpe þi faderles chylde.
Lorde, beholde and haue mercy on me. For þou wylt þat al
men be saued and to come to þe verry knowynge of þi
trewthe. Lorde, saue me and conforte þyn vnworthi seruant
/ þat Y mow kepe þi commaundementis, for Y am ful feble f.
and seek to do eny goodnes. But, good Lorde, þou maist

3495 and¹] and h, h cancelled   3496 vnwysedom] underlined by M
3514 glorified] glorified v, v cancelled   Amen] underlined by R   3519 Iosa-
underlined by R   3515 Iosaphat] underlined by R   Barlam]
phat] underlined by R   Barlam] underlined by R   3522 al poore]
underlined by M with gloss: alone

make me safe, for al þynge is in þy powere. Lorde, suffre me
nat to folowe þe wylle of my flessh, but only to fulfille þi
wylle and kepe me, Lorde, of þi grete goodnes, Fader and
Sonne, and Holy Goste, þre persones in o Godhede. To þe Y
call, and þe, Lorde, Y glorifie, for euery creature ȝeuyth þe
þankynge in wordlis withoute ende, Amen.'

After þat tyme Iosaphat toke hede to non oþer þynge, but
to lyue only in clennes in body and soule, and nyȝt and day
he lyued in grete abstynence and in praier, but often tymes
by day he was lett, with comynge in of his seruauntis þat
were aboute hym, or ellis by comynge of his fadere vnto
hym, or ellis whan he wente to his fadere. But euermore he
fulfilled in þe nyȝt þat he myȝt nat do on þe day. And euer
he was in wepynge and in prayinge to God, fro þe euen til þe
morne. Wherefor þe prophetis worde was fulfilled in hym þat
seide: 'In nyȝtis tyme lefte vp ȝoure hondis in holynes and
blisse ȝe oure Lorde.'

And whan ȝardan knew and felte wel his holy conuersa-
cion, he had þerefore so grete sorowe in his herte þat he wyst
neuer what he myȝt do, how he myȝt ascape fro hym with
worshyp, and haue non indygnacion of his fader. At þe laste
in grete heuynes he wente home to his owen hous, and made
hym / seeke. And whan þe kynge herde telle þat ȝardan was
seeke he sette anoþere man in his place for to serue his sonne,
and sente to ȝardan þe best leche þat he myȝt fynde for to
hele hym, he desired so gretly þat he were hole. And whan
þe leche wyste þat þe kynge had ȝardan in so grete cherte
and loue, he toke grete hede to hym, and besied hym faste
to make hym hole. And whan þe leche had proued hym
by his medicynes, and founde wel þat þer was no seeknes
within hym, he wente to þe kynge and seide: 'Treuly, Syr,
Y can fynde no maner cause of seeknes in þis man. But Y
trowe þat he haue a litel heuynes in his herte, and þerefor
he is seeke.' And whan þe kynge herde þis, he supposed
þat his sonne had some indignacion whereþorouȝ he was
hevy vnto hym, and þat were þe cause þat ȝardan wente
awey fro hym. The kynge wolde wyte þe trewthe, and sente

Ps. 134: 2

3534 Iosaphat] *underlined by R*   3550 ȝardan] *underlined by R*
3552 ȝardan] *underlined by R*   leche] *underlined by M*   3554 ȝar-
dan] *underlined by R*   3563 ȝardan] *underlined by R*
dan] *underlined by R*

to Ʒardan and seide: 'Tomorowe Y wyl come and visite hym, and Y wyl loke how he farith, and wyte þe cause of his seeknes.' Whan Ʒardan herde telle how þe kynge wolde come visite hym, he arose erly on þe morn, and dede on his clothis, and wente to mete with þe kynge. He come in to þe kynge, and fylle doun to grounde, and salued hym. The kynge seide anon vnto hym: 'What strengþe hast þou kauʒt now for to come to me? For Y / wolde haue come and visited þe, and shewde þe my loue þat Y haue to þe before al oþer men.' Þan Ʒardan answerid and seide: 'Syr Kynge, my seeknes is nat of such manere euyl þat fallith to þe peple, but my seeknes is of þe grete sorowe and heuynes þat Y haue in myn herte, whereþorouʒ Y am seek and feble. And, Lorde, Y were a grete fole þat am þy seruante, for to abide þi comynge where Y am of myʒt and powere for to come to þe.' The kynge askyd hym anon what was þe cause of his sorowe and heuynes. He answerid and seide: 'Treuly, Syr, Y am in grete perel, and worthy to haue moche payne and turmente þat Y haue be so necligente to fulfylle þy comaundement, and þat is þe cause of myn heuynes.' The kynge askyd hym aʒen: 'What is þat necligence þat þou arte so sore aferde of?' He answerid aʒen and seide: 'Syr, þat Y was so necligente, and toke so litel heede to my lorde þi sonne, þat þou puttist in my gouernaunce. For þer come into hym a cursed man, and hath spoke with hym, and tauʒt hym þe doctryne of Crysten peple.' Than Ʒardan tolde þe kynge by and by al þat he seide to his sonne, and which a grete desire and delite his sonne had in his wordis, and how he was made Crysten, and how þe mannys name was Barlam. Than had þe kynge aforn herde of þe holynes of Barlam and of / his abstynence. Whan þe kynge herde þis, anon he waxe wode for sorowe, and called to hym a man whos name was Arachis, which was nexte þe kynge of al men, and moste cheefe of his counseile, and also he was a grete astronomyere, to whom þe kynge tolde al his heuynes and greuaunce þat he had in his herte for his sonne. Arachis

3565 Ʒardan] underlined by R   3567 Ʒardan] underlined by R
telle] telle w, w dotted for cancellation
3573 Ʒardan] underlined by R   3590 Ʒardan] underlined by S and cancelled by R and S
3591 which] underlined by M   3593 Ʒardan] underlined by R
3594 Barlam] underlined by R   3596 Arachis] underlined by R
3599 Arachis] underlined by R

considered wel þe kyngis heuynes, and seide: 'Syr Kynge, be
nat sory ne hevy in no kende. For Y hope ryȝt wel þat Y shal
turne hym as Y wyl haue hym, and make hym to refuse and
forsake þat cursed doctryne, þat he is brouȝt in, and to con-
sente to þi wylle.' With þes wordis Arachis aswagid þe kyngis
wreth and heuynes, and for to fulfylle his purpose, he seide:
'Syr Kynge, before enyþynge we muste besie vs in al manere
wise for to take þis cursed man Barlam. And if we mowe
haue hym, we shul haue al oure desire and purpos, for we
shul constrayne hym both with wordis and also with tur-
mente, wheþer he wylle or nylle to make hym to revoke his
doctrine, and make my lorde, þi sonne, to folowe þy wylle
and þyn entente. And if it so be þat we may nat take þat
Barlam, Y know anoþer olde heremyte þat leuyth alone, and
is called Nachor, and he is so lyke Barlam in al þynge þat a
man shal nat know þat one fro þat oþer. But he is of oure
secte, and with hym / Y wente to scole. Y shal go speke with
hym tonyȝt, and telle hym al þis matere. Than we shul
brynge hym forth and sei þat he is Barlam, and he shal sey
hymself þat he is Barlam. And he shal make hym like a
Crysten man, and speke of Crystis doctryne, and longe he
shal argue þerin, but at laste he shal be ouercome by good
answere. And whan þi sonne seth þat Barlam is ouercome,
and oure maistris haue þe victorie, anon he shal forsake þat
doctryne, and do al þy wylle and þi plesynge. And also he þat
shal be Barlam for þe tyme shal knowlych hymself gilty, and
þat he was in stronge erroure.'

The kynge was glad hereof, and seide þat þis was þe best
counseile þat myȝt be in þe world, but ȝit he loste al his
hope. The kynge wyst wel how þat Barlam was but a litel
while gone beform, and anon he sente peple aboute to take
hym. He sette men to aspie hym in þe weye, and in many
a place he lete serche for hym. Al þe syxe daies he lete seche
Barlam aboute, but þei myȝt nat fynde hym, for Barlam
abode by þe wey al þat tyme in a kyngis palice for to reste

3604 Arachis] *underlined by R*   3607 Barlam] *underlined by R*
3613 Barlam] *underlined by R*   3614 Nachor] *underlined by R*   3619 Barlam]
underlined by R   3618 Barlam] *underlined by R*   3625 Bar-
lam] *underlined by R*   3622 Barlam] *underlined by R*   3633 Bar-
lam¹] *underlined by R*   3632 lete seche] *underlined by M*
Barlam²] *underlined by R*

hym. Arachis wente with many knyȝtis and moche peple to
þe londe of Sannaar into deserte for to seke Barlam, and
whan he come þider he sturblyd al þe cuntrey and al his
breþeren. And whan þei / tolde hym þat þei sawe hym nat,
þat wykkid prynce wente al aboute þe wyldernes, and souȝt
al þe hyllys and valeyes, some on horse, some on fote, and
some crepynge on here hondis þorouȝ þykke and thynne, til
at last he come on hyȝ vpon an hylle, and þere he sawe
where wente vndernethe a couente of monkis and hermytes.
And anon þe prynce bade his peple to fecche hem vnto hym.
The peple anon wente aboute þe monkis, as doggis aboute a
beest, and brouȝt hem before here prynce. And þei noþer
grucchid ne made hevy chere, but come to þe prynce with
grete gladnes. And here abbot þat wente before hem bare a
scryppe of wollen clothe ful of holy mennys relikes. Arachis
knew Barlam wel ynoȝ, and loked al aboute if he myȝt se
hym. And whan he sawe hym nat, he seide to þe hermytes:
'Where is þat cursed heretyk þat haþ deceyued þe kyngis
sonne?' The abbote answerid aȝen and seide: 'Syre, he is nat
here amonge vs, God forbede þat he were. He is fledde fro vs,
and by þe grace of God he shal nat dwelle with vs.' The prince
seide aȝen: 'Than ȝe know hym?' The abbote answerid and
seide: 'ȝe, Sir, forsothe. Y knowe þe begiler of þe peple, þat
is þe deuyl, þat dwelliþ amonge ȝou and is ȝoure ledere, and
with vs he may nat dwelle.' The prynce seide aȝen: / 'Y aske
þe after Barlam. Y wolde fayne wyte where he were.' The
abbote answerid aȝen and seide: 'Whi askist þou after one for
anoþer? For þou askist me after hym þat deceyued þe kyngis
sonne. And if þou woldist haue Barlam þou must haue seide
in þis wyse: "Where is he þat delyuered þe kyngis sonne, and
conuertid hym out of his erroure?" Treuly, Syr, he is oure
brother, and a man of holy conuersacion, but is many a day
gone þat we sawe hym.' Than seide þe prynce, 'Shewe me his
place þer he dwellith.' The abbote answerid and seide: 'Treuly,
if he wolde se ȝou he wolde come out ful redy to mete with
ȝou. But it is nat lefful to vs to shewe þe his celle.' The
prynce was wode for anger, and loked on hem feersly, and

3636
363
364
364
f. 80
365
365
364
366
f. 8
366
366
36

3636 Barlam] *underlined by R*   3637 sturblyd] *underlined by R*
3649 Arachis] *underlined by R*   3650 Barlam] *underlined by M*
3660 Barlam] *underlined by R*   3663 Barlam] *underlined by R*

seide: 'Y shal put ȝou al to deth but ȝe wyl telle me where Barlam is.' The hermyte answerid aȝen and seide: 'Wenyst þou, Syr, þat we þanke þe for þy manace of deth? Nay, for-
675 sothe, but we þanke þe rather perfor. For þe sunnere þat we deye here, þe raper we shal come to euerlastynge lyf. For we drede nat þe ende of oure lyf here þat is vncerteyn, and þe deuyl may liȝtly turne þe state of oure perfeccion, and liȝtly breeke þe beheste þat we haue made to God. And perfor
680 spare nat for vs, do what þou wylt. For we wyl in no kende
.81 shewe þe / þe celle of oure brother þat God louyth so wel, ne non of oure oþer preuy placis for to fle oure deth, for þat were þe worste þynge þat we myȝt do, and bettere it were þat we deyde and offrid oure blode to God now while we be
685 in vertu, þan fulfylle þi cursed entente, and deye in synne, and be dampned.' The cursed prynce sawe here stedefastnes, and anon he waxe wode for angere, and beete hem and dede hem grete turmente. And whan he had so beete hem, and myȝt nat compelle hem to shewe hem þe celle of Barlam,
690 he brouȝt hem alle before þe kynge, and also þe scryppe with relykis þat þei had with hem.

Within a fewe dayes after whan þei come to þe kynge, anon Arachis tolde al þat he had done vnto hem, and presentid hem to þe kynge to do with hem what he wolde. Anon, as þe
695 kynge sawe hem in þe grete wodnes þat he was in, he bade his seruauntis to scourage hem and bete hem. And whan þei were so crewelly beten, and here body al to torne with woundis, he withdrow hys angere, and bade his turmentouris to sese of here betynge, and seide to þe monkis: 'Why bere ȝe þes
00 deede mennys bonys þus aboute with ȝou? If ȝe bere here bonys aboute for þe grete loue þat ȝe haue vnto hem, þis same houre Y shal make ȝoure bonys to ben in þe same plite as þei ben in, þat þei mow þanke ȝou þerfor.' The abbote of þat couente, nat dredynge þe kyngis manace, without sorowe
1v and heuynes, / with glad chere and mery, he seide to þe
06 kynge: 'Syr Kynge, we bere aboute with vs þes clene bonys for loue of hem þat were in holy conuersacion in þis world, and to brynge oure mende to holynes, þereby to come to þe same ioye þat þei be in, and to folowe here lyuynge here in

3673 Barlam] *underlined by R*   3689 Barlam] *underlined by R*
3693 Arachis] *underlined by R*

erthe. And also þei represente þe mende of oure deth, and þerfor we blysse hem and kysse hem in sygn of here deuocion and here holy conuersacion.' The kynge seide aȝen: 'If þe mende of deth is so profytable as ȝe seyn, why take ȝe non memorie of þe bonys of ȝoure owen bodies þat shal falle to corupcion, and nat in opere mennys bonys þat be coruptid redy?' The monke answerid and seide: 'Y haue tolde þe dyuerse causis why we were deed mennys bonys aboute vs, and þou takyst hem al in scorne. But one cause Y shal telle þe more clerely to þyn vnderstondynge: we bere þes deed mennys bonys while we lyue because þat þe bonys þat ben in þi flessh ȝeuyth þe memori and mende of þi deth to come. And þereby þou owghtist wel to be disposed to al goodnes, but þou ȝeuyst þiself to al wykkydnes, for cursedly þou sleest þo seruauntis of God þat done þe non harme, and nat take fro þe al þi temporal gooddis, ne nat stryue with þe in no maner.'

The kynge seide aȝen: 'Syris, ȝe begile euyl ȝoureself and also þe peple to make hem to forsake þe / Iustis and prosperite of þis world, to chese an harde lyf and a byttere. And also þe worshyp þat þei sholde do vnto oure goddis, ȝe teche hem to ȝeue it vnto Iesu Cryste, wherefor þe peple þat sewen ȝoure erroure forsaken here feir habitaciones and gone into deserte, to hernys and dennes, and lyuen þere in moche wrechidnes, and forsaken here goddis and seruen a strange god. And þerefor Y deme ȝou ryȝtfully for to be deede.' The monke answerid aȝen: 'If þou wylt þat al men lyue þi lyf why wylt nat þou ȝeue þi ryches to euery man euenlike, as moche to o man as to anoþer, where þou takyst awey fro hem here gooddis, and makyst þiself ryche withal and hem both poore and nedy. So þou arte noþynge besy for anoþer mannys helthe and profyte, but to make fatte þyn owen flessh, þat shal be deuowred and mete vnto wormys. And also þou denyest hym þat is God and maker of al þynge, and callist hem goddis þat be non, but workeris of al synne. And þou also, for þi cursed synne and wykkednes, maist wel be called here folowere. What may þi goddis do to hem þat don hem eny worshyp? Why do þei nat helpe hem in here nede and myschef?' Treuly,

3731 sewen] underlined by M with gloss: miserye

3733 wrechidnes] underlined by M with gloss: carefull

3740 besy] underlined by M with gloss: carefull

þei may nat. Syr Kynge, here maist þou wel se þat þou art
brou3t in a foule erroure. Thou dredist sore þat we sholde
nat styre þe peple to fle fro þi powere / and consente to vs.
Wylt þou þat euery man serue þe and fulfylle þi couetice, and
take here gooddis fro hem, and make hem wrechis lyke as a
foulere settith his snaris for to take byrdis? For a litel afore
ere þei be take, he wyl whystele, and with his glosynge þei be
kau3t, and þan þei take hem and ete hem. Ri3t so, Sir Kynge,
þou desirest to haue many grete possessiones and tributis be
londe and by water brou3t to þe, and wylt haue al here besynes
and laboure for to make þe ryche. þou makist hem to haue
euerlastynge perdicioun, and vnprofite to þiself, þat art but
filthe and clay, and þerefor þi ioye shal be turned al into
payne. But Y counceile þe to arise and wake fro þis heuy
slepe, and opene þyn eyen, and se al aboute þe þe grete ioye
and grace of oure Lorde God, and some tyme make þe for to
be his seruaunte. Vnderstonde, 3e vnwyse men amonge þe   Ps. 94: 8
peple, and 3e folis, some tyme haue sauoure in God! Vnder-
stonde wel þat þer is no God but oure God, and þer is non
helthe but in hym.'

Than seyde þe kynge a3en to hym: 'Sese of al þi iapis and
scornys, and brenge Barlam before me, or þou shalt haue
suche manere turmente þat þou sawyst neuer suche before
þis tyme.' The good and wyse heremyte was so stedefast in
God, and nat dredynge þe kyngis manace, but seide boldely:
'Syr Kynge, we be nat commaundid to do þi byddynge, but
/ for to kepe þe comaundementis of oure Lorde God, þat
tau3t vs to be meeke and lowly, and for to absteyne vs fro
delitis and desiris of þis world, and to suffre al tribulacion for
ri3twysnes. And þerfor þe more harme and turmente þat þou
doste vs, þe more benefice and ioye þou shalt 3eue us. þer-
for, do what þou wylt, for it acordith nat to vs to consente to
þi synne. Wenyst þou þat it were a litel synne to vs for to
take þe oure felawe and oure broþer? Treuly, we wyl nat do
it, þou3 þou my3tist 3eue vs a þousande dethis, for þou shalt
nat fynde vs so feble þat for þi manas and turmente we
sholde do eny þynge þat is a3ens þe wylle of oure Lorde God.
þerfor do al þe turment þat þou kanst do, for Cryste is oure

3759 vnprofite] underlined by M   3768-9 iapis and scornys] under-
lined by M   3769 Barlam] underlined by R

lyf, and þe best wynnynge þat we mow haue is for to deye for his loue.'

The tyrante was wode for anger, and anon he bade his tur-mentouris to kytte out here tungis, to put out here eyen, and to hewe of both here hondis and feete. Anon whan þe crewel kynge had ȝeue sentence vpon hem, þe turmentouris wiþ yren hokis drewen out here tungis, and wiþ grete axis þei hewe of here handis and feete. Therfor þei ben blissed of God, and worthi grete reuerence þat with such a stedefast soule come to þe Goddis table, and without eny drede suffred / martyrdome for Goddis loue. Thus þe .xvii. monkis were martired, and here soulis wente to þe blis of heuene, and were made þe eyris of Almyȝtty God.

Whan al þis was done, þe kynge seide to Arachis his coun-ceiloure: 'Now by fyrst counceile is both vayne and ydel, þerfor Y pray þe, Syr, fulfylle by secunde counceile and brenge Nachor vnto me.' Anon Arachis, at hyȝ mydnyȝt, wente to þe celle of Nachor þat dwellid in deserte, and þer he studied on his nygromancy and wychcrafte, and tolde hym al þe kyngis wylle of his sonne, fro þe begynnynge to þe end-ynge. And whan he had tolde hym al his entente he come aȝen to þe kynge erly on þe mornynge, and toke hors and meyne, and made hym as þouȝ he wolde gone out aȝen for to seke Barlam. And whan he come into deserte þere walkyd a man in þe valey before hem. And anon as þe prynce sawe hym he bade hys meyne to go fecche hym, and brenge hym to his presence. And whan he was come, þe prynce asked hym what man he was, and of what profession, and what was his name. Nachor answerid aȝen and seide: 'Y am a Crysten man, and þe seruaunt of God, and my name is Barlam', as þei two were acorded before. Than Arachis made hym glad þat he was take, as it semyd, / and in grete haste he turned aȝen and brouȝt hym before þe kynge. Than seide þe kynge in audience of al þe peple aboute hym: 'Art þou þat Barlam

3789 kytte] underlined by M
3803 Nachor] underlined by R
3810 Barlam] underlined by R
3816 Barlam] underlined by R
3820 Barlam] underlined by R

3800 Arachis] underlined by R
3804 Nachor] underlined by R
3815 Nachor] underlined by R
3817 Arachis]

þat art þe workere of þe deuyl?' He answerid aȝen and seide:
'Y am þe workere of God and nat þe deuyl, and þou owyst to
sey non euyl to me, but þanke me gretly. For Y haue made
þy sonne for to worshype God, and Y haue delyuered hym
325 out of al erroure and reconsiled hym to verry God, and Y
haue araide hym with al manere vertu.' The kynge seide aȝen
to hym as þouȝ he had be wrothe: 'It were worthy for þi
wordis and þin answere to put þe to deth withoute eny oþer
examynacion, but at þis tyme Y wyl suffre for myn owen
330 worshype, til anoþer tyme, for Y wyl asaye þe better. And if
þou wylt obeye þe to me þou shalt haue forȝeuenes, and ellis
þou shalt suffre riȝt grete turmente.' Than he bade Arachis
to kepe hym wel, and take good hede to hym.

The nexte day after þe kynge wente aȝen to his palice, and
335 anon worde wente al aboute þat Barlam was take, tyl at laste
worde come þerof to þe kyngis sonne. And whan Iosaphat
herde telle þerof he had so grete sorowe perfore in his herte
þat he myȝt nat absteyne hym fro wepynge. And in his grete
lamentacion he prayde faste to God to helpe his good maistere
340 Barlam, þat he wolde nat suffre hym to haue / greuous tur-
41 mente, as he was a gracious God and ful of mercy: 'For,
Lorde, þou arte redy to al hem þat callen on þe in eny tribu-
lacion.' God herde þe praiere of Iosaphat, and in þe nyȝt by
visioun he shewde hym good conforte, and sente hym strengþe
345 and stedefastnes, and fulfylled his herte with swetnes and
conforte, þat was a litel before in grete sorowe and heuynes.
Amonge al oþer þyngis þe kynge was glad of þe counseile and
prouysioun of Arachis, and þankid hym hyly perfor, and
ȝaue hym many ȝyftis. But al here hope and truste turned al
350 aȝen here purpos, for riȝtfulnes ouercomyþ wykkydnes, as
ȝe shul heere afterward declared.

Two dayes afterwarde þe kynge wente to his sonys palice.
His sonne herde of his comynge, and wente aȝens hym, and
dede hym reuerence. But his fadere wolde nat kysse hym as
355 he was wonte to done, but as þouȝ he were al wrothe and
heuy, he wente al heuyli into his chamber and sate hym doun.
He called his sonne to hym and seyde: 'Sonne, what wodenes

3832 Arachis] *underlined by R* 3835 Barlam] *underlined by R*
3840 Barlam] *underlined by R* 3843 Iosaphat] *underlined by R*
3848 Arachis] *underlined by R* 3849 al²] al and

is þis þat Y haue herde of þi gouernaunce, and brengiþ myn
herte in so grete heuynes? For Y suppose þat per was neuer
man þat had so grete ioye and gladnes in his childis byrthe
as Y had in þyn. And now Y am brouʒt in as grete sorowe be
þi dispocision. For þou hast brouʒt me in so grete heuynes
þat Y may vnneþe dure, Y am so feble. For þe drede þat Y
had of þe is now come, for / Y am made scorne to al myn
enmyes. Ful cursedly þou hast take hede to a cursed mannys
wordes, and lefte þe conceile of wyse men, and don by þe
conceile of a fole, for to forsake oure trewe goddis, to serue
a strange god þat is nat knowen. Sonne, whi hast þou do
þus? For Y hopid to haue had þe myn eyre and successoure
of al my kyngdom, to haue borne vp my worship and my
dignyte, to haue mayntened me in myn olde age aʒens myn
enmyes. And semed nat þe raper to be obediente to me þat
am þy fader, and to sewe my lore, þan to do after þe coun-
seile of a lewde man þat wolde make þe to forsake þe luste
and lykynge of þis world for an harde and a sharpe lyf þat
Maryes sonne tauʒt here on erthe? Also, dredist þou nat þe
vyndygnacion of oure grete goddis, leste þei wyl sle þe with
lyʒtnynge, or make þe erthe to swolowe þe in, þat ʒeuen vs
so moche good and ryches, and arayen vs with diademys, and
putten oure enmyes vnder oure feete; and þei wolde neuer
haue suffred þe to haue be borne, but only þorouʒ my praier.
Thei brouʒt þe forth into þis world, and þou hast forsake
hem and dispised, and wilt serue Cryste for lewde wordis of
his seruauntis þat spekyn in here iangelynge of þe world to
come, and of þe resureccion of deed bodies, and many oþer
þyngis þei tellen in deceyuynge of þe peple. But now, dere
Sonne, / take hede to me þat am þi fader, and put fro þe þis
fals seduccion, and come and do sacrifice to oure goddis, and
offre to hem an hundred bolis þat þou mowe plese hem þer-
with, þat þei may ʒeue þe forʒeuenes' of þi' offence. For þei
be myʒtty ynouʒ and stronge, both to forʒeue þe þi trespas,
and also to ʒeue þe euerlastynge turmente. And þis may be
a good example to þe, for by here myʒt and powere þei haue
brouʒt me to þe grete dignyte þat Y am in, and þerefor we

3871-2 to ... enmyes] *underlined by M*   3873 sewe my lore] *under-
lined by M*   3889 bolis] *underlined by M with gloss:* bulles   3890 of
þi] *an interlinear addition by I*

do hem worship and sacryfice. And also þei ȝeuen hem grete turmente and aduersite þat in eny manere dispisen here worshyp.' And whan þe kynge had seide al his veyn speche of þe worship and offrynge of his ydollis, the chylde saw wel þan þat Goddis doctryne myȝt nat be hydde, but shewde openly to al men. And with grete hope and truste in God he seide to his fader:

'Fadere,' seide Iosaphat, 'Y shal neuer denye ne reuoke þat Y haue do, for Y haue fledde fro derkenes and come to lyȝt. Y haue forsake erroure and turned to trewþe. Y haue forsake þe deuyl and turned to Cryste þe Sonne of God, which made al þynge of noȝt, and he made man of þe erthe, and enspired in hym þe spirit of lyf, and put hym in Paradis which brake his comaundement, and þerfor he was demyd to deth and to þe deuelis power, maister / of derknes. Ȝit þat Lorde þat made al þynge wolde nat forsake hym, but wolde brynge hym aȝen to his olde dygnyte. He become man for vs, and was borne of þe maide Mary. He was conuersante here on erthe amonge þe peple, and suffred deth for vs vnworthi and vnkende seruauntis vpon þe cros, for to distroye oure olde synne, and to opene to vs þe gatis of heuene. Thider he brouȝt al oure kende aȝen, and sette hem in ioye, and ȝaf hem better gooddis þan herte may þynke or tunge telle. He is alone kynge of alle kyngis, and lorde of al lordis, whos powere and lordeship may be trowed. He is glorified with þe Fader and þe Holy Goste, in whos name Y am baptised. And Y knowlych one God in þre persones, þat is increate and immortal, impassible and incorruptible, þe welle of goodnes and of equyte and of euerlastynge lyȝt, makere of al creaturis visible and vnuysible, al þynge conseruynge and prouydynge, al þynge conteynynge and gouernynge. Noþynge þat is made is withoute hym, ne may abide without his ordynaunce. He is þe lyf of al þynge þat is to be desired. Than, Fader, me þynkiþ it were grete foly and lewdenes to forsake so good, so wyse, and so myȝty a God, and to serue deuelis and ydolys þat ben both dumme and deef, and workeris of al synne, þat neuer were naȝt, ne neuer shul be. Whan were þey euer herde to speke? Whan ȝaf þei euer eny answere to eny man þat

3902 Iosaphat] underlined by R   3907 enspired] enspired ri, ri can-
3919 may] may nat   celled   trowed] underlined by M   underlined by M

praide to hem? Whan / gon þey, whan ryse þei, if þei be doun? f.
Whan sit þei doun if þey stonde? Whos fylthe, stenche and
wikkidnes, and þe fraglite and infirmyte of þo deuelis,
deceyuen 3ou, and al þo þat beleuen in hem. Y am lernyd
and tau3t by my holy maister, and Y dispice and hate al here
malice, and Y wyl serue verry God while my lyf wyl laste, þat
my soule may be receyued into his hondis. Therfor Y haue
so grete ioye of þat blys þat Y shal come to, and for Y am
delyuered out of þe thraldom of þe deuel, and am so ly3ted
with þe chere of my Lorde þat Y haue no ioye but þerin
alone. But 3it Y haue grete sorowe in myn herte and heuynes
þat þou þat arte my lorde and my fader shalt haue no parte
of þe gooddis and blis, for Y know þe hardnes of þyn herte,
and 3it Y was euer sory to displese þe, and ofte Y haue
praide to God þat he wolde drawe þe to hym fro þis wordlis
vanyte. And þou arte cause of þyn owen lettynge by þyn
owen malice and wykkednes. Therfor now take hede and do
after my counseile: Y wyl nat forsake hym þat haþ bou3t me
out of thraldom with his precious blode, þau3 Y sholde be
made with Cryste. Y wyl nat breke þe bonde þat Y haue
deed. Therfor know þis for certeyn, laboure neuer perfor
aboute me, for þou shalt neuere make me to reuoke þis holy
confession, ne brynge me out of my good purpos. For / as it f.
is impossible to tuche heuene wiþ þyn hondis, or to make þe
see drye, so impossible it is to brynge me out of þis perfec-
cion. Therfor, Fader, if þou wylt do by my counseile, þou
shalt be reconsiled vnto Cryst, and þou shalt haue þerof such
goodis þat passen mannys mende. And as we be both of one
nature in kende, so shal we be þan of one feith. And ellys
Y shal forsake þi faderhod, and serue my Lorde God with a
clene conscience.'

And whan þe kynge herde al þis he was very wode for
anger, and gnasshid with his tethe, and bytterly spake vnto
hym and seide: 'Who is þe doer and maker of al þys euyl?
Treuly, no man, but Y myself. For Y haue ordeyned for þe
in such wyse þat neuer man 3it ordeyned so for his sonne.
And now þou arte fulfylled with such shrewdnes þat al my
good purpos turneþ euen contrarye vnto me. And now is
come to purpos þat þe astronomyers and philosophers seide

3935 deuelis] deuelis 'forsake' þat, forsake is an interlineal addition by I

in þi byrthe, þat þou sholdist be a cursed man and a proude, and inobedient to þy fader. Therfor now if þou wylt nat obeye to my counseile, þou shalt haue me for þy fadere an enmye, and Y shal do to þe þat Y wolde neuer do to eny enmye þat Y haue, but þou wylt be to me as þou owest to þi fadere.'

Iosaphat answerid aȝen and seide: 'Syr Kynge, why art þou so angry and so sory þat / Y am made partable of þo gooddis þat ben euerlastynge? What fadere is he þat is sory of his sonnys welfare, and if he were sory þerof, he were rather his enmye þan his frende? Wherefor if Y may wyte hereafterwarde þat þou wilte nat desire my helthe ne my saluacion, but brynge me with þi wykked powere vnto perdicion, Y shal neuer calle þe my fadere, but Y shal flee fro þe as man fleeth from a serpente. And if þou do so tyrauntly and cursedly as þou seist aȝens me, þou shalt nat ellis wynne þerby, but for a fadere þou shalt be called a tyraunt and a manquellere. And treuly, it is more possible to þe to flee after an egyll in þe eyre þan to peruerte me to change my feith and beleue þat Y haue in Iesu Cryste. Therfor leue and reste of þi manas and thretenynge. But ȝit, Fadere, Y pray þe of o þynge. Put awey þe derkenes of þi mende þat þou art sett in, þat þou mow se þe briȝtnes of my Lorde God, and sometyme to become his seruaunte. Wherefor art þou þus ȝoue to þe lust and likynge of þe flessh and of þe world, and wylt nat know þyn owen freelte? Wyte wel þis, þat euery flessh is but heye, and mannys ioye is but as floure. For whan þe heye is dreye, þan þe floure falliþ awey and fadiþ, but þe worde of God þat is prechid to al men abideþ withoute ende. / Therefor, why defendist þou so greuously þi ioye, þat is but as a floure, and þyn abhomynable and stynkynge lustis of þy wombe, and þe vnclene passiones þerof, þat ben delicious to folis but for a tyme, for afterwarde þei shul fynde hem more bytter þan galle, whan þei shul parte fro þis lyf and be shette with sorowe in euerlastynge fyre neuer to be quenchid, and be gnawen with wormys neuer sesynge. Which turmente, alas, þou shalt greuously suffre, þat hast no conscience of þis wykked counseile and erroure þat þou art in. For þan þou shalt haue good mende of my wordis þat Y telle þe now, but

1 Pet. 1: 24

Isa. 40: 6

3978 Iosaphat] underlined by R   3989 manquellere] underlined by M

it shal turne þe to litel profite, for þere þou maist do no
penaunce þerfor, and in helle is no forȝeuenes ne redempcion.
But penaunce muste nedis be do while a man is here, and þe
rewarde þerof shal be in tyme to come. For if þe lustis and
prosperitees of þis world were nat passynge aweye, but euer-
more abydynge with his merthe and iolite, Cryst wolde nat
haue preferid his gooddis and his ȝiftis þat ben euer durynge
before hem. But treuly, like as þe sunne is bryȝttere þan is
þe derke nyȝt, riȝt so, and more briȝttere and grettere, ben
þo gooddis and promyssis þat God ȝeuyth to al hem þat
louen hym, þan eny erthely kyngdom and ryches of þe world.
And alwey it is good / to chese þe better þynge, and leue þe
worse. For þe welfare and prosperite of þis world is but
vanyte, as a vision or a dreme, and it is more to trust to a
shyppe þat wawiþ in þe see and euer mouyth, þan to mannys
iolite. Therfor in ful grete foly am þei set in, þat trusten
more in þe prosperite of þe world þat shal haue ende, þan in
þe blis of heuene þat neuere shal haue ende. Fadere, why
vnderstondist þou nat þis wel: þat þou shalt passe hennys
and come to a place þer þou shalt euer abide? Whi wylt þou
[nat] change þe derkenes here for liȝt euerlastynge? Whi
settist þou nat more by lyf þan by deth? Why wylt þou nat
flee fro þe thraldom of þi wykked enmye þe deuyl, and be
reconsiled to God þat is so meeke and merciful? Whi wylt
þou nat forsake þe seruyce of þi fals goddis and ydollys, and
serue one verry God? For þouȝ þou haue synned gretly aȝens
hym in blasphemynge his name longe tyme, and pershid his
seruauntis with harde turmentis, ȝit withoute eny doute he
wyl receyue þe. And if þou wylt turne to hym and aske hym
mercy, he wyl forȝeue þe þi trespas, for he wyl nat þe deth
of a synful man, but þat he turne aȝen and lyue. And he
come doun from heuene aboue to haue vs aȝen þat were in
erroure. And for vs he suffred grete betinge and nailynge on
þe cros and payneful deth. Þus he bouȝt vs aȝen with his
precious blode. / To hym be ioye and preisynge in world
without ende, Amen.'

The kynge was sore agreuyd and astonyed of his sonnys

401-12 no penaunce] underlined by M
underlined by M   4031 nat] om.
M with gloss: destroied

4012 and . . . redempcion]
4037 pershid] underlined by

wordis, þat he kowde nat withseye hem. And also þat he myȝt
nat drawe hym to worshipe his fals ydollys, but euer he dis-
pised hem and set hem at naȝt. The kynge was so obdurate in
malice þat he myȝt nat perceyue his sonnys wordis. And he
myȝt nat do hym no payne ne turmente for kendely loue þat
he had vnto hym. But euer he þouȝt to peruerte hym aȝen.
And also he dredde sore to speke to hym eny more of þat
matere, leste he wolde be more stronge in God, and dispise
his goddis; also to make hymself more wode and angry to do
hym eny euyl. And perfor in grete angre he arose and wente
his weye, and seide: 'Treuly, Y wolde þou haddist neuer be
bore for to become such a blasphemare and dispiser of oure
goddis, and wylt nat obeye to my comaundement þat am þi
fadere, but þou shalt nat longe scorne þus oure goddis. For
here aduersaries þat ben þus rebel aȝens hem shul nat longe
dure. And but þou wylt be obedient to me, and do reuerence
to my grete goddis, Y shal fyrst beete þe with dyuerse peynes
and turmentis, and afterwarde slee þe, nat tretynge þe as a
sonne, but as an enmye and a cursed apostata.'

And whan he had þus thretenyd his sonne and was gone fro
hym in grete anger, þe childe wente aȝen into hys / chamber
and left vp his eyen to God and praide in þis maner: 'Lorde
God, Y crie to þe with al myn herte. þou art my swete hope,
and verry promyssion. þou art þe verry helpe to al hem þat
wyl come to þe. Beholde, Lorde, þe grete sorowe þat myn
herte is in, with þyn eye þat is so merciful, and forsake me
nat, ne go nat awey fro me. But, Lorde, take hede to me, þyn
vnworthy seruante, after þi trewe beheest. For Y know wel,
Lorde, þat þou art makere and prouysoure of euery creature.
þerfor, Lorde, conforte me, þat Y may abide in þi feith and
in þy lawe vnto my lyues ende. Beholde me, Lorde, and haue
mercy on me, and kepe me, Lorde, harmles fro þe wykked
and cursed temptacion of þe deuyl. For now, Lorde, myn
herte is strongly sett in þi desire and loue. And thrustith sore
to drynke of þe welle of immortalitie. Lorde, forȝete nat my
soule into þe ende, but graunte me to suffre al maner aduersite
for þi loue and þy name, and only to do þe my sacryfice. By
þi powere al maner strengþe is made weike and febyl, and

4067 And whan] annotation by I: Nota   4076 prouysoure] under-
lined by M

al febylnes is made stronge and my3ty, for þou art only vn-
superable and my3ty God, and merciful, whom every creature
blissith and glorifieth in world withoute ende, Amen.' And
while he praide in þis wyse, anon he felte þe grete conforte of
God in his herte, / and was fulfylled with grete my3t and
stedefastnes, and al þat ny3t he abode so in his praier.

The kynge anon tolde Arachis, his frende, al þe matere of
his sonne, and of þe hardnes þat his herte was sett in, and of
his cursed wylle þat my3t nat be changed, and asked hym
counseile what was best to do. Arachis answerid a3en and
seide þat he sholde leue his crewel manace and his harde
wordis, and loke if he my3t turne hym with feyre wordis and
glosynge, and asaye hym by þat weye. The nexte day after-
warde þe kynge come to his sonne and sette hym doun and
seyde vnto hym ful mekely and goodly, and toke hym aboute
þe nekke and kyste hym, and seide in þis wise: 'Now, swete
Sonne and wel belouyd, take hede to myn horenes and olde
age, and do after my praiere, and come anon and do sacrifice
to oure goddis, and þou shalt fynde hem so meke and so
gracious þat þei wyl 3eue þe longe lyf and grete prosperite,
and to haue parte of here kyngdom, and þan al men shal do
þe reuerence and worshyp. Treuly, Sonne, it is ful preisable
to be obedient to þy fadere, and namly in goodnes, and also
to loue wel oure goddis. Sonne, why wylt þou bowe fro þe
good wye þat þou were in, and chese a wey þat is ful con-
trari þerto? And þou woldist þat Y sholde chese þe same
weye?' What profite were it to me to forsake þe good wey
and / take þe euyl, and to forsake lyf and chese deth? Treuly,
Sonne, þou woldist make me to go foul out of þe weye. Seest
nat þou wel in how grete laboure and trauaile Y am, bothe
a3ens myn enmyes and also aboute oþer profitis þat Y haue
to do, and suffre gret hunger and thurst, and often tymes Y
am ful wery in my weye, and for werynes Y lye on þe bare
erthe, and how litel pryce Y sette on my tresore and ryches
to make þerof grete templis to my goddis, and how largely Y
spende hem aboute my peple? Trowist þou þat Y wolde be so
large and suffre so grete aduersite and laboure if Y knew þat
þe secte of Crysten men were better þan oure?' And if Y

4092 Arachis] *underlined by R*   4095 Arachis] *underlined by R*
4107 preisable] *underlined by M*

knew þat it were þe better lyf Y wolde sone forsake al þat Y
125 haue for myn owen helthe. Whi reprouyst þou myn ignor-
aunce and inexperyence of such gooddis? Take hede how
many nyȝtys Y haue leye without slepe, sekynge questions
necessarie to my purpos, and Y myȝt neuer haue reste til þe
tyme þat Y myȝt fynde an open and a conuenyent solucion
130 þerof. Y haue souȝt al maner weyes of þes wordly gooddis,
wheþer þei ben profitable or nat, and also of al oþer þynge
þat is vnder þe sunne þat ben worshiped as goddis, wheþer
Y sholde dispice hem or nat. And hereto Y haue take hede
and souȝt with al my power for to fynde þe trewe weye
135 þerof. And also Y haue besely souȝt, and many dayes Y haue
91 / spendid þeraboute, and called many wyse men to counseile.
Also Y haue spoken and enquyred of þes Crysten men how Y
myȝt knowe þe trewe wey and most riȝtful. And treuly, Y
haue wel founde þat þer is non oþer ryȝt weye but þat we be
140 in now, þat is, for to serue oure grete goddis, and to haue þis
ioly lif and merye þat is ȝouen to al men by hem, þat is ful
of ioye and of delite, which þes pryncis and bysshoppis of þe
peple of Galilee haue reproued and haue put aweye, al þe
merþe and solace þat oure goddis haue graunted vs, for þe
145 hope of anoþer lyf þat is vncerteyn. Therefor, dere Sonne,
take hede to me, þat haue serchid besely þerof, and haue
founde þis lyf most certeyn. And þis Y haue chosen, and wyl
kepe it for þe bettere. And Y desire, Sonne, þat þou be nat
brouȝt into erroure, but folowe me and beleue as Y do, and
150 drede þy fadere. Good Sonne, woste nat þou wel how good
it is a chylde to be obedyent to þe fader, and for to make
hym glad and mery, and how cursed it is for to angre þe fader
and to sette at noȝt his comaundement? For al þo þat done
so shal neuer come to a good ende. Treuly, Sonne, þou art
155 one of hem. But ȝit, Sonne, if þou wylt be obedient to me
þi fadere, and make me mery and glad, þou shalt haue moche
good, and also my blyssynge, and ben eyre of al my kyng-
dome.'

91v   Iosaphat herde wel þe vayne speche and / þe glosynge of
160 his fader, and sawe how he was in purpos to make his soule
to lese euerlastynge conforte. He þouȝt on þe comaundement
of God þat seide: 'Y come nat to sende pees but a sworde. Matt.
10: 33

4159 Iosaphat] *underlined by R*

And Y come to departe þe sonne fro þe fadere, and þe
douȝter fro þe moder. And who þat louyth fadere or modere
more þan me, he is nat worthy to be my disciple.' And: 'Who
þat denyth me before men, Y shal deny hym before my
Fader þat is in heuene.' This he þouȝt, and sette faste his
soule in desire and loue of God, and þouȝt also on þe wordis
of Salomon þat seide: 'There is tyme of loue, and tyme of
hate, tyme of bataile, and tyme of pees.' And þan he praide
as dede þe prophete Dauyd, and seide: 'Lorde God, haue
mercy on me, for my soule trustith al in þe. And Y shal hope
in þe keuerynge of þy wyngis, tyl wykkidnes passe aweye',
and so he spake for al þe psalme. And whan he had praide
þus he seide to þe kynge: 'Fader, natural kende techith vs to
be obedient to oure fadris comaundement, and to do hem
seruyce in al goodnes and loue. But where þe fadris desire is
sett to brenge þe sonne into grete perel, and to withdrawe
hym fro God, than be we nat bounde to obeye oure fader,
but rather hate hym and go fro hym. Treuly, if fader or
moder or kynge bydde vs to forsake / God, we sholde take
non hede to hem. Therfor, Fader, it is vnpossible to make me
to forsake God to fulfylle by wyl and þi desire. Wherefor
labour no more þeraboute, but rather beleue þat we mow
both serue one God þat is makere of al thynge vysible and
vnuysible. For þo ydollis þat þou worshipist ben made with
mennys handis, and ben dumme and deef, and noþynge may
ȝeue to here worshipers but euerlastynge payne and turmente.
And if þou wylt nat do þus, do with me what þou wylt. For
Y am þe seruaunt of Iesu Cryst, and þer shal neuer flaterynge
ne turment departe me fro his loue, as Y haue tolde þe before.
And because þou seidest before þat þou wylt algatis don euyl
and by besy inquysicion hast founde treuly þat it is good to
serue þes ydollys, and lede þi lyf in lust and likynge, perfor Y
wyl seye noþynge to þe of þe better weye, for treuly, þou art
in grete derkenes and ignorance, and wylt nat se þe verry lyȝt
þat neuer may fayle. Therfor, Fader, Y wyl þat þou know
wel þat þou art in erroure and out of þe riȝt wey, and louyst

Matt. 10:33

Ecc. 3:8

Ps. 57:1

4165 more] more þat, þat cancelled   4169 Salomon] underlined
by R   4171 Dauyd] underlined by R   4173 keuerynge of þy
wyngis] underlined by M   4192 algatis] underlined by M with gloss:
nedes

bettere derknes þan lyȝt, and deth better þan lyf, and wenyst
it be ful profitable to þe, and treuly, it is nat so. Also, þes
goddis þat þou worshipist ben but þe ymagis of þe deuyl, and
þe deuyl worchip in hem. And also þis presente lyf þat þou
holdist so iocunde and mery, and hast so grete a delite þerin,

is nat so mery as / þou wenyst, but treuly, it is abhomynable
and a cursed lyf. And þouȝ it be here lusty and lykynge to
his louers, hereaftere it shal be to hem more bytter þan galle,
and sharper þan eny twohande sworde. Treuly, Y can nat *Heb. 4: 12*
telle þe al þe euyl þat comyth þerof, for it may no more be

numbryd þan þe grauel of þe see. And þis present lyf is þe *Ps. 139: 18*
hoke of þe deuyl, keuered aboue with abhomynable luste as
with mete, wherewiþ he begileth þe peple and drawith hem
to helle. But treuly, þe gooddis þat ben behote be my Lorde,
þat þou holdist vncerteyn, ben trewe and vnchangeable and
endeles, and may nat be corupted. There may no tunge telle

þe gretnes of þat ioye and deliȝe þat is euer durynge. For as
þou seest wel, al we shul deye, and þer is no man but he shal
be deed. And aȝen we shul arise whan oure Lorde, þe Sonne
of God, shal come with grete maieste and vertu, þat is Kynge
of Kyngis, and Lorde of Lordis, to whom euery knee shal
bowe, of heuenly þyngis, of erthe, and of helle. And he shal
þan be so sterne þat al þe angelis of heuene shul be aferde.

Than an Archangel shal blowe a trumpe, and anon heuene *Isa. 34: 4*
shal be folde togidre as a booke, and þe erthe shal breke, and *1 Cor. 15: 52*
sende out al mennys bodies þat were deed syþ Adam was
made unto þat day. And þan al þo þat were deed in a twynkel-
ynge of an eye shal stonde at þe barre before God, / and ȝeue
an answere of here dedis. Than þe ryȝtful men shul shyne as *Matt. 13: 43*
þe sunne, þat han beleuyd in þe Fader, and Sonne, and Holy
Gost, and endid þis presente lyf in good workis. Ȝ can nat
telle þe al þe ioye þat þei shul haue þere. For here ioye is *1 Cor. 2: 9*
more þan eye may se, or eere may heere, or herte þynke, þat
God haþ ordeyned for his louers in þe kyngdom of heuene,
and euer to be in euerlastynge bryȝtnes. Such ioye, goodnes,
and blys shul þe ryȝtful men haue. And þey þat wyl nat
know verry God þat is here makere, but haue loued þe deuyl,
and luste and lykynge, and þe vanyte of þis world, and haue
be wrappyd in synne, and leuyd al here lyf in wykkidnes, þey

4221 sterne] *underlined by M*

shul stonde naked and confunded, and be made reproue to
euery creature. For al þat euer þei haue do in worde and dede
and þou3t þere shal be fore here face. Than aftere here
reproue and confusion þei shal be caste into euerlastynge fyre
and into depe derknes, where shal be wepynge and gnasshyng
of teeth. And wormes þat ben vndedly shul euer be gnawynge
on here flessh. This is here parte and here heritage. Þus þei

Mark 9:43
Luke
13:28

shul be turmentid without ende, because þat þei dispised þe
gooddis þat were behoten hem of God for þe temporal luste
of synne, and chosen euerlastinge dampnacion. Also in þat
oþer syde, it is worthi þat we suffre here in þis lyf grete tur-
mente / and grete confusion, and nat only to 3eue almas, but
al oure body and oure soule for to gete vs þat wonderful ioye
and blys of heuene, for to shyne bry3t with angelis, and to be
trustly with oure Lorde God Almy3ty. Who is so grete a fole
but he wolde rathere suffre a thousand temporal deths þan to
haue euerlastynge deth, and also to haue lyf vndedly, and to
shyne bry3t in þe si3t of þe Holy Trynyte?'

And whan þe kynge had herde his sonnys wordis, and con-
sidered wel his stedefastnes and þe strengþe of his herte, þat
he wolde neyþer obeye to his flaterynge and glosynge, neyþer
to his manas and thretynge of payne, he wondred gretly of
his wordis and answeris þat his owen conscience 3aue hym
þat he seide hym trewthe and ri3t, but he withdrowe hymself
a3en, for he was so obdurate in euyl custome of synne, and
was so faste bounde þerin, þat he my3t haue no knowynge of
trewþe. Wherefor he for3ate al his sonnys wordis, and þou3t
to performe his owen fals entente and purpos by þe conseil
of Arachis as was ordeyned before. And þan he seide to his
sonne: 'Thou sholdyst in eny maner be obedyent to þy fader,
and do my comaundement, but because þou art so harde, and
so inobediently struyst with me, and wylt raþer do þyn owen
wylle þan my wylle, lete / vs bothe leue þis ydel struyynge,
and we wyl go bothe togydre to knowe þe verry treuthe. And
because þat Barlam þat haþ peruertyd þe is in my presoun, Y
shal do come al oure maistris, and also þe Crysten peple, and
Y shal sende my sergeauntis to euery place in my londe, and
crye þat non Crysten man be aferde, but boldely come to me

4246 behoten] underlined by M   4252 trustly] underlined by M
4266 Arachis] underlined by R   4272 Barlam] underlined by R

in al haste, oþer to folowe Barlam in ȝoure owen desire, or
ellis to be obedyent vnto oure comaundementis.'

Iosaphat vnderstode wel, by vysioun þat God sente hym,
his fadris deceyte, and seyde: 'The wylle of oure Lorde be
do, and, Fader, do as þou hast seide. And Lorde God Almyȝty
ȝeue vs grace þat we go nat out of þe weye of treuthe, for my
soule trustiþ in hym, and he shal haue mercy on me.' Than þe
kynge sente fast aboute his lettris and commyssions to toun
and cyte, þat no Crysten man sholde be aferde, but sholde
come to hym saue and sure, for to heere þe grete disputacion
and to stonde with here maister Barlam. And also on þat oþer
syde, al þe Bisshoppis and philosophers and astronomyeris,
and al þe wyse men of Caldee and of Ynde, he bade þei sholde
al come to hym þat myȝt be founde in þe londe, and also his
wycchis and enchaunteris, to dispute aȝens Barlam. |

Than þere come before þe kynge a grete multitude of peple
of þis cursed secte. And þer was but one Crysten man founde
to helpe þe kyngis sonne, and his name was Barachias. And
some wende he had be Barlam. For some of þe oþer Crysten
peple þorouȝout þe kyngdom were kylde by þe wykked
prynce, and some hyd hem in hillis and dennys for drede.
And many dredden þe kynge, and durst nat come þere, but
serued God by nyȝt, for þei durst nat serue hym openly. But
þis Barachias was stronge in his soule, and come alone to þat
grete disputacion.

Whan þis peple was gadered togydre, þe kynge sett hyn vp
in his seete and bade his sonne sitt by hym. The childe dede
reuerence and worship to his fader, and wolde nat sytt by
hym, but sate doun on þe grounde nat ferre fro his fader.
There sate doun also many wyse men and kunnynge, whos
wysdom God 'turned al to foly', as þe apostle seith. They
wende þey were wyse, and þei were made but folys for to
change þe reuerence and þe worshyp of God into lyknes
of deed men and of serpentis and beestis of foure feete. Al
þes were gadered aȝens þe kyngis sonne and hem þat were
with hym, so in hem was fulfylled þe parable þat seiþ: 'The

1 Cor.
1: 20

Rom. 1: 21

4276 Barlam] *underlined by* R
4286 Barlam] *underlined by* R
4293 Barachias] *underlined by* R
4298 nyȝt] nyȝt op, op *cancelled*

4278 Iosaphat] *underlined by* R
4290 Barlam] *underlined by* R
4294 Barlam] *underlined by* R
4299 Barachias] *underlined by* R

gote wente to fyte aȝens þe lyon.' But Iosaphat put his trust
al in God and in his helpe, and kepte hym in þe keuerynge of
/ his wyngis. And þe oþer peple trusted in þe deuel, and in þe

Ps. 57:1   pryncis of þis world, whom þei obeyed as wrechid sogettis.

There was Nachor brouȝt forth, þat made hymself Barlam.
And whan þey were al comen, þe kynge seide to his philoso-
phers and maistris þat were but folys in here soule: 'Lo, Syris,
here shal be today a grete conflicte and disputacion betwene
ȝou and Barlam, þat here is presente, and ȝe shul haue one of
twey þyngis. Oþer ȝe shul ouercome þis Barlam and hem þat
ben wyþ hym, and haue of vs a grete rewarde and worshyp,
and be crowned with crownys of victorye, or ellys if ȝe be
ouercome, ȝe shul be put to deth with al maner confusion,
and al ȝoure gooddis shal be ȝeuen to 'þe' peple, and ȝoure
bodyes shul be caste out to be deuowred with wylde beestis,
þat neuermore shal be mende of ȝou in erthe. And Y shal put
ȝoure chyldren into euerlastynge thraldom and seruage,'

And whan Iosaphat herde his fadere sey þus he spake and
seide: 'Treuly, Syr Kynge, þou hast ȝeue now a ful riȝtful
iugemente. God kepe þe in þis wylle, and þe same Y seye to
my maister.' And þan he turned hym to Nachor, and seyde:
'Barlam, knowyst nat þou wel in what ioye, and delite, and
prosperite þat þou fondist me in, and in þy wordis þou badist
me to forsake my fadris lawys, / for to serue a God þat Y
knew nat, and to put al my mende to folowe þy Lorde, for
þe beheest of þo gooddis þat ben euerlastynge, and to forsake
my lorde and my fader, to folowe Cryst. Therefor stonde
faste in þyn owen doctryne, for if þou haue þe better in þis
disputacion, and prouyst þy doctryne good and trewe þat
þou hast tauȝt me, and þes men ful of erroure þat þis day
shul dispute with þe aȝens vs, þou shalt haue more ioye þan
eny man euer had, and þou shalt also be clepyd þe prechoure
of trewthe, and Goddis knyȝt, and þan Y shal abyde in þy
doctryne, and serue Cryst into my lyues ende. And if þou

4312 Iosaphat] *underlined by R*
4315 sogettis] *underlined by M*
4316 Nachor] *underlined by R*   Barlam] *underlined by R*   4320 Bar-
lam] *underlined by R*   4321 Barlam] *underlined by R*   4325 þe]
an interlinear addition by R   4328 seruage] *underlined by M*
4329 Iosaphat] *underlined by I*   4332 Nachor] *underlined by R*
4333 Barlam] *underlined by R*   4337 beheest] *underlined by M with
gloss: promise*

be ouercome, and þe trewþe be shente by þe, Y shal anon
be vengyd vpon þe, and with myn owen hondis Y shal drawe
out þyn herte out of þi body, and þy tunge out of þyn heed,
and þy body shal be deuowred with wylde beestis, þat al
men shul lerne by þe þat no man presume ne take vpon
hym to brynge a kyngis sonne into erroure.' And whan
Nachor herde þes wordis he was ry3t sory and hevy, and he
saw wel þat he was falle into þe dych þat he had made   Ps. 7: 15
hymself, and kau3t in his owen snare, þat hym þou3t a   Ps. 31: 4
swerde smote hym into þe herte. And þan he þou3t in   Ps. 37: 15
hymself þat it was better to turne to þe kyngis sonne and
defende his side, to ascape þe perel þat he was set to, and
rather to suffre deth þan to do a3ens his wylle. Al þis was
done / by þe ordynaunce of God þat euer defendith al
hem þat trusten in hym. Also to here bothe wordis acordid
al þe fals ydolatrers, and also Nachor, þat dede as Balam þe   Num.
fals prophete, which at þe byddynge of Balach sholde haue   22: 24
cursed þe peple of Israel as he had purposed, but he dede þe
contrarye, and blyssed hem by þe ordynance of God. Ri3t
so God turned þe speche of Nachor in þe same wyse, and
spake al a3ens here purpos.

The kynge syttynge in his seete and his sonne also, as we
haue seide before, þere stode vp al þe philosophers and
maistris of þe lawe þat made here tungis sharpe as a swerde
for to distroye þe trewþe. In whom was fulfylled þe prophecie   Ps. 64: 3
of Dauid þat seiþ: 'Thei haue conceyued sorowe and haue   Is. 59: 4
bro3t forth wykkednes.' Also þyder come inumerable peple
to beholde þis conflicte, and to se wheþer parte sholde haue
þe better and þe victorie. Than one of þe wysest of al þo
philosophers seide vnto Nachor: 'Thou art þat Barlam þat so
cursedly and shamefully puttist al maner reproue to oure
goddis, and hast bro3t oure kyngis sonne into erroure, to
serue and to beleue on a man þat was done on þe cros.' To
whom Nachor answerid and seide: 'Y am Barlam þat dispice
þi goddis as þou seyst, but Y haue nat bro3t þe kyngis sonne
into erroure, but Y haue delyuered hym out of erroure, and

4346 shente] underlined by M   4352 Nachor] underlined by R   4361 Na-
chor] underlined by R   4362 Balach] underlined by R   4365 Nachor] under-
lined by R   4369–70 þat...trewþe] underlined by M   4371 conceyued] con-
ceyued sym, sym cancelled   4375 Nachor] underlined by R   Barlam] underlined
by R   4379 Nachor] underlined by R   Barlam] underlined by R

Y haue reconsiled hym to verry God Almy3ty.' The maister
seide a3en vnto hym: / 'Sith þat wyse men and vnnumerable f.
þat were experte in al science and wysdom haue seide and
tau3t þat oure goddis ben immortal, and al þat euer haue ben
in erthe, emperouris, kyngis, and oþer gret men, also haue do
to hem worshyp and sacryfice, how darst þou onys meve þi
tunge a3ens hem, to speke eny such wordis to seye þat þei be
no goddis, but only he þat was done on þe cros?' Nachor
toke hede þis philosophre and seide þat he was worthy to
haue non answere. But þan was made grete silence and pees,
and he spake such þyngys þat were nat in his purpose, as þe
asse spake vnto Balam, and seide to þe kynge: 'Syr Kynge, Y
come into þis world by þe ordynaunce and proudence of
God, and Y consydere wel heuene and erthe, þe see, þe sunne
and moone and sterrys, and Y merueile gretly of here ordy-
naunce. Y considere wel þe world, and al þat is þerin þat am
mevyd after here here necessite. And Y haue wel vnderstonde þat
God holdith it and mevyth it, and he þat mevyþ a þynge is
strengere þan þat þynge þat is mevyd, and he þat holdith a
thynge is stronger þan þat þynge þat is holden. Therfor Y
sey þat he is God þat haþ ordeyned and holdith al þynge in
his honde, which is wiþoute begynnynge and without ende,
vndedly, euerlastinge, noþynge nedynge, and is aboue al
mannys passions, þat is wreth, for3etynge, ignoraunce, / and f.
such oþer. By hym al þynge is ordeyned. He nedith no sacri-
fice ne offerynges, but euery man nedith to do hym sacryfice
and offrynge.' And whan he had seide þus of God, by Goddis
ordenaunce and sufferaunce þan he seide in þis wyse: 'Lete
vs go now to mankende and se þer who ben in treuthe and
who ben in errour.

'Syr Kynge, it is wel knowen to vs al þat þer ben þre kendis
of men in þis world, þat ben paynemys, þat worshipen þes
fals ydollis, Iewys, and Crysten men. And þes paynemys þat
worshipen þes fals goddis ben devyded in þre partees, þat is
to sey, in Caldees, Grekys, and Egypcianes. For þes weren þe
first princis and maistris before al oþer peple þat dede wor-
shipe and sacryfice vnto dyuerse goddis. Now 3e shul se by
resoun which ben in trewþe, and which in errour. Thes
Caldees, nat knowynge here God, þei don here worship and

Num.
22: 28

2 Pet.
2: 16

4389 Nachor] *underlined by R*   4393 Balam] *underlined by R*

here sacryfice rather to þe elementis þan to here makere. And of þe elementys þey maden ymagis in lyknes and fygure, of heuene, of þe erthe, of þe see, of þe sunne and moone, and of al oþer elementis and planetis, and sett hem in templis, and dede hem reuerence, and called hem here goddis, and kepte hem with stronge warde, þat no man sholde bere hem aweye. And þey vnderstode nat þat he þat kepith a þynge is more stronge þan þat / þynge þat is kepte. And he þat makiþ a þynge is strenger þan þat þynge þat is made. Than siþ þes goddis be nat in powere for to kepe hemself, how sholde þei þan be in power to kepe and saue oþer peple? Therefor, treuly, þes Caldees weren in grete erroure to worshipe suche ydollis þat ben vnprofitable and deed. And so, Syr Kynge, Y merueyle gretly þat þo þat were here philosophers and fyrst fynders vnderstode nat þat þe elementis and planettis be corruptible. Therefor, sith þes elementis ben corruptible and sogett to here makere, how sholde here ymagis þat ben made to here reuerence and worshyp be goddis? Now, Syr Kynge, Y shal telle þe and shewe how þes elementis and planetis be no goddis, but coruptible and changynge, and made of noȝt by þe byddynge of God þat is incoruptible, vnchangeable and vnuysible. He sethe al þynge and changith and transposiþ as he wylle.

'They þat seyn þat heuene is God, þei am in grete erroure. For we se wel þat heuene meuith and goth aboute as he is ordeyned to, wherefor it is called Cosmos. And Cosmos is nat ellis to sey but þe makynge and þe forgynge of a crafty man. So heuene is made, and haþ boþ begynnynge and end-ynge. Also it meuith aboute with al his aparaile after his necessite. For / þe sterris ben borne aboute in here ordre and space fro signe into signe, and now þei gon doun, and now þei ryse vp in here course to shewe both somere and wynter, by þe ordynaunce of God, and passen nat here termys ne cours out of here kende. And þus it is of al þe apparaile in heuene, wherefor we may wel knowe þat heuene is nat God, but þe worke of God.

'They þat seyn þat erthe is a god, þei erren gretly. For we se wel þat erthe is soget to man, and suffrith grete oppressynge.

425
407v
430
435
440
445
98
51
55

4443 wylle] *set into following line, bracketed by R*   4446 Cosmos[1]]
annotation by I or M: χόσμος   4449 aparaile] *underlined by M*

It is dolven and caste abrode, and it is made some tyme vn-
profitable, for it be brente. It is deed and may brynge forth
no froyte, as a man may se wel by a shelle, whereof þer may
noþynge come. Also if it be drenchid it is loste, and his
froyte also. It is troden vnder foote, both of man and beeste.
It is defouled with deed mennys blode, and it is made þe
cheste of deed mennys bodies. Hereby we may se wel þat þe
erthe is nat God, but þe worke of God, made to mannys
profite.

'Thei þat seyn þat þe water is God, þei arn in grete erroure.
For þe watere is made to mannys vse and soget vnto hym. It
is defouled with moche filthis, it is corupte and stynkynge,
it changith, it is made hote. It is dyed with dyuerse colowris,
it is congelid with colde, it is defouled with blode, and it
wesshiþ awey þe fylthe of euerythynge. Therefor we may se /
wel þat þe water is nat God, but þe worke of God, made to
mannys profite.

'They þat seyn þat þe fyre is God, þei erren gretly. For
fyre is ordeyned to mannys vse, and soget to hym. It is born
aboute fro place to place þat to ȝeue man liȝt. It sethiþ and
roostith flessh, and also it brennyth deed mennys bonys. It
softith metalle. And hereby we may se wel þat þe fyre is nat
God, but þe worke of God, made to mannys profite.

'Thei þat seyn þat þe wynde is God, þey arn in grete erroure.
For þe wynde is ordeyned for mannys profite to dryve shyp-
pis fro one cuntrey to anoþer, to make corne clene and oþer
dyuerse nedis of man. Wherefor þe wynde is nat God, but þe
worke of God.

'They þat seyn þat þe sunne is God, þei erren gretly. For
we se wel þat þe sunne is translated from one syne into
anoþer, and gooth doun, and ryste vp aȝen. It is hote, and
brengith forþ herbis and trees to mannys vse, and haþ his
deuysion with oþer sterrys, and it is moche lesse þan heuene.
Some tyme it lakkith his lyȝt and haþ no powere in hymself,
wherefor know wel þat þe sunne is nat God, but þe worke of
God.

'Thei þat seyn þat þe moone is a goddesse, þei arn in grete
erroure, for we se wel þat þe moone mevith and is translatid

4459 dolven] *underlined by M*
4485 of] *of* o, o *cancelled*

4461 shelle] *underlined by M with*
gloss: asshen

4460
4470
4471
4472
4473
4476
4443
4446
4447
4448

fro signe into sygne, it changith, it goth doun, it ryste vp
aȝen to mannys profite, and is lesse þan þe sunne. It / wexith,
it wanyshyþ, and sometyme inclyspe[þ], and takith his liȝt
of þe sunne. Wherefor we se wel þat þe moone is no goddesse,
but þe worke of God.

'They þat weyn þat a man is a god, þei erren gretly. For a
man is changynge, now ȝunge, now olde, aȝens his wyl. And
sometyme he is glad and mery, sometyme sory. He nedith
both mete and drynke and clothe. He is angry, he is enuyous,
he is coueitous, and oþer while repentaunte. He haþ many
oþer passiones. He is oftetymes corupte by þe elementis, and
hurte of beestis to þe deth. Wherefor man is nat a god, but þe
worke of God, made to be lorde of al erthely creatures. There-
for þes Caldees ben in grete erroure to holde þes opynyons,
to worshipe þes deed ymagis and coruptible elementis, and
make hem here goddis.

'Now lete vs speke of þes Grekis, and se what þei felen of
God. Thes Grekis seyn þat þei ben wyse men, and am but
folis, worse þan Caldees. For þei maken many goddis of men,
and goddessis of wommen, þat were vycious lyuers, and
auctoris of synne and of wykkednes. Wherefor, Syr Kynge,
here wordis ben ful lewde and cursed, þat callen hem goddis
þat ben none, after here owen desire to make hem here
patrones of here synne, for to do lecherie, for to stele, for
to slee, and for to do al euyl and wykkydnes. For here goddis
dede suche synnes, and þei wyl do / þe same. Therefor by þe
fyndynge of here errour fallen ofte tyme grete batailes
amonge þe peple, manslauȝtis and captyuyte. Wherefor we
wyl speke of here goddis by one and one and þan þou shalt
se here grete malice and wykkednes.

'They make Saturnes here god, and principal of al here
goddis, and to hym þei make grete sacrifice. This Saturnes,
þei seyn, had many children by a womman called Rea, and in
his wodenes he eete his children. Also þey seyn þat Iubiter
kutte of his preuy membris and kaste hem into þe see, and
þerof come Venus, þe goddesse of lechery, and how he bonde

4499 wanyshyþ] *underlined by M with gloss:* wayneth   inclyspeþ] inclyspe
4506 repentaunte] *underlined by M*   4513 felen] *underlined by M with
gloss:* sentiunt, thinke   4524 manslauȝtis] *underlined by M*   and]
and oþer

his fader Saturnus and kaste hym into helle. Here þou maist se þe grete erroure þat þey haue aȝens here god. How may God be bounde? þis is inconuenyet. Treuly, þey þen ful lewde. What man þat had wytte and resoun wolde telle such talys? Also þey made Iubiter kynge ouer al oþer goddis, and he was transformed into beestis, for he wolde do lecherie with mortal wommen. They seyn þat he was transformed into a bole for þe loue of Europe, and into gold for Danes, and into a beest called cyngnum for Hydan, and into a satyre for Antiopes, and into lyȝtnynge for Semelles. And of 'here' he begate many sonys and douȝtris. þe fyrst was Sipus, and after hym Arphiones, Hercules, Apolynes, Archennyas, Perseus, Castor and Pollex, Eleyne, Mynea, Rada, Antes and Sarpidona, and opere many mo. Syr / Kynge, is it leeful to a man to folowe f. here synne and to make hem goddis þat were such auctoris of synne and of malice? How may þey seyn þat God is avowtrere and lechoure, or a mankyllere, and namly of his fadere? Also þei seyn þat Vulcanus is a god, and he was lame, and vsed ferrouris crafte with hamer and tongis for to gete his lyflode, for he was poore and nedy. How acordith þis, þat God sholde be poore, nedy, and lame? Also þey seyn þat Curius is a god, and he was couetous, and a stronge theef, and a grete nygarde and a wycche. It cordith nat to a God to be of such condicion. Also þei seyn þat Asclepius is a god, and he was a grete leche, and made many drynkis and emplastris for to gete his lyflode perby, for grete nede þat he had, whom Iubiter smote with a lyȝtnynge for þe sonne of Clarii Lacedomyi. Than if Asclepius were a god, and was slayne with a lyȝtnynge, and myȝt nat helpe hymself, how sholde he þan be a god to helpe eny oþer man? Also þei seyn þat Mars is a god, and he was a grete fyȝttere. And ȝelotes anoþer god, and he had many sheepe and oþer beestis. And at laste for he dede auowtry with Venus, he was bounde faste of Cupido and Wulcane. How may þis be þat God shold be a fyȝtere, couetous auowtrere, and faste bounden? Also þey seyn þat Bachus is a god, and he was þe first fyndere of nyȝt wacchis and of drunkenes, /

4538 into] into a, a cancelled   4542 here] an interlinear addition by I
4546 leefful] underlined by M with gloss: delyghtsom   4549 mankyllere]
underlined by M   4551 ferrouris] underlined by M with gloss: smythes
lyflode] underlined by M   4553 Curius] underlined by M with gloss:
Mercurius

and a takere aweye of mennys wyues. A wode man, and
fleynge aboute, at laste he was slayne of Titan. Syth Bachus
vsed þes cursed condicions and myȝt nat helpe hymself, how
myȝt he be god? Also þei seyn þat Ercules is a god, and he
was wode, and in his wodenes he kylde his owen sonnes, and
at laste he was brente. How myȝt God be of þis condicion?
How myȝt he helpe anoþer man, þat may nat helpe hymself?
Also þei seyn þat Appolynes is god, and he was a grete archere
and an harper, and þerwiþ he gate his lyflode, for he was in
grete nede. How myȝt God be nedy, to gete his lyflode with
an harpe? Also þei seyn þat Diana was his suster and a god-
desse, and she was a grete huntere, and bare bowe and arowes,
and sometyme an harpe. And she wolde walke alone with
here doggis in hylles and wodis to hunte both herte and
hynde. This is inconuenyent to a goddesse to be of þis con-
dicion. Also þei seyn þat Venus is a goddesse, and she was
a comoun womman. For sometyme she toke Mars, sometyme
Euchises, sometyme Adonydes, and she wepte sore for here
louys deth, which also, þey seyn, wente doun into helle for
to delyuere Adonydes fro Serpentina. Syr Kynge, þou maist
se wel þat þei be wode þat callen here a goddesse þat was so
spoken of, ne be had in mende. Wherefor þe peple taken
example of þe condiciones of here goddis and goddessis, and
done lechery and many oþer wykked synnes, and defoulen þe
erthe and þe eyre wyþ here euyl dedis.

'Thes Egipcianes ben more cursed and more folis þan þey,
for þey erren worste of al peple. For þey holde hem nat con-
tente with þe goddis of Caldees and of Grekys, but alone
aboue al hem þei maken of vnresonable beestis of þe erthe
and of þe watere, trees and herbis, and callen hem here
goddis. And þei done moste synne of al þe peple in erthe. For
in þe begynnynge þei worshiped a womman called Ysys, and
she had an hosbonde called Osiris, which was kylde of his

4585 toke] underlined by M   4594 leefful] underlined by M with
gloss: lawfull

brothere Tiphones. And þerfor Ysys fledde with Oro here sonne into Biblyem Sirie, for to seeke Osiris, with grete sorowe and lamentacion til þat Oro was woxen and kylde Tiphones. So neiþer Ysys myȝt helpe here hosbonde, ne Osiris þat was slayn myȝt helpe hymself, ne Tiphanes, þat was kylde, myȝt nat kepe hymself fro destruccioun of Oro. And ȝit þei were nat contente herewyþ, but token also vnresonable beestis and made hem here goddis. Some toke a sheepe for here god, some a kyde, some a calfe, some / an hogge, some an hawke, some an egle, some a cokedrylle, some a catte, some a dogge, some a wolfe, some a dragoun, some an addre, some an oynoun, some garlek, and some a thorne and oþer creaturis. And þes wrecchis vnderstonde nat þat al þes goddis may nat auaile hemself, ne non oþer man, and sawe al day how here goddis were slayne and brente, and men eeten hem, and ȝit þei wyl nat vnderstonde þat þo ben creaturis of God, and no goddis.

'Therfor þes Egypcianes, Caldees and Grekis weren in grete erroure to clepe þes creaturis here goddis, and made of hem ymagis, and dede sacryfice vnto hem. And Y haue grete meruaile how þey sawe here goddis kitte and hewen of crafty men, and by processe of tyme were roten and wastyd, ȝit þei wolde nat vnderstonde þat þei were no goddis. But þe poetis [and] philosophers of Caldees, Grekis, and Egipcianes, in here bookis þat þei made dede hem grete worship and called hem here goddis, to grete harme and confusion of hem alle. Therfor, sith a mannys body is made of many partees, and no parte discordith fro anoþer parte, but al acorden into one body, whi is þere such debate and discorde amonge þe peple, þat be nat al acordynge into one / God? For if þere were amonge hem but one / God, here god wolde neiþer pursue hem, ne kylle hem, ne turmente hem. And if þes goddis kyllen eche oþer, þan is nat in hem one nature of God, but al þei ben deuyded in wylle, and al þei ben cursed and wykked. Therfor, Syr Kynge, we may knowe opynly þe erroure of þes fals goddis. Whi vnderstode nat þis þe wyse men of þes Grekis? For þei þat maken lawe ben demyd by here owen lawe. If lawes ben riȝtful of hem þat done wykkedly, þat is lawe.

4629 poetis] *underlined by* M *with gloss:* fables
4630 and¹] of
4631 and] and calde, calde *cancelled*

645 to sey, of hem þat done manslauȝter, wycchecrafte, thefte,
auowtrye, and such oþer synnes, þan ben þo lawes vnryȝtful
þat demen here goddis fals and vntrewe. But now treuly, þo
lawes ben ryȝtful and good þat preisen al goodnes and for-
bedith al euyl. Also þe workis of þo goddis ben both cursed
650 and wykked, and al þo þat worshypen hem ben acursed and
worthy to haue euerlastynge deth. For þe stories of hem
am but fabelis and iangelynge, and noþynge ellis. Therefor,
Syr Kynge, Y wel shewde þe þe dyuersite of þes fals goddis,
and here workis þat ben ful of erroure and perdicion. Treuly,
655 Syre, it is nat conuenyent to calle hem goddis þat ben vysible
and may nat se, but he sholde be worshiped as God þat is
vnuysible, and may al þynge se.

'Now, Syr Kynge, lete vs come to þes Iewys, and se what
þei felen of God. Thes Iewys come of þe kynrede of Abraham,
560 Isacc and Iacob, and dwelde in Egypte, and God brouȝt hem
02v out þerof with stronge honde and / grete power by Moyses,
his seruaunte, and shewde hem his vertu with many wonder-
ful tokenes and meruailes. But þey were fals and vnkende to
here God, and serued fals goddis, and kylde many prophetis
565 þat were sente vnto hem. Than afterwarde whan it liked þe
Sonne of God for to come doun into erthe, and was borne
of þe maide Marye, þei wolde nat knowe hym, but he was
broȝt before Pylate, and dede hym on þe cros, and token non
hede to þe grete benefettis and myraclis þat he dede amonge
670 hem. And so þey pershyd in here owen wykkydnes. And now
þei worshypen one God almyȝty, but þei wyl nat know þe
Sonne of God. Therefor þei make hemself lyke vnto pay-
nemes, þouȝ þei go somwhat to þe trewþe. This suffycith of
þe beleue of Iewys.

675 'Crysten men ben called Crysten of Cryst þat is þe Sonne
of God, and come doun fro heuene for þe helthe and saluacion
of mankende by þe Holy Goste, and was born of þe maide
Marye without mannys seed, and of here he toke flessh and
blode, and she a mayde before and after. And here he was on
80 erthe amonge þe peple, and brouȝt many men out of erroure,
and to forsake here fals goddis. And after þat he deyde on þe
cros. þe þirde day he aros fro deth to lyf, and fourtý dayes

he was amonge his disciplis, and þan he ascendid into heuene.
And after his ascension, if þou wylt take hede, Syr Kynge, to
holy wryt, his .xij. apostelis wente þorou3out þe world, / al
manere regiouns and prouyncis, and tau3ten þe worde of
God. And one of hem come aboute þis region, and prechid
Goddis doctryne. Wherefor now þei þat done hereafter pre-
chynge and doctryne ben clepid Crysten men. And þey ben
þe peple þat haue founde þe very trewthe, aboue al þe peple
in þe world. For þey knowen God, makere of al þynge, in his
owen Sonne, and in þe Holy Goste, and þey worshipe non
oþer God but hym alone, and þey haue þe commaundementis
of Iesu Cryste in here hertys, and kepen hem and abyden þe
resureccion of deed men, and þe lyf of þe blis of heuene þat
euer shal laste. Thei do no lechery, ne auowtry, ne beren fals
wytnes. þey coueyte non oþer mannys good. þei worshipe
here fadere and modere, þei louen here neghborys. þey
demen ry3tfully, and þei do to non oþer man but as þei
wolde þat were do to hemself. þei ben lowly to hem þat dis-
pisen hem, and make hem frendis. þey louen here enmyes.
þey do good a3ens euyl. þei be meke, and kepe hem from al
vnclennes. þey dispice no wydowe. þei ben helpynge to þe
faderles childe, and he þat hath na3t. If þei se eny pylgryme,
brynge hym into here hous, and haue as moche ioye of him
as of here brother, for þei ben breþeren in soule, þau3 þei be
nat in flessh. þey ben redy to put here owen soulis, for þe
loue of Cryste. þei lyuen holely and ry3tfully as God byd-
deth hem, / and þey þanke God of his 3yftis in euery houre
in meete and drynke. This is þe very wey of trewþe þat
bryngeþ hem to euerlastynge lyf þat is behoten hem of
Cryste Iesu. And, Syr Kynge, þou knowist wel þat Y sey nat
þis of myself of þe holy lyuynge of Crysten peple, but, for-
sothe, þou shalt fynde þat Y telle þe treuthe. This haþ þy
sonne wel vnderstonde, and is tau3t ry3tfully and treuly for
to serue God for to gete hym helthe and þe prosperyte of þe
lif to come. Treuly, þes Cristen men done ful grete þyngis
and meruelous, and þat þey speke be nat mannys wordis, but
þe wordis of God. And al oþer peple ben in erroure, and
begilen hemself in derkenes as drunken men. And treuly, Sir

1 Thes. 5:7

4699 and] and d, d cancelled

Kynge, Y haue seide þes wordis hyderto in verry treuthe, and
þy wyse men ben but folis to speke eny ydel worde aȝens
Cryst. Therfor it is good and spedeful to ȝou al to worshipe
725 God þat is ȝoure makere, and to kepe his doctryne and his
comaundementis, þat ȝe mowe ascape euerlastynge turmente
and dampnacion, to be þe eyres of þe blis of heuene þat
neuer shal haue ende, Amen.'

And whan Nachor had made an ende of his wordis þe kynge
730 was verely wode for angere. And al his grete maistris and
philosophers and preestis of þe templis koude nat speke one
worde, but stoden dumme as stille as a stokke. And þe kyngis
sonne was glad and mery, and þanked God hertly þat saueth
104 al hem / þat trusten in hym. For he defended þe treuthe by
735 þe enmye of treuthe, and þe prynce of erroure was þe aduoket
of þe worde of God. And þauȝ þe kynge were neuer so angry
with Nachor, ȝit he myȝt do hym non harme, because he bade
hym before al þe peple þat he shold sey for þe Crysten feith
withoute eny drede. But he seide þat in purpos þat he shold
740 haue be ouercome by his maistris and clerkys in clere disputa-
cioun, and Nachor euer more and more reproued strongly
here opposicions and errouris. This disputacion lastid nyȝt tyl
euen, and þan þe kynge bade þat it sholde be dissolued tyl
a morowe, and þan þei wolde speke aȝen of þe same matere.

745   Than seide Iosaphat to þe kynge: 'Fader, as þou dedist or-
deyne a riȝtful doome in þe begynnynge, now, good Fadere,
do as riȝtfully in þe endynge, and do one of þes two: oþer
suffre þat my mastere may abide with me tonyȝt, þat we
may speke togydre to ȝeue an answere tomorowe to oure
750 aduersaries, and þou take þy maistris with þe to haue ȝoure
communycacion togydre as ȝe wylle, or ellis lete me haue þy
maistris, and lete my maister be with the. For if boþe were
with þe, þan sholde my maister be in grete tribulacion and
drede, and þy maistris in grete reste and prosperite. And þat,
755 as me semyth, were nat ryȝtfully done, but it were grete
reproue to þy maieste and vnworship.' The kynge was euen
04v ouercome / by his sonnys wordis, and kepte with hym his
philosophers and preestis of þe lawe, and grauntid his sonne

4724 spedeful] *underlined by M*   4729 Nachor] *underlined by R*
4737 Nachor] *underlined by R*   4741 Nachor] *underlined by R*
4745 Iosaphat] *underlined by R*

to haue Nachor. And ȝit þe kynge had grete truste to Nachor
þat he wolde fulfylle in dede þat he had behote hym aforn.

The kyngis sonne wente home aȝen to his palice and was
glad of þe victorye þat he had of his aduersaries, and he had
Nachor with hym, and þan he seyde vnto hym: 'Wenyst nat
þou þat Y know þe, who þou art? ȝis, forsothe, Y wote wel
þat þou art nat Barlam, but þou art Nachor, þe fals wycche.
And Y wondere moche how þou durste make such symulacion
and ypocresy to make me blynde, þat Y sholde nat knowe þe
treuthe for to take, by hyȝ dayliȝt, a wolfe for a sheepe. But

it is wel seide in scripture þat "a folys herte hath al ydel
þouȝtis". For ȝoure þouȝt was but ydel, and ȝoure counseile
voyde and lewde, but þe worke þat þou hast do is ful of
goodnes and vertu. Therefor be glad, Nachor, and Y thanke
þe hyȝly, for today þou hast wel defendid þe treuþe, and nat
defouled þi lyppis with no foule wordis, but þou hast made
hem clene from al fylthis, reprounynge þe erroure of fals
goddis, and tellyng þe treuþe of Goddis doctryne. And Y
brouȝt þe hider with me for twey causis. One is þat þe kynge
sholde nat in his angere ȝeue þe grete turment, for þou seidist
nat þat was plesinge to hym. And also þat Y wolde þanke þe
and / rewarde þe for þe laboure þat þou haddist today to
defende þe treupe. But what trowyst þou þat shal be þy
rewarde? Treuly, nat ellis but to make þe to forsake þe
cursed wey and slyther þat þou art in now, and for to take
þe riȝt wey and trewe which þou hast loste into þis tyme
wylfully, and nat by ignoraunce, in euyl workynge. Therefor
now amende þe, and do after Crystis doctrine, þat þou maist
be his seruant and dispice þe prosperite of þis world. For
þou shalt nat lyue euer here, but þou shalt deye as al oþer
men han before þe. And þou shalt haue grete payne and wo
if þou deye in synne, and be demyd by riȝtful dome into
euerlastynge dampnacion, if þou amende þe nat here ere þou
go hennys.'

Nachor had grete compunccion in his herte of þe wordis of
Iosaphat, and seide: 'Treuly, Syr, þou seist soth. Y know wel

4759 Nachor] underlined by R   Nachor] underlined by R   4765 Bar-
lam] underlined by R   Nachor] underlined by R   4768 by hyȝ day-
liȝt] underlined by M   4772 Nachor] underlined by R   4793 Nachor]
underlined by R

95 verry God and his treuthe, by whom al þynge is made, and Y
know wel his dome þat is to come, for Y haue seye it in
many scrypturis. But euyl custom haþ blynded myn herte,
and haþ made al my þouȝtys ful derke. And now for thy
wordis Y forsake al þe blyndnes þat Y was in, and Y wyl
100 renne fast to my Lorde to haue þe conforte of þe grace of my
Lorde God. And ȝit he may haue mercy on me, and ȝeue me
grace to do penaunce, and now Y wyl be his seruaunt þat
before was a cursed apostata, þouȝ me semyth ȝit impossible
5v to haue forȝeuenes / of my synne, þat Y haue synned in
105 knowyngly fro þe tyme þat Y was borne into þis houre.'

Whan þe kyngis sonne herde þis, anon he was confortid with
þe Holy Goste, and was riȝt glad in his herte. But he saw þat
Nachor was in dispeire, and þo he began to conforte hym and
stable hym in þe feith of Cryste, and seide: 'Nachor, be þou in
110 no doute ne dispeire, for it is possible to God of þes stones to   **Matt. 9: 3**
areise þe children of Abraham, and al þynge to do what he
wylle, as myn holy fader Barlam seide. And þauȝ a man haue
do neuer so grete synne, ȝit he may be saued and be made þe
seruaunt of God, þat of his grete goodnes he openyth þe gatis
115 of heuene to euery man þat wyl turne to hym, and of his
grete mercy he receyueþ hym if he wyl be repentaunt and
sory of his trespas. For þe gospel seiþ þat Cryste ȝeuyth   **Matt. 20: 5**
euery man like rewarde what houre þat he wyl come to hym,
oþer at pryme or at þirde houre, or at vj. or at ix. or at xj.
120 Therefor, þouȝ þou haue be hyderto in synne, if þou wylte
forsake þy synne with a feruente loue and come to God, þou
shalt be made euene felawe with hem in heuene, þat fro here
ȝonge age dede neuer synne.' And whan Iosaphat had seide
þus to hym, and tolde hym many good examplys of penaunce
125 in remyssion of synne, and how Cryst sholde be his mede for
06 his laboure, he brouȝt his soule out of his seeknes of / synne
vnto helthe and saluacion of his soule. And þan anon Nachor
seide to hym: 'Treuly, þou art wel lerned both in body and in
soule of gostly doctryne, and God ȝeue þe grace to abide
130 stedefastly þerin to þi lyues ende, þat it be neuere brouȝt out

4805 knowyngly] *underlined by M*   4808 Nachor] *underlined by R*
4809 Nachor] *underlined by R*   4811 Abraham] *underlined by R*
4812 Barlam] *underlined by R*   4816 repentaunt and sory] *underlined*
by M with comment: allone with penaunce   4823 Iosaphat] *underlined*
by R   4827 Nachor] *underlined by R*

of þyn herte. And Y wyl anon go seeke my saluacion and do penaunce to plese God whom Y haue so gretly offendid. And if þou wylt, Y shal neuer hereafter come in þe kyngis presence ne se his face.' Iosaphat was ryȝt glad hereof, and toke hym aboute þe nekke and kyste hym, and praide hertly to God for hym, and sente hym forth out of his palice to go where he wolde.

Nachor wente forth with grete sorowe in herte til he come into deserte, and at laste he come to an holy heremyte þat was a preest, þat hid hym in deserte for drede of þe kynge. And Nachor fylle doun mekely to þe grounde vnto þe munke, and wepte so sore þat he wyssh his feete with þe teeris of his eyen, as Mary Mawdeleyn dede to Iesu Cryst, and askyd his bapteme. The munke was ful of grace, and vnderstode wel þat it was done by þe ordynaunce of God, and prechid and tauȝt hym many dayes. And at laste he cristened hym in þe name of þe Fader, and Sonne, and þe Holy Goste. And þere Nachor abode with hym, and dede penaunce for his synnes, and þankyd / God þat wyl þat no man pershe, but goodly suffryth a man for to turne aȝen and meekly recyueth his penaunce. And on þe morowe, whan þe kynge herde telle þat Nachor was fledde and gone, he was sory, and al his hope was loste þat he was in. And on þat oþer syde he sawe how al his wyse maistris and philosophers were so lyȝtly overcome, þan he began somwhat to knowe þe infirmyte of his fals goddis, þauȝ he wolde nat as at þat tyme perfitly recyue þe ful knowynge of Criste for þe derke clowde þat was aboute his soule. But berfore he had þe bysshoppis in no reuerence, ne helde no grete feestis, ne dede no sacrifice to his ydollys, but euer his mende was waverynge aboute some tyme knowynge wel þe infirmyte of his goddis, and some tyme dredynge þat was seide to hym beform of Criste Iesu and of his doctryne. But ȝit he vsed euere his cursed maneris to luste and likynge

2 Pet. 3: 9

4834 Iosaphat] underlined by R　4838 Nachor] underlined by R
4841 Nachor] underlined by R　4842 wyssh] underlined by M
4843 Mary] underlined by R　Ihesu] underlined by R　4848 Nachor]
underlined by R　4852 Nachor] underlined by R　4857 his] an
interlinear addition by S; S and R have cancelled here

and to glotonye, and kepte hym euer in his olde custome. And whyle þe kynge stode þus betwene two þouȝtis, his sonne abode at home in his palice, and þouȝt euer on his profession þat he was ordeyned to, and forsoke al luste and lykynge of hawkynge and huntynge / and al maner workis of ȝonge age, and euer he þouȝt on þe comaundementis of God, and was al woundid in his loue, and euer desired to come to hym þat is swetnes euerlastynge. And þan he remembrid hym on his maister Barlam and on his holy lyuynge, and þeron he set al his loue, and besied hym faste how he myȝt come to hym and se hym, and kepte wel his wordis and his doctryne in his herte, as a tree þat is set beside a rennynge watere þat haþ good moystoure and bryngith forþ feire froite. And many soulis he conuertyd to Cryste fro þe deuelis power, and moche peple come to hym for to here Goddis worde, whereþorouȝ many forsoke here erroure and toke þe weye of trewþe, and become hermytis and leuyd in deserte, and hymself was euer in praiere and fastynge, and ofte tymes he seide: 'Lorde God Almyȝty, in whom Y beleue and fle to by conforte, þat am delyuered out of erroure, þerfor, Lorde, ȝeue worþy rewarde to þy seruaunte Barlam, þat brouȝt me to þe, and shewde me þe verry wey of treuthe and of lyf, and graunt me þat Y may sone se hym in body, to lyue with hym into my lyues ende, þat Y may plese þe in folowinge of his holy conuersacion.'

Than afterwarde, aboute þat tyme þat þe grete solemnyte and sacryfice sholde be made in þat cite to here fals goddis, þe kynge / was wonte for to come to þat grete feeste and ordeyne grete araye and puruyaunce þat perteyned to þat solemnyte. And þan he þouȝt noþynge on his sacryfice, wherefor þe bysshoppis of þo templis, seynge þat þe kynge was necligent and made non ordynaunce to þat sacrifice, þey were sory and in grete drede leste þe kynge wolde nat be þere presente. For þan þey sholde lese here grete offryngis and ȝyftis þat sholde be offrydde in þe temple for here profyte. And þerefor al þe bysshoppis with one assente wente into deserte where dwellyd a wycche and a grete nygremanser, and of here owen secte and erroure, whos name

Ps. 1: 3

4868 whyle] y has been cancelled by I, who has inserted an interlinear i
4875 Barlam] underlined by R   4887 Barlam] underlined by R

was Theodas, and þe kynge had hym in so grete reuerence and worship þat he called hym his maister, and by his craftis he gouerned al þe kyngdom. And whan þes bysshoppis and preestis were come to hym, þei praide hym of his helpe in here grete nede. And þey tolde hym how þe kynge was in grete doute of here goddis, and how þe kyngis sonne was peruertyd, and how Nachor openly was aȝen hem; 'And perfor but if þou come and helpe vs al oure hope and truste is loste, and also al þe sacryfice and worshipe of oure goddis is vtterly distroied. Thou art now alone lefte to be oure helpe and conforte, / and in þe we put al oure truste.' Than Theodas arose vp and armyd hym faste aȝens trewþe with þe deuelis power, and called to hym many cursed spyrites þat he knewe moste redy to perfourme his euyl entente, and toke hem with hym and wente to þe kynge, and bare a braunche of olyue in his honde, and gerte hym with a brok skynne. And whan þe kynge herde telle þat Theodas was come, he arose anon of his seete and wente aȝens hym, and toke hym aboute þe nekke and kyste hym, and bade hym to syt doun by hym.

Than seide Theodas to þe kynge: 'Syr Kynge, euer mote þou fare wel, and oure grete goddis mote haue þe in here kepynge. For Y haue herde telle of þe grete conflicte and stryfe þat þou hast had aȝens þe prechynge and doctryne of þes men of Galile, and how þou hast overcome hem. Wherfor þou art worthy to haue þe crowne of victorye. Therfor Y come to þe for to make togydre a grete solemnyte and offrynge to oure goddis þat ben immortal, both to offre ȝonge men and feyre maydenes, an hundred bolys, and many oþer beestis to plese hem and þanke hem, þat þey may be oure defence and proteccion to oure lyues ende.' The kynge answerid aȝen and seide: 'Treuly, Theodas, we haue nat þe victory but we be made riȝt feble and foule overcome, for þei þat we wende had ben wiþ vs, sodenly / þei were aȝens vs, and al oure maistris and philosophers were anon overcome. Therfor now if þou canste eny conseile for to helpe me to mayntene vp oure secte, Y pray þe telle me.' Than Theodas

4905 Theodas] *underlined by R*
4915 Theodas] *underlined by R*
4924 Theodas] *underlined by R*
4941 Theodas] *underlined by R*

4911 Nachor] *underlined by R*
4921 Theodas] *underlined by R*
4935 Theodas] *underlined by R*

Is. 69: 6

seide to þe kynge in þis manere: 'Syr Kynge, drede nat þes
vayne spechis of þe cristen peple ne here wiles, þat þey haue
spoken aȝens oure wyse men and maistris. For if Y had herde
hem Y shold more lyȝtly haue concluded hem þan a leef þat
fallith with þe wynde. And to my wordis þei sholde neuer

945 answere, ne make interrogacions ne opposicions before my
face. And þat we may haue þe better of hem, and do what we
wylle, and haue oure owen purpos, first, Syr Kynge, go we to
þis grete solemnyte and praye oure goddis of helpe, and do
hem sacrifice and offrynge, and make þe stronge vnder here

950 proteccion, and þan þou shalt haue al þyn owen wylle
and purpos.'

The kynge was glad of þis counseile, and by þe temptacion
of þe wykked spirites þe kynge turned to his olde malice, and
forȝate al þe good wordis of his saluacion þat he had herde

955 beform, and were somwhat prentid in his herte. And anon he
sente his messangers aboute with lettris and commyssyons
þorouȝout þe londe, and comaunded al peple to come to þe
grete solemnyte and do sacryfice and offrynge to his fals
goddis. Than come þider grete multitude of peple, and brouȝt

960 with hem sheepe and oxen and many / oþer beestis to þe
sacrifice. And whan al men were come togydre þe kynge
arose and toke Theodas with hym, and wente to þe temple,
and brouȝt with hem to þe sacrifice j.c. and .xx. bolys and
many oþer beestis, and þer þei dede þat cursed solemnyte, so

965 þat þe crye of þe beestis þat were slayne and brente was
herde ferre aboute, and þe eyre was pollute with þe smoke.
Whan þis solemnyte was done þe wykked spirites were ful
glad, and þe bysshoppis of þe temple þankyd hertly Theodas
for his grete laboure. The kynge wente aȝen to his palice and

970 seide to Theodas: 'Now we haue done after þy counseile and
brouȝt to an ende þis grete solemnyte to oure goddis. Now it
is tyme þat þou fulfylle þi promys to delyuere my sonne out
of crysten mennys beleue, þat haþ forsake al oure goddis, and
to reconsile hym aȝen vnto hem, to aske hem forȝeuenes of

975 his trespas. For Y haue done al þat euer Y can to brenge hym
out of his erroure, and it is neuer þe bettere, but euermore
worse and worse. And also Y haue asaide hym some tyme

4963 Theodas] *underlined by R*   4969 Theodas] *underlined by R*
4971 Theodas] *underlined by R*

with manas and sometime with feimes, and ȝit Y myȝt neuer
change his þouȝt, but euer he wolde haue his owen wylle.
Wherefor now my truste is al in þe, and al þynge Y put in þi
wysdom and discrecion. And if Y se þat þou turne my sonne
to oure goddis and haue his delite in þis world, Y shal make
an ymage of gold in þy name, / and set it vp amonge oure
goddis, and Y shal do þe sacrifice and Y shal make al peple to
do þe worship and reuerence euer without ende.'

Than Theodas helde his eere to þe wykkid spirites þat he
had with hym and lernyd of hem a wykked counseile and a
cursed, and þan he seide to þe kynge: 'If þou wylt rekeuere
þy sonne and put awey his shrewdnes, Y haue founde a crafte
þat shal sone turne hym, and his þouȝt shal be made nesshe
and mylte as wexe aȝens þe fyre.' The kynge was ȝit in doute
of his grete pryde and bostful wordis, and þouȝt þat he
kowde nat ouercome his sonne þat was so ful of þe grace of
God and of his doctryne, and asked Theodas what crafte he
wolde do. Than Theodas made hym redy to performe his
malice, and toke counseile of his wykked spyrites, and seide:
'Syr Kynge, put awey fro þy sonne al his seruauntis þat ben
aboute hym, and lete no man be with hym, and sende in to
hym þe feirest wommen þat may be founde, and wel araide,
and lete hem be his seruauntis, and be conuersaunt with hym,
for one of my spirites haþ tolde me þat after he haue medlyd
with one of þo wommen, truste wel þat she shal turne hym.
And if he turne nat, þan Y ȝeue þe leue to ȝeue me grete
payne, and neuer to come more before þi face, for þer is
noþynge in þe world þat shal so sone turne þi sonne as shal
a womman, and hereof þou / shalt heere a good example.

'There was sometyme a kynge and he had no childe, where-
for he was riȝt sory. At laste he had a sonne, and þan he was
glad and mery. And whan he was borne his philosophers and
maistris seide þat if þat chylde sawe within .x. ȝere eny sunne
or fyre he shold be blynde by his predestynacion, and by þe
siȝt of his eyen. And whan þe kynge herde þis he lete make a
grete denne vnder erthe, and þerein he put his sonne with his
norsis, þat he sholde se no lyȝt til þe .x. ȝere was endid, þe childe was brouȝt
and go. And whan þe .x. ȝere was endid, þe childe was brouȝt

4987 Theodas] underlined by R　4991 nesshe] underlined by M with gloss:
softe
4993 bostful] underlined by M　4995 Theodas] underlined by R

out of þat denne for to haue siȝt and knowynge of worldly þyngis. Than þe kynge bade þat al maner þynge sholde be brouȝt before hym, and eueryþyng shewde to hym in his kende, men in o place, wommen in anoþer, here gold, here syluere, here precious stones, clothis of gold, gay horse trappid and araide in gold and syluer and armed men vpon hem, grete themys of oxen, grete flokkys of sheep, and so shortly euer-þynge was shewde to þe chylde in his kende and ordre. And þan þe chylde asked what was þe name of eueryþinge by itself. A man þat was ordeyned þerto tolde here namys by and by. And whan þe chylde askid what was þe name of þe wommen, þe man answerid in a iape, and seide: "þes ben þo deuelis / þat deceyueþ men." And þe childis herte had more desyre to hem, þan to al oþer þynge þat he sawe. And whan he had seyn al þynge þei broȝt hym before his fadere. Than þe kynge askyd hym what he loued best of al þynge þat he sawe. "Treuly, Fader," quod he, "Y loue noþynge so wel as Y do þo deuelis þat deceyueth men, for þer is noþynge þat Y sawe today þat lyketh me so wel as þei done." The kynge had grete wondere of þe childis wordis, and asked what it mente. The man þat tolde hym þat name seide þat is was wommen, and treuly, Syre, hereby þou maist wel se þat wommannys loue is ful changynge. And herefor wyte þou wel þat þou shalt neuer ouercome þy sonne but by þis maner.'

þe kynge was glad of þis counseile, and anon he ordeyned þe feirest wommen þat myȝt be goten, and araide hem won-derly wel, þat þey myȝt turne his sonne. And þan he put out of his sonnys palice al his seruauntis, and ordeyned þo wom-men, and put hem in here place, and þey were al besy aboute hym, and made hym glad chere, and klypte hym and kyste hym for to styre hym to luste and lecherye as fere as þei myȝt in worde and dede, by þe comaundement of þe kynge. And þere was no man þat he myȝt se or speke with or eete with, but þo wommen þat laboured fast aboute hym to styre hym to here loue. Theodas wente aȝen to his cursed / celle and loked on his bokys þat he was wonte to worke by, and þere he called one of his spirites and sente hym to fyȝt aȝens

5023 themys] underlined by M 5025 eueryþyng] eueryþyng euery-þyng, second cancelled 5039 herefor] underlined by M 5051 Theo-das] underlined by R

Goddis knyȝt. Treuly, þe wrecche Theodas knew ful litel what confusion he sholde haue for al his deuelis crafte. The wykked spyryt toke with hym oþer spirites worse þan he, and wente to þe kyngis sonnys chambere, and tempted hym strongly to luste of þe flessh. And þan Iosaphat, what with þe temptacion of þe deuyl within hym, and what with þe siȝt of þe feyre wommen without hym, he was sore styred to þe luste of his flessh. And whan he felte in his soule þe fals sogestions of þe deuyl, and þe grete bataile þat he had in his þouȝtis, he was sore turbelid, and praide God to haue helpe of þat grete euyl, and to kepe hym clene to Cryste, and nat to defoule þat holy baptem þat he had receyued by þe grace of God. Than he set þe loue of God aȝens þe loue of þe wommen, and remembrid hym on þe ioye of þe blis of heuene þat clene soulis shul haue, and of þe weddynges of þe spouse immortal, wherefro al synful peple shul be dryve out and caste into euerlastynge derknes. This was euer in his þouȝt, and wepte sore, and smote his breste, and praide to God þat al euyl þouȝtis myȝt be put awey fro hym. Than he arose and helde vp his handis and prayde to God for helpe and seide: /

'Lorde God Almyȝty ful of mercy, hope and helpe of al synful peple, haue mende on me þyn vnworþy seruaunt in þis houre, and beholde me with þy mercyful eye, and delyuere my soule fro þis cursed temptacion of þe deuyl, and suffre me nat to falle into myn enmyes hondis þat þei þat haten me. Be nat glad of my fallynge, and suffre nat my body to be defouled with synne, which Y haue behoten to kepe to þe both clene and chaste. For, Lorde, my truste is only in þe, and, Lorde, þe Y worship and þe Y glorifie, Fader and Sonne and Holy Goste, in world without ende.' And whan he had seide 'Amen', anon he felte in his soule gostly conforte, and al wykkyd þouȝtis passed awey fro hym, and þus he abode in his praier til on þe mornynge. And whan he knewe þe deseitis and engynnes of þe deuyl, he began afterwarde more to punyshe his body with hunger and þurst and with oþer

5054 Goddis knyȝt] underlined by M   Theodas] underlined by M
5056 spyryt] spyrit es, es cancelled   5058 Iosaphat] underlined by R
5063 turbelid] underlined by M   5075 hope and helpe] underlined by M
5076 haue mende] underlined by M   5085 Amen] underlined by R

penaunce. And euery nyȝt he stode vp on his feete, and
remembrid hym of þe beheste þat he had made to God, and
on þe grete ioye þat ryȝtful men shold haue, and on þe grete
payne þat is ordeyned for synne, and euer he was in praier
þat þe deuyl shold neuer fynde his soul ydel, to defoule it
with euyl þouȝtis. Thus on euery side was his cursed enmye
þe deuyl distroide and ouercome by / þis blissed childe, ȝit
þe deuyl þat is euer cursed and wykked, and euer ys redy to
brynge mannys soule into myschef, besely he laboured to
brynge his purpos to effecte, as he was comaundid of Theodas.
The deuyl, seynge þat he myȝt nat haue þe bettere of þe
kyngis sonne by þis weye, he ordeyned to tempte hym in
a worse manere. He wente into a feyre damesele þat was
feyrest of al oþer, and she was a kyngis douȝter, and taken
awey out of here owen cuntreye, and was ȝouen to Kynge
Auennyr for a grete ȝyfte. And because she was feyrest of al
wommen, he put here to his sonne for to make hym turne.
In whom þe deuyl entryd, and ȝaue here feyre vnderstond-
ynge and eloquence in here wordis, for to performe his euyl
entente, for þe deuyl fynte anon an euyl engynne to fulfylle
his malice. She fyl doun on knees at þe kyngis sonnes riȝt
syde, and whan he sawe þis damesele, anon he had grete
compassion on here of verry loue and charite, because she
was so feire and þe kyngis douȝter of Syrie, and had so
loste here ioye and here conforte of here frendis. Also he
þouȝt þat he wolde delyuere here oute of þe worshyp of þe
fals ydollis and make here Crysten, but al þis was þe tempta-
cion of þe deuyl. And þe kyngis sonne disposed his soule in
such wyse þat he þouȝt on no foul þouȝt ne synful loue, ne
was noþynge mevyd with luste aȝens þat damesele, / but
only he had on here compassion and mercy as wel of here
captyuite as of perdicion of here soule, and knew nat þe
deceyte of þe deuyl, þat it was his temptacion, for þe deuyl 2 Cor.
wyl sometyme transforme hym into an angel of lyȝt for to 11: 14
haue his entente. Than Iosaphat spake to þat damesele to
make here know Goddis worde and seide: 'O Womman, know
þi God þat is withoute end, and be nat defouled with þe
cursed erroure of þes fals ydollis, and vnderstonde wel þat

5105 Auennyr] *underlined by R*   5109 fynte] *underlined by M with gloss:* findeth   5111 had] had g, *g cancelled*   5124 Iosaphat] *underlined by R*

oure Lorde Iesu Cryst is makere of al þynge, and þan þou shalte be blyssed, and be weddid to þe spouse immortal.' And whan he had seide, anon þe wykkyd spirit shewde his deceite in þe womman, as he deceyued Adam by Eue, for to drawe þe childis soule fro God vnto luste of synne. And when þe damesele had herde his wordis þat were so ful of wytt and wysedom she vnderstode hym nat, but ȝaf such answeris by þe deceite of þe deuyl, and seide: 'Syr, if þou desire myn helthe and saluacion to brynge me to God and to make my soule safe, do one þynge þat Y shal aske þe, and anon Y shal forsake my goddis and beleue on þi God, and serue hym to my lyues ende, and þan þou shalt haue a grete rewarde of God for my saluacion.' þan seide Iosaphat: 'Womman, what wylt þou aske?' She anon, transformynge hereself to / lust and lykynge of lecherie, seide vnto hym: 'Syr, nat ellis but wedde me to þy wyf, and þan Y wyl do and be obedyente to þy comaundement.' He seide aȝen to here: 'Treuly, Womman, it is al in vayne to aske me eny such þynge, for þouȝ Y desire gretly þy saluacion, to brynge þy soule out of perdicion, ȝit it were hevy and greuous to me to defoule my body with eny flesshly weddynge, and treuly, it is in a maner impossible.' The womman seide aȝen: 'Syr, syth þou art so ful of wysedom and of discrecion, whi spekist þou such wordis? Whi callest þou weddynge flesshly luste and pollucion? Treuly, Y know wel Crysten mennys doctryne, and Y haue redde many of here bokys in my contrey, and ofte Y haue herde Crysten men speke of þe goodnes of wedlok. Is it nat wryten in many of here bokys of þe reuerence of weddynge, and of "þe bedde immaculate", and þat "it is better to be weddid þan to brenne in lecherie", and also "þat God hath ioyned a man may nat departe"? Also, is it nat wryten in holy wrytte how þat holy patriarkis and prophetis, hadden wyves? Had nat Peter a wyf, þat was prynce of apostelis? Syþ þou knowyst þis wel by auctorite, whi callest þou weddynge synne and pollucion? Me semyth þat þou art in grete erroure, and out of þe treuthe of holy scrypture.' Iosaphat answerid aȝen and seide: / 'Treuly Womman, al þis is sothe þat þou hast seide. It is leefful to

Heb. 13: 4
1 Cor. 7: 9
Matt. 19: 6
Matt. 8: 14

5131 Adam] underlined by R   Eue] underlined by R   5140 Iosa-
phat] underlined by R   5159 Peter] underlined by R   5163 Iosa-
phat] underlined by R

haue a wyf, to hem þat wylle haue one, but nat to hem þat
haue made a vowe and a beheste to kepe here maydenhode
clene vnto Cryste. And treuly, sith Y was made clene by þe
watere of bapteme of al synne and ignorance of my ȝonge
age Y haue made a beheste to kepe me clene to God, whych
vowe Y wyl neuer breke ne defoule.' The damsele seide aȝen:
'Be þy wylle performed after þy purpos. And syþ þou wylt
nat graunte me þis askynge, Y praie þe graunte me anoþer þat
is lesse þan þis, if þou wylt saue my soule. þat is nat ellis but
lete me lye by þe al nyȝt and medle with me, and here Y
make promyse to þe þat tomorowe Y wyl be crystned and
forsake al my fals goddys. And þan þou shalt nat only haue
forȝeuenes of þyn owen synne, but also grete rewarde of
God for my saluacion. For gret ioye is in leuene of one   Luke 15: 7
synnere þat doth penaunce for his synne. Than if þer be grete
ioye in heuene for conuersion of one synnere, how grete ioye
shal be þan of hym þat turneth anoþer out of synne? Without
eny doute, his ioye shal be grete. Dede nat many of ȝoure
pryncis and apostlis, after here dispensacion, trespas some-
tyme in þe lesse comaundement for þe gretter comaunde-
ment? Is it nat wryten þat Poule circumsided Thimothen for Acts 16: 3
a better dispensacion, þouȝ circumsicion be forbode / amonge
Cristen peple, ȝit Poule dede it hymself? Such many examplis
we may fynde in holy wrytte. Therefor, if þou desire in verry
treuþe to saue my soule, fulfylle my litel luste and desire þat
Y aske þe. And where Y desired to be weddyd to þe Y wyl
no more meve þe þerwith, but Y am redy to do al þy lykynge.
And þouȝ þou wylt nat alwey haue me with þe, ȝit for þis
one tyme þou maist delyuere me out of erroure and to for-
sake my goddis, and þan afterwarde do with me what þou
wylt al þe dayes of my lyf.' She had a shrewde maistere þat
tolde here al þis preuely in here eere, for þe deuyl is experte
of holy scripture, and maister of al malice. And whan she
had seide þus with here glosinge and flaterynge and feire
chere shewynge, anon his herte was styred to flesshly luste,
and began to put awey his purpos þat he was in, and to
delyuere þis womman out of erroure, and to saue here soule.
And whan þe deuyl sawe þat his herte stode al waverynge he

5165 wylle haue] wylle haue haue, *first haue cancelled*   5185 Thimo-
then] *underlined by R*

was glad and mery, and called þe oþer wykked spyrites þat were with hym and seide: 'Se ȝe nat how þis damesele haþ mevyd his herte, þat we ȝit myȝt neuer meve? perfor go we now and falle on hym al at onys, for we shal neuer fynde a better tyme to fulfylle his wylle þat onys. And whan þe deuel had seyde / þus, al at onys þey fylle on Crystis knyȝt and sturbeled al þe vertuys of his soule, and made hym to breme sore in þe cursed loue of þis damesele. Iosaphat sawe þat his herte was sore sette in here loue to synne with here, for to saue here and conuerte here to God. And by sogestyon of þe deuyl euer he þouȝt in his mende þat it were no synne to medle with a womman for to saue here soule, and anon sodenly þere fylle a grete sorowe in his herte, and with grete wepynge he cryde to God and seide: 'Lorde God, Y haue hoped in þe, lete me nat be shente withoute ende. Lete neuer myn enmyes haue powere in me, þat am vnder þy proteccion. Helpe me, Lorde, in þis houre, and dresse my weye after þy wylle, þat þyn holy name may be glorified in me þat am þy seruaunt, and þat Y mow blis þe withoute ende, Amen.'

Whan Iosaphat had þus praide in longe wepynge and sorowynge, and ofte tymes knelynge on þe pamente, at laste he fylle aslepe, and þan hym þouȝt þat he was rauyshyd of dredful spyries, which brouȝt hym into many placis þat he sawe neuer such. At laste he was brouȝt into a feyre medewe, a grete and a large, ful of flouris þat smellyd swote, and þerin were dyuerse trees ful of dyuerse froite, so meruelous þat he had wondere þerof. The leuys of þo trees with mevynge of þe weder made a ful swete melody and a / gentyl sauoure. And þervnder were many setys made al of gold and of precious stones þat shone ful briȝt, and þer was a feire bedde made and spredde with precious clothis þat no man myȝt telle þe feyrenes of hem. There ran also a ryuer of clere watere, þat þe ioye it was to se. And whan þe spyries had brouȝt hym þorouȝ þis feyre feelde, þan þey brouȝt hym afterwarde into a feyre cyte, whos wallys were keuered aboue with gold and

Ps. 30:1
Ps. 25:2

Rev. 22:1

520
521
521
521
522
522
52
52
52
52

5210 Iosaphat] *underlined by R*
5216 Lorde...ende] *underlined by M*
with annotation: In te domine speravi ne confundar in aeternum
5218 in] *underlined by M*
in þe, þe cancelled
5219 dresse] *underlined by M*
5221 weder] *underlined by M*
set into following line
5222 Amen]

precious stonys, and al þe tourettis also, þat shone so bryȝt
þat neuer man sawe such anoþer syȝt, for non myȝt telle þe
feirnes of þat cyte. And grete lyȝt was al aboute þe cyte
within, þat it shone ouer al þe stretys. And angelys dwelled
þerin, þat songe so swetly þat neuer man herde so mery a
songe. And he herde a voyse þat seide: 'This is þe reste of
ryȝtful men. This ioye shul þey haue þat plesen oure Lorde.'
And whan he had seyn þis syȝt þe spyrytes brouȝt hym out
aȝen, and þan he was ful mery and glad of þat ioyful syȝt,
and he praide hem and seyde: 'Good Sires, put nat me out of
þis ioye, but lete me abyde and dwelle in a cornere of þis
cite.' They answeryd hym aȝen and seide: 'It is impossible
to þe now for to abide here, but þou shalt come hydere after
þis tyme with grete laboure and swete, / if þou wylt make
þyself able þerto.' And whan þei had seyde þus, and were
passed þat feyre feelde, þey brouȝt hym forth into anoþer
derke place, ful of stenche of sorowe and of trybulacion,
where was a grete furnace of fyre brennynge and dyuerse
kendis of wormys and serpentis þat leuyd in þat fyre to tur-
mente þe soulis þat were þerin. And þere he herde a voyse
þat seide: 'This is þe place ordeyned for synners. And þes ben
þe paynes and turmentis ordeyned for hem þat defoulen here
lyf with here synful workis.' And whan he had seyn þis, þey
broȝt þe spyrite aȝen to þe body. And whan he awoke he
wepte sore and quaked for þe syȝt þat he had seyn. And þan
hym þouȝt þat al þe feyrnes and þe bewte of þat damesele
was foulere and stynkyd more vpon hym þan eny oþer fylthe.
And þan he þouȝt so moche on his soule, what for þe syȝtis
þat he had seyn, and for desyre of þat grete ioye, and for
drede of þat grete payne, þat he fylle seeke and lay in his
bedde, and myȝt nat aryse he was so feble. At laste it was
tolde þe kynge how his sonne was seeke. The kynge wente to
hym and asked how he feerde. And he tolde his fader by and
by of al þe syȝtis þat he had seyn in ordre, and seide: 'Fader,
why hast þou ordeyned such a snare for me, to kache my
soule fro God? For but if God had holpe me, my soule had
dwellyd in / helle foreuer. But þat Lorde is so good to alle
riȝtful men in herte, and he haþ delyuered me fro þe deuelys
power. Y was sturblid in my sleepe, but God, þat is my

sauyoure, sente me helpe from aboue, and shewde me what gooddis and blis þey lesen þat maken hym wrothe with here synne, and what payne and turment þey shul haue for here synne. Wherefor, Fadere, siþ þou hast stoppyd þyn eeris þat þou wylt nat heere my wordis þat Y telle þe for þyn owen profyte, Y pray þe lette me naȝt to kepe þe ryȝt weye, and graunte me a þynge þat Y desyre moste, þat is to be delyuered fro þe prosperite of þis world, and go to þat place where Barlam dwellyth þe seruaunt of God, þat Y may dwelle with hym to my lyues ende. And if þou wylt kepe me aȝens my wylle with þy strengþe, þou shalt se þat for sorowe and angwyssh Y shal deye sodenly. And þan shalt þou neuer afterwarde be called a fader, ne neuer haue me to þy sonne.'

The kynge was aȝen so wode for sorowe, and forthouȝt hym þat he leued so longe, and in grete angere he arose and wente home aȝen to his palice. The wykked spyrites þat were sente fro Theodas to þat holy chylde wente aȝen and tolde hym here / confusion. And þouȝ þey be ful of lesynge, ȝit þei seide treuthe, and tolde hym openly þe cause of here euyl spede and reproue. Than Theodas seide to hem: 'O ȝe cursed wrecchys, why be ȝe þus ouercome of a childe alone?' Than þe cursed spirites were compelled by þe vertu of God for to seie treuþe, þauȝ it were aȝens here wylle, and seide: 'We myȝt nat withstonde hym, ne se þe cros þat is þe banere of Cristis passion. For þat sygne we may nat abyde, ne no spyrite in þe eyre, ne deuyl in helle. And before þat he madeperfytly þys sygn vpon hym of þe cros, we fylle vpon hym and temptid hym al at onys. But whan he called on Cryste for to be his helpe, and armyd hym with his cros, anon he was holpe, and dede vs grete persecucion. And þan we þouȝt vs al aboute what vs was best to do. At laste we founde a crafte and engynne in a womman, by þe which craft oure prynce deceyued þe fyrst man in Paradyse, but þis chylde haþ set it al at naȝt, and al oure hope and truste þat we had in hym may nat availe vs: For whan he cryde after Goddis helpe, anon we were brente with þe fyre of his wrethe, and made vs to flee fro hym, and durst no more come nyȝ hym.' Thus þe wykkyd

5286 Barlam] *underlined by R*
5297 Theodas] *underlined by R*

5294 Theodas] *underlined by R*

spyrites tolde openly to Theodas al here angere and al here craft þat þey had done. /

Thus þe kynge on euery side was made destitute of his purpos, and called Theodas to hym aȝen, and seide: 'We haue done and fulfilled al þat þou hast tauȝt vs, and we kan fynde no profite þerin. Therefor now if þou knowe eny oþer crafte, Y praie þe telle us, if we may þe enyþynge þe better to performe oure entente.' And þan Theodas praide þe kynge þat he myȝt onys speke with his sonne. On þe morowe þe kynge toke Theodas with hym and wente to his sonne. Than þe kynge set hym doun and began to reproue his sonne of his inobedience, and of his shrewde wylle and obstynate. The childe was euer in stedefast beleue, and euer defendid hym by þe doctryne of Iesu Cryst. Than stirte forth Theodas and seide: 'Iosaphat, what knowist þou by oure immortal goddis þus to forsake here worhyp and sacryfice, and angre oure kynge, þi fader, wherefor al peple haþ þe in hate? Dede nat þei, by þi fadrys prayere, brynge þe forth into þis world, and delyuerid þe fro þe bonde þat þou were in? Dede nat þey ȝeue þe lyf? Many vayne spechis and vnprofitable þou hast spoken of þe gospel, for to scorne þy fader, and also to defende and reproue þe doctryne of oure goddis.'

Iosephat, fulfilled with God, seide aȝen vnto hym: 'Thou cursed wreche, maister of erroure, stenche of palpable derknes, and seede of Chanaan, þe chylde of perdicion and of synne, wherefore al þe world was distroide, heere what Y shal sey þe. How art þou so hardy þus to scorne and to reproue þe prechynge of þe worde of God and of / þe wey of treuþe, whereby þei þat were in erroure ben called aȝen and brouȝt out of thraldom? Telle me now wheþer is þe better, for to serue Almyȝti God with þe Sonne and þe Holy Goste, God increat and immortal, withoute begynnynge and without endynge and ȝeuere of al good, whos lordeship is inestymable and his ioye and blis incomprehensible, whom seruen innumerable angelis, euerych in here ordre, and of his ioye, heuene and erthe is ful, which made al þynge of noȝt, and by his wysdom al þynge is gouerned and contenyd, or ellis to serue

Acts 7:11
Gen. 6:7

5315 Theodas] *underlined by R*
5324 Theodas] *underlined by R*
5329 Iosaphat] *underlined by R*
5322 Theodas] *underlined by R*
5328 Theodas] *underlined by R*
5337 Iosaphat] *underlined by R*

ȝoure fals ydollis þat haue no soule, and be dumne and deef, and deuelis of helle, whos ioye and preisynge is but scorne and corupcion. Here workis ben al synful and wykked þat ben writen of here fyrst ordynaunce. Ȝe cursed wrechys, þat ben þe meete of euerlastynge fyre and comen of þe kenrede of Caldees, ar nat ȝe ashamed to calle þes ymages þat ben deed, and þe worke of mannys honde, a stone or a tree, for to calle hem God, and also to do ȝoure sacrifice with bolys or with oþer beestis vnto hem? O þou fole! þou maist wel knowe þat þat þynge þat þou offrist to þyn ydolle is better þan þyn ydolle, for a man made þyn ydolle, and God made þe beest, wherfor þe vnresonable beest is better þan þou, þat sholdist be resonable. For þe beest knowith it þat nurshyth hym, and þou knowist nat þi God þat is þy lyf, and by hym þou art kepte, and callest þat þy God þat a lytel before þou sawyst hewen / with yren, and brent in fyre, and beten with hamerys, and hast kouered it al aboute with gold and syluer, and tokist it vp fro þe erthe, and sett it on hye. And þan þou, more wrecch þan þe tree or stone, fallist doun to grounde to do it worshyp and reuerence, and nat to þy God, but to þyn ydollis þat am deed. And ȝit it is nat riȝtful to calle an ydolle deed. For þat may neuer be deed þat neuer had lyf, perfor must a newe name be ȝeuen vnto it. Treuly, þis is gret foly. For an ydolle þat is made of stone, at laste it is made of powdre; or of a tree, it is sone corupte; of bras, it is made rusty; of gold and of syluere, it is blowe awey. And nat only þis, but also þy goddis ben differente. Some ben of more pryce and some of lesse price, and þer is non Godhede in hem. Who bouȝt euer God? Who solde euer God? How may he be called God þat may nat helpe hymself? Seest þou nat wel þat whan þyn ydolle stante it may nat sytte, and whan it is doun it may nat aryse? Therfor, fole, be ashamed and put þy honde before þy mowth, and lete be þy lewde preisynge of hem, for þou art al out of þe wey of treuthe, begiled with lesyngis and figuris, and puttist goddis name vnto mannys handeworke. Awake, þou cursed man, and vnderstonde, for þou art elder þan þy god þat þou hast made. It is a grete wodnes of þe, þat siþ þou art a man, wenyst to make God.

5362-3 for . . . beest] underlined by M   5372-3 And . . . lyf] underlined by M

How may þis be? And 3it þou makist nat God, but an ymage of a man or of a beest, þat haþ noþer / tunge ne þrote, ne brayn, ne noþynge ellys within hym, ne þe lyknes of man ne beest, but an vnprofitable þynge ful of vanyte. Why takist þou so grete hede to vnprofitable þynges, for nere þe ketters of stonys, or a carpontere or a smyth þat vsed here crafte, ellis þou haddist no god. And but þi god were kepte with stronge warde þou sholdist sone lese þi god. And whom þat þe peple lewdly praieth to as here god to kepe hem, þei muste nedis kepe hym þat theuys bere hym nat aweye. And if it be a god or of syluere, he is kepte with stronge warde. And if it be of stone or of erthe, or of eny oþer foule matere, he shul kepe hymself. And ly3tly he þat is of erthe is strenger amonge 3ou þan he þat is of gold. Therefor it is nat conuenyent to 3ou to scorne ry3tful men, þat ben in 3our-self so lewde and blynde, and without eny vnderstondynge. But rather scorne 3ourself, for al 3oure workis ben ful of wodnes and wykkednes. And by þys skylle he þat was a my3ty man and set al his besynes in bataile, he arerid vp an ydolle and called it Mars, and made it his god. Anoþer þat 3af al his lust and likynge to wommen, he made his god like vnto his synne, and called it Venus. And anoþer þat 3af hym al to glotonye and to drunknes, he arerid anoþer ydolle and called it Bachus. And many oþer men ordeyned dyuerse ydollis after here synne þat þei vsed, and hem þei called / here goddis. And þerfor in here templis ben made of hem vnchaste daunsis and lecherous songis þat is abhomynable for to telle of eche in here ordre. Who may suffre to defoule his mowth to telle of here fylth and of here vicious lyuynge? And þou3 we telle it nat, 3it it is openly knowen amonge þe peple. O Theodas, þis worshyp þat þou dost to þi goddis is ful cursed and wykked, and 3it þou stirest me to do þe same. But þi counseile is but of a lewde wylle and of a cursed malice. But þou and al þat trusten in hem ben þei made like vnto hem. And treuly, Y shal serue my Lorde God, and to hym Y shal do my sacryfice, þat is makere and prouysoure

5394 nere] underlined by M with gloss: were not   5394–5 ketters of
stonys] underlined by M with gloss: masons   5402–3 he² . . . golde]
underlined by M   5409 Mars] underlined by R   5411 Venus]
underlined by R   5413 Bachus] underlined by R   5420 Theodas]
underlined by R   5425 prouysoure] underlined by M with gloss: preserver

of al þynge, by oure Lorde Iesu Cryst, oure verry hope, by whom we haue oure comynge to þe Fadere of ly3t with þe Holy Goste, which haþ brou3t vs out of bytter praldom with his precious blode. For but he had meeked hymself and take mankende, we had neuer be worthy to be cyris of heuene. He made hymself meek for vs, þat was euen with þe Fader. And þat þynge abode þat was, and toke þat þynge þat was nat. He spake here with men on erthe. He was done on þe cros in his owen flessh. He was þre daies in his sepulcre. He wente doun to helle, and brou3t out his peple þat þe deuyl had in presoun. þe pirde day he arose. He stye into heuene, and fro þennys he shal come to deme þe quyk and þe deed. What hurte seest þou of hem þat þou hast euer in scorne? Seest nat þou / þe sunne? With how many beemys he shyneth in many inhonest and stynkynge placys, vpon many foule bodies, and 3it he is þerwith nat defouled, but raper he dryeth hem vp, and puttiþ awey here stenche? And þe sunne ly3teth derknes, and he is noþynge made derk þerwith, but euer he is vntuchid. Also þou maist se by þe fyre, þat receyueth in hym blak yren and rusty, and makiþ it al fyre. Breke þis yren, and beete it with hameris, and 3it þe fyre suffryth no stroke. Therfor, sith þes creaturis þat ben coruptible suffrith noþynge of þe fi]þe of foule matere, in what maner kende, þou Fole and harde of herte, presumyst to seye þat þe Sonne of God in no manere come doun fro heuene for mannys saluacion? And he beynge God toke mankende to make man partable of þe nature of þe Godhede, and oure kende brou3t out of helle, and þer he bonde þe prynce of derkenes, and delyuered vs out of his powere, wherefor he vnpassible suffred payntul passion vpon þe cros, hauynge twey naturis. For as man he was crucifyed, and as God he made þe sunne derke and þe erthe to quake, and arered deed men out of here gravis. Also as man he deide, but as God he arose a3en and robbid helle. Wherefor þe prophete seith: "Helle is glad and metyþ þe dounwar(de)." For he was glad, wenynge to haue receyued a man only. But he receyued God,

Is. 14:9

5432 And þat þynge] annotation by R: Nota by M with gloss: ascended   5455-6 vpon . . . naturis] underlined by M with comment: Therefore the best crucifix resembleth but half Christ.   5436 stye] underlined by M with gloss: haryed   5459 rob-bid helle] underlined by M with gloss: haryed

wherefor he was made sodenly both ydel and thral. He arose
as God, and wente aȝen into heuene, / fro whennys he was
neuer. And oure kende þat was first lower þan eny oþer
creature, and moste vnkende, he made it heyest and sette it
in 'þe' throne of his glorie. Therefor what hurt is it to þat
God, þauȝ þou blaspheme hym without eny sesynge? Treuly,
þer is noþynge so feire as is for to worship God þat is so good
and benygne, þat sendith ryȝtfulnes, þat comaundith conty-
nence, þat techiþ mercy, þat ȝeuyþ feith, þat prechiþ pees.
He is called verry treuþe, verry charite, and verry goodnes. It
is better to worship hym þan þi cursed goddis and vicious,
þat ben foule both in here dedis and namys. Therefor, wo to
ȝou þat ben harder þan þe stone and ful vnresonable, þe
sonnys or perdicion and þe eyris of derknes. And treuly, al
Crysten peple arn blissed þat han a Lorde God Almyȝty þat is
good and ful of mercy. For þei þat seruen hym, þauȝ þei
suffre a litel while grete persecucion in þis world, þey shul
haue þerfor euerlastynge rewarde in þe hye blis of heuene.'

Theodas seide aȝen to hym: 'Syr, it is openly knowen þat
many wyse men and philosophers þat before us were, þat
were grete men both in vertu and in kunnynge, tauȝt vs oure
secte. And al lordis and kyngis of al þe world receyued it as
for good and trewe without eny falsehed. But þe cherly
'peple' of Galile, þat were but poore men and vile persones,
þei prechid anoþer secte, and ȝit þer were but fewe of hem,
for þey passed nat .xii. Than how sholde þe prechynge / of
so fewe cherlis be rather taken þan þat doctryne þat is ȝouen
vs of so many kunnynge men þat were so experte in al wys-
dom? How maist þou sey þat þo men of Galile seide soth and
trewthe, and oure clerkys to be fals?'

Iosaphat answerid hym aȝen and seide: 'Treuly, Theodas,
þou art lyke an asse vnresonable þat heeryþ an harpe, and
vnderstondiþ nat what it is. And also þou farist as an addere
þat stoppiþ hiŝ eerys for he wolde nat heere þe voyse of þe
enchauntere. Thou Fole, se now hou þou art out of þe weye

Ps. 58: 4

5464 neuer] underlined by M with comment: as man   5466 þe] an
interlinear addition by I   5480 Theodas] underlined by R
underlined by M   5485 peple] an interlinear addition by I   5488 cherlis]
underlined by M   5490 Galile] Galile seith, seith cancelled   5492 Iosa-
phat] underlined by R, the remainder of the page bracketed by M with the anno-
tation: note the aunswer   Theodas] underlined by R

5466 þe] an
5484 cherly]
5488 cherlis]
5492 Iosa-

of treuthe! Where þat þe worshyp of ȝoure goddis is preised of so many wyse men and experte in kunnynge, and also defendid of so many lordis and kyngis, and þe doctrine and prechynge of þe holy gospel is prechid of fewe men and ignoble personys, þerin is wel shewde þe grete vertu of oure God, and also þe infirmyte and reproue of ȝoure cursed doctryne. For þouȝ ȝoure doctrine had grete aduokettis and wise men and stronge to defende it and mayntene, ȝit þei were made feble and broȝt to noȝt. But þauȝ oure doctrine be nat borne vp with mannys helpe, ȝit it shyneth briȝter þan þe sunne, and al þe world is fulfylled þerwith. And hereby þou may wel wyte þat ȝoure doctrine was made ⟨by þe⟩ powere of man, and oure doctrine by þe power of God, which was tauȝt by poore men and syle personys whom cursed tyrauntis han pursewed and put to deth, and ȝit here doctryne / wente f. forouȝ þe world for þe helthe and saluacion of mankende. Than, þou cursed wrech, what kanst þou seye to make þy doctryne trewe, and Crysten doctryne fals? For but if þy doctryne were fals and lesynge, it shold neuer haue so grete defence, and if it were nat defendid with myȝty power it shold sone be riȝt feble and broȝt to grounde. For þe prophete

Ps. 37:35 seith: "Y sawe a wykked man left vp on hyȝ, and born vp aboue þe cidre tree of Lybane. And Y wente and souȝt hym,

Ps. 68:2 and his place was nat founde." And ȝoure doctryne shal sone faile as doth þe smoke, and some pershe and mylte as wexe aȝens þe fyre. And of þe holy gospel Criste spekith hymself

Matt. 24:35 and seith: "Heuene and erthe shal passe, but my wordys shal neuer passe aweye." And also þe prophete Dauid seith in þis

Ps. 102:25 wyse: "þou, Lorde, groundist erthe in þe begynnynge, and heuenes ben þe workys of þyn handis. Thei shul al pershe and wexe olde as a clothe, but þou shalt abyde euer without ende. And þou shalt change hem as a changynge garnement, but þou shalt euer abyde and þyn ȝeris shul neuer faile." And al þe prophetis and wyse men þat prechyd of Cristis comynge han fled out of þat erroure þat þou, cursed creature, art now in, and þou dispisest hem now as þe very seruaunt of synne. And þei were illumyned in þis world with grete tokenys and merueylis, and with dyuerse vertues as þe sunne.

5524 Dauid] *underlined by* R   5525 groundist erthe] *underlined by*
M *with gloss:* laydyst ye foundation of the earth

Acts 5: 12

21v þey made blynde men to se, deef men to heere, / dumme men
536 to speke, and areised deed men to lyf, and þe shadowe of
hem helid many men of here seeknes. And also þe deuelis þat
ȝe dredden as goddis, nat only þey drof hem out of mennys
bodies, but also þey drofe hem out of þe world by þe sygne
540 of þe cros, whereby þey haue loste al here engynnes and al
here temptacions þat þey had made. And þei helid al mannys
seeknes by þe vertu of God, and renewid euery creature.
They mow ryȝtfully be called þe wonderful prechouris of
treuþe amonge al wyse men, if a man wyl ryȝtfully deme.
545 Therefor, what maist þou sey of þy wyse men and philoso-
phers, whos wysedom and kunnynge God haþ made lewde
and ydel? What haþ þes mayntenours of þe deuyl lefte in þis
world to be had in mynde? Treuly, þou maist nat ellis seye
but þat in þis world þei haue naȝt ellis lefte but vnresonable
550 þynge and vayne crafte, made with gaye wordis and feyre
termys, to kouere þe falsenes of here cursed secte. And þo
grete clerkys and poetis, whateuer þey were, þei were ryȝt
lewde and wode þat seiden þat þei þat were but men weren
goddis. For because þat a man made eny toun or feire cite,
555 and kepte it myȝtily in his gouernance, in here erroure þey
called þat man a god. For þe fyrst ydolle þat euer was founde
22 was called Seruch. For in olde tyme what man was of / grete
strengþe, or of grete frendship, or of eny oþer worthynes, þat
was worthy to be had in mende, þey made of hym an ymage
60 for to worshipe hym as a god. And afterward men þat were
in doute of þe entente of here predecessours þat dede hem
eny good, þei made of hem ymagis and ydollis to haue hem
in mende, and þus þei were by þe deceyte of þe deuyl brouȝt
lytel and lytel in erroure, and maden oþer ydollis of mortal
65 men lyke vnto hemself, and hem þey dede worship and
sacryfice, and nat only to hem, but to þe deuyl þat dwellid
in hem. And þey þat knew nat here god made hemself to be
called goddis, for to haue delite in here pride and to haue
grete worshyp and reuerence, and þey haue begiled hemself
70 and ben caste into euerlastinge fyre. Thus þey tauȝt here
cursed wykkednes for to make al men segettis vnto hem.

5539-40 by . . . cross] underlined by M with comment: nay, by Faith
5543 wonderfull] wonderfull, first r cancelled by R who has added the abbrevia-
tion for n   5547 ydel] underlined by M with gloss: vaine

Thus euery man þat was obdurate in þis malice because of his
owen synne and couetice arerid an ydolle in his owen lyknes
and called it a god. þis is a cursed synne and abhomynable.
And to þes ydollis þey dede worshyp and sacryfice, into þe
tyme þat oure Lorde God come doun fro heuene þorou3 his
mercy, and delyuered vs þat beleued in hym fro þe wykkyd
deuyl, and out of þat cursed erroure, and tau3t vs þe verry
knowynge of oure Lorde God. Treuly, þer is non helpe but
only / in hym, and þer is non oþer God in heuene ne in erthe
but he alone, þat by worde made al þynge, and by his worde
al þynge is gouerned, and by hym is al þynge made, and with-
out hym is noþynge made.'

    And whan Theodas had herde hym þus seyn, and how his
wordis were ful of þe wysdom of God, he was so sore astonyed
þat he kowde nat speke. And anon he þou3t on his grete
wrechidnes, and Goddis worde opened his herte þat was so
derke in erroure, and þan he gan repente hym gretly of his
cursed dedis þat he had done beforn, and dispised al his
ydollis, and ran fast out of erroure into þe weye of treuthe.
And fro þat tyme he forsoke his wykked conuersacion inso-
moche þat he become as grete an enmye to his own cursed
synnes and enchauntementis and wychcraftes as euer he was
frende þerto before tyme. And þan he stode vp before þe
kynge in myddis of al þe counseile and cryde with a lowde
voyce: 'Treuly, Syr Kynge, þe spyryte of God is in þy sonne.
And treuly, we ben ouercome, and we may non answere
3eue to þys þynge þat he hath seide. Treuly, þe God of
Crysten peple is ful grete and here feith and mysteries ben ful
grete and wonderful.' And þan Theodas turned to þe kyngis
sonne and seide: 'Blissed Childe, telle me if Gryst wyl receyue
me / if Y wyl forsake my cursed dedis and turne to hym?'

    Iosaphat answerid a3en and seide: '3e, for soth, he wyl
receyue þe and al oþer þat wylle turne to hym. He wyl re-
ceyue þe as his sonne þat is come to hym fro ferre cuntrey,
þat is conuertid out of þe wey of wykkednes, and he wyl
mete with þe and kisse þe. And whan þy synne is put awey,
he wyl araie þe with a bri3t shynynge clothe, ful of ioye
and vertu, and make a grete solemnyte for þy conuersion,

of his sheepe þat was loste. For þat same Lorde seith: "Grete
ioye shal be in heuene of one synnere þat doth penaunce for
his synne." And also he seith: "Y come nat for to calle ryȝt-
ful men, but synners, to do penaunce." Also he seith by his
prophete: "'Y lyue,' seiþ oure Lorde. 'Y wyl nat þe deth of
a wykked man, but þat he turne out of his euyl lyf, and lyue.'
In what houre a man wyl turne out of his synne and do riȝt-
fulnes and kepe þe comaundementis of God, he shal lyue and
nat deye. And al his synne þat euer he haþ do shal be forȝete,
for he haþ done þe dome of ryȝtfulnes, and þerin he shal
lyue.' " Therefor, man, set þyn herte in þis purpos and be
noþynge in doute for to come to oure Lorde Iesu Cryste þat
is so meeke and mercyful, and þan þou shalt be saued. For
anon as þou hast receyued / þy bapteme, al þi synnes shal be
caste into þe water and falle al to noȝt. And þou shalt come
out þerof feyre and clene and ȝonge, and no spotte of synne
shal be vpon þe. And loke þat þou kepe þe afterwarde in þe
clennes of lyuynge, and truste in þe mercy of oure Lorde Iesu
Cryste.'

Whan Theodas was þus enformed in þe beleue he wente
anon to þat cursed denne þat he had dwellyd in, and toke al
his bokis of his wychcrafte and nygromancy þat weren þe
tresoure of malice and of þe deuelis preuyte, and kaste hem
in þe fyre and brente hem. And þan he wente to þat hermytes
celle þat Nachor wente to, and tolde hym þe cause of his
comynge, and toke duste and kaste it on his heed, and wepte
sore, and shrofe hym of al his cursed dedis. The holy man
was crafty ynoȝ to saue mannys soule fro þe deuelys power,
and tolde hym with good wordis þat he shold haue remyssion
of his synne, and he shold fynde þe domysman ful mercyful.
þan he bade hym þat he shold faste many dayes for þe
trespas þat he had done, and with grete waylynge and wep-
ynge he prayde to God for hym, and crystened hym.
And whan al þis was done, þe kynge was on euery syde so

Luke 15: 7

Luke 5: 32

Matt 9: 13

Ezek. 33: 11

5612-13 Y . . . penaunce] *penaunce*] *bracketed by* M, *do penaunce underlined by* M, *do penaunce underlined by* M *with comment:* "of" *their mynd, their can-celled by* M   5621 to¹ . . . Ihesu] *underlined by* M *with comment:* here is no mention of meanes to be made vnto him by our Lady or any other saintes   5629 Theodas] *underlined by* M   5632 hem] hem þ, þ *cancelled*   5634 Nachor] *underlined by* R   5636 shrofe] *underlined by* M   5639 domysman] *underlined by* M *with gloss:* Judge

distitute of his purpos þat he was ny wode for anger. And
aȝen he called al men togydre þat were of his counseile, and
askyd hem what he myȝt do / more to his sonne. And eche
man ȝaf hym dyuerse counseile. But Arachis, þat was cheefe,
spake to þe kynge and seide: 'Syr Kynge, what sholde we
haue do more to þy sonne þan we haue do, to make hym
folowe oure doctrine and to serue oure goddis? But now Y se
wel we laboure al in vayne. For þis hardnes þat he is in comyþ
hym 'of' kende, or ellis of his owen wylle. Therfor if þou
wylt beete hym or turmente him, þou shalt do aȝens kende.
Þan þou shalt be no fader, and shalt lese þy sonne, for he
desireth to deye for þe loue of Cryste. Therfor, me semyth
þat it is best for to departe þy kyngdom, and lete hym haue
þat one parte, and dwelle þerin. And so liȝtly þe grete
besynes þat he shal haue aboute his temporal gooddys shal
make hym to turne, and to folowe oure secte. For þe vertuys
þat ben strengthid in his soule shul rathere be done aweye
with grete besynes and laboure þan with strengþe or menace.
And þouȝ he abyde in þe secte of Crysten men, ȝit it is a
grete solace to þy sorowe þat þou hast a sonne.' And whan
Arachis had seide þus, al men praised his wyse counseile, and
þe kynge consentid wel þerto, and al was ordeyned as he seide.

On þe morowe þe kynge called to hym his sonne and seide:
'Sonne, þis is þe last worde þat Y shal now telle to þe. And
but þou / wylt anon do after my counseile and refresshe myn
herte, wyte þou wel þat Y shal no lengere spare þe.' The
chylde asked his fadere what it sholde be. The Kynge seide:
'Because þat Y haue labowred sore aboute 'þe', and euer Y
haue founde þe inobedient to me, and woldist neuer consente
to my wylle, come now and Y shal departe my kyngdom, and
þou shal haue þat one parte, and þan þou maist go where þou
wylt.' The childe, knowynge þat þe kynge purposed to
delyuere hym, and in þat he consentyd to his fadere, only to
ascape his hondis, and also to go þidere þat his desire was
beform. And þan he seide to his fader: 'Treuly, Fader, al my
desire is to go to þat blissed man þat haþ tauȝt me þe weye

5647 Arachis] underlined by R   5652 of'] an interlinear addition
by I   5657–60 And ... done] bracketed by M with annotation: a second
temtation   5664 Arachis] underlined by R   5671 þe] an inter-
linear addition of I   5679 go] to altered to go by S

of helpe and of saluacion, and with hym to lyue while my lyf
wyl laste. And because, Fader, þat þou wylt [nat] suffre me
to haue my desire, in þat Y shal be obedyente to þe. For þe
sonne owith to obeye his fader in such þynge þat is nat per-
dicion to his soule, ne alienacion fro God.' The kynge was
mery and glad for ioye, and anon he departyd al his kyngdom
in twey partees. And of þat one parte he made his sonne
kynge, and sette a crowne on his heed, and put hym in grete
reuerence and worshyp, and sente hym to his parte with
grete company of princis and dukys and lordis for to do his
sonne worshyp and seruyce, and brouȝt hym into þe cheef
cyte of his parte, and þus he ordeyned for hym al þynge þat
longid for a kynge. /

Whan Iosaphat had take his kyngdome in his honde and
come to þat grete cyte, anon he sette þe sygne of Cristis
passion, a cros, vpon euery torett of þe walles aboute þe cite,
and distroide al þe templis of ydollis, and drewe hem doun to
þe grounde, and lefte nat one stone vpon anoþer. And in þe
myddis of þe cyte he lete make a feyre chirche and a grete
in þe worshype of Cryste, and comaundid þat euery man
sholde come þyder to do worshyp to God and reuerence to
þe cros. And before hem alle he fylle adoun, and was þe fyrst
þat made his praiere to God and to þe cros. And comaunded
þat euery man þat was vnder his subieccion þat þey shold
forsake here foule erroure, and be reconsiled vnto God, and
þer he tolde þe fals deceyte of here ydolatrye, and also þe
grete grace, vertu and myraclis of þe holy gospel. He prechyd
hem of þe comynge of Cryste into þys world, of his bytter
passion, of þe holy cros þat we be saued by, of þe vertu of
his resureccion, of his wonderful ascension, of þe dredeful
day of dome, of þe grete ioye and blis þat shal be ȝeue to
trewe crysten men, and also of þe grete payne þat shal be
ȝeue to synful peple. Al þis he tolde hem with softe wordis
and meeke. For he was nat sette in so grete astate and powere,
so hye worship and reuerence, but þat he was a grete dele
more lowe and meeke, / and because of his meeknes both in
worde and dede al men fylle fast to hym. Wherefor whan he
had gete hym helpe and powere and was stronge ynowȝ, he

5681 nat] om.   5693 Iosaphat] underlined by M
underlined by M   5695 Iosaphat] underlined by R   5696 drewe]

bade anon þat al men sholde be obedyent to hym. So þat
within a litel while, by his good doctryne, al þe peple of þe
cyte and al þe cuntrey aboute forsoke here cursed erroure,
and brake here ydollis, and weren al reconsiled to Cryst and
to Crysten beleue. And al preestis and monkys, and a fewe
bysshoppis þat were fledde into dennys and mounteynes for
drede of his fadere, were glad of þis gouernaunce, and come
to hym with grete merþe and solemnyte. And whan Iosaphat
herde telle þat al þoo peple þat suffred for þe loue of Criste
such tribulacion come to hymwarde, anon he arose and mette
with hem, and worshiply he receyued hem, and brouȝt hem
home into his palice, and wisshe here heedis and here feet,
and dede hem al maner seruyce. Than anon he dede hem
halowe his newe chyrche þat he had made. And a bysshop
þat was an holy man and wel lernyd in holy wryt, he ordeyned
þere Archibisshop, þat beforn had loste al þat he had. And
þan anon he ordeyned a grete founte, and comaundid þat
euery man shold be crystenyd. Anon euery man receyued his
baptem after here degre, first lordis, and after þe comoun
peple. And þer þei were made hole nat only in soule, but also
al þo þat were / seek, of what infirmyte þat euer it were, þey
were made hole in here body. And so þei wente out of þe
founte, and were hole in body and soule. Thus al þe countrey
was turned to Iosaphat, and distroide here templis, and
maden chirchis, and of here tresoure and ryches þei made
vessellis vnto Goddis seruyce, and of here precious clopis
þei made vestementis, and so of þat vyle matere þei made
good worke and profitable. And whan þes templis were þus
distroied þat þe foule deuelis were in, þe deuelis wepte and
wayled, and cryde lowde in audyence of al þe peple, for þe
grete persecucion and wrechydnes þat þei were brouȝt vnto.
Thus al þat region was delyuered out of þe cursed seduccion
of þe deuyl, and was fulfylled with þe feith of Criste. And þe
kynge hymself ȝaue hem euer good example of good lyuynge,
and þe peple drewe þe more vnto hym. For of what lyuynge
þe prynce be, to þe same lyuynge wyl þe peple drawe þat ben
vnder hym. Thus grete goodnes encresid in hem by þe grace

5725 Iosaphat] underlined by R   5728 worshiply] underlined by M
5730 dede hem] underlined by M with gloss: made them   5741 Iosaphat]
underlined by R

755 of God, and þe kynge was ryȝt perfite in charite to God and
to þe peple, and by þe vertu of Goddis worde he brouȝt
moche peple to saluacion. And before al oþer þynge his
besynes was for to teche þe peple to drede God and to lyue
riȝtfully, for in þe same manere he gouerned hymself. He
760 leuyd in grete abstynence, and gouerned his peple in meeknes
and equyte. / Thus sholde euery kynge do as þis good kynge
dede boþe to God and to þe peple. For he was nat prowde.
He helde no grete reputacion of þe grete nobilyte of his
birthe, but euer he had in mende how oure first fader Adam
765 was made of erthe, and of hym come both ryche and poore.
He ȝaf hym to lownes and meeknes, and euer þouȝt on þe
ioye þat was to come, and þat he was here but a pylgryme
and a strangere, and wyste wel þat þat þynge shold be his
owen þat he myȝt gete afterwarde, wherefor he disposed wel
his goodis here, and delyuered þe peple out of erroure, and
made hem þe seruauntis of Cryste, and bade hem euer to
þynke on his mercy. He was euer chaste in body and soule,
and þouȝt alwey of þe vnstabylnes of þe world, and of his
ryches. Wherefor his besynes was to put hem in such place
775 þat motthis ne ruste sholde nat pershe hem, ne þeuys bere
hem awey. He delte hem largely to þe poore peple. For he
knew wel þat sith he was sett in grete powere he must folowe
þe vertu of hym þat ȝaf hym þat power. For in þis he folowed
moste God, þat he helde noþynge so precious as mercy. And
780 mercy he loued bettere þan al his tresoure and precious
stonys. Thus his ioye was in noþynge ellis but in þe reste
and blis þat was to come. He vysited presoners and delyuerid
hem out of / presoun. He halpe al hem þat were in dette. He
was fader to faderles chyldren, and to wydowys, and to al
785 þat were in nede, and þouȝt þat al was his owen profyte, þat
he had mercy on oþer peple. He was ryche in his ȝyftis to
þe poor peple and nedy, to haue þerfor grete rewarde in þe
blis of heuene. The good fame of hym sprange al aboute þe
region, wherefor þe peple come fast to hym, nat only for
790 drede and constraynynge, but for verry loue and desire þat
þei had in here soule both to God and to hym. Thus al þe
sogettys þat were vnder his region forsoken here erroure
and were sette in Cryste[n] beleue, whereþorouȝ his meyne

Matt. 6: 19

5767 pylgryme] first y is an l changed to y by S   5793 Crysten] Cryste

2 Sam.
3:1

was encresyd, and his fadrys meyne was lessid and made feble, and began sore to discrese, as þe story tellith betwene Saul and Kynge Dauid.

And whan þe kynge Auennyr considered how faste his peple fayled and discresid, anon he remembryd hym of þe infirmyte and vnstabylnes of his fals ydollis and of here cursed seduccion, and aȝen he called togydre his counseyle, and tolde hem al his þouȝt. Anon God sente hem grace, fro heuene by þe prayer of his seruaunt Iosaphat, whereþoruȝ it semed hem best counseile þat he sholde sende worde to his sonne and telle hym of his heuynes. The nexte day after þe kynge wrote a letter to his sonne þat seide in þis manere: /

'Kynge Auennyr to his wel beloued sonne Iosaphat sendith gretynge:

Dere Sonne, many þouȝtis fallen sodenly vpon me, þat sturbelen gretly my soule. For Y se wel þat þat þynge þat my truste was moste on faileth as smoke, and Y fele and fynde al þynge trewe þat þou hast tolde me before þis tyme, of þe feith and beleue of Crysten peple. But we were so derke in synne þat we myȝt nat se þe trewthe, ne know God þat made al þynge of noȝt, and we wolde nat receyue þat blyssed doctryne þat þou shewdist vnto vs, and we shewde to þe grete euyl for þy goodnes. And, alas, ful cursedly we haue slayne moche Crysten peple, þat were ful stronge in vertu, þat by here deth þei fauȝt myȝtily aȝens oure cursed crewelte. Treuly, Sonne, now we haue kaste awey þat derk clowde fro vs, and now we se þe knowynge of trewthe. And we haue grete repentaunce of þe grete synnes þat we haue done before þis tyme. But now þer comyth anoþer blak clowde aboute þis soule, þat is dispeyre, and it greuyth me wonder sore, and temptiþ me gretly, þat my synnes be so grete and many þat Y am abhomynable to God, and nat worthi to be receyued to his grace and mercy, and þat Y haue be to hym so grete an enmye. Therfor, dere Sonne, in al haste sende 'vs' worde aȝen what vs is best to do, and teche / me þat am þi fadere to sette me in þat wey þat is moste expedyent to saluacion of my sowle.'

5795
5800
580.
581.
581.
582.
582.
58.

f. 12

f. 1

5797 Auennyr] underlined by R
5806 Auennyr] underlined by R
vs] sende me, me cancelled by S and R, S having added us

5802 Iosaphat] underlined by R
Iosaphat] underlined by R
5827 sende

Whan Iosaphat had receyued þis lettere and redde þat was conteyned þerin, he was ful of ioye, and also in grete wonder. And anon he wente into his chamber, and fyl doun before þe crucifixe, and wepte for ioye, and þankid God, and seyde þis psalme: ' "Exaltabo te deus meus rex et benedicam nomini tuo in seculum et in seculum seculi. Magnus es Domine, et laudabilis nimis, et magnitudinis tue non est finis." Lorde God,' he seide, 'who may telle þy my3t and þy power, þat out of þe harde stone brengist out plente of water? For now my fadris herte, þat was so harde in synne, is made nesshe as wexe. Y þanke þe, Lorde God ful of mercy, þat þus hast suffred hiderto oure wykkydnes and kepist vs vnpunyshyd. For some tyme we were worthy to be put fro þi face for oure synne, as were þe .v. citees and al þat dwelled þerin, with fyre and bremstone. But þou hast spared vs for þy grete mercy. Y þanke þe, Lorde, þou3 Y be vnworthy. And if Y be nat sufficient to þanke þyn hy3 mageste, Y þanke þe, Lorde Iesu Cryst, of þy grete mercy þat conteynyst al þynge in þy wylle, and delyuerist þi peple out of presoun. Now, good Lorde, strecche out þyn holy honde and delyuere my fadere out of þe deuelis þraldom of þi grete mercy, and 3eue hym grace þat he / may know perfitly þat þou art one God in Trinyte, immortal and euerlastynge.

Lorde God, se þe contricion of myn herte, and loke on me with þy mercyful yee, and be my helpe, for þou 'art' socoure of euery creature. Lorde God Almy3ty, 3eue me grace and wytt þat Y may so enforme my fader in þi doctryne, þou3 Y be vnworthy, þat Y may brynge hym out of al maner erroure, and to forsake þe deuyl, and to brynge hym to þe Lorde, þat wylt nat þe deth of a synnere, but þat he turne and do penaunce, for þou art gloryfied in world without ende, Amen.'

And whan he had þus made his praiere he set al his truste in God, and made hym redy, and wente to his fader. And whan þe kynge herde telle of his sonnys comynge, he wente anon to mete with hym, and with grete gladnes he klipte hym

Ps. 145: 1

Ps. 114: 8

Gen. 19: 24

Ezek. 18: 43

5831 Iosaphat] *underlined by R* 5835-7 Exaltabo ... finis] *underlined by R* 5840 nesshe] *underlined by M with gloss: softe* 5844 þat] þat dl, dl *cancelled* 5855 þou] *u is an addition by I* art] *an interlinear addition by I* 5861 do penaunce] *underlined by M with annotation: repent*

and kyste hym, and made a grete solempnyte in his metynge.
Than þey spake both togydre of his purpos. And þer can no
man telle þe hye wysdom and doctrine þat he tauȝt his fader,
as it was ȝeue hym by þe Holy Goste. And first he laboured
sore to brynge his fadere out of erroure, but þat tyme his
herte was so harde in malice þat he wolde nat know þe wey
of trewþe. But now God sawe þe meeknes of his seruaunt,
Iosaphat, and herde his praier, and openyd þe gatis of his
herte, þat he vnderstode anon þe doctrine þat his sonne tauȝt
hym. So Iosaphat, by þe grace of God, kauȝt an / holsom
tyme to drawe his fadere out of erroure, and to forsake al
wykked spyrites þat made hym to fyȝt aȝens ryȝtfulnes, and
shewde hym þe grete mysteries of God þat he neuer herde
beforn, and tauȝt hym þe beleue, and þat þer is non oþer
God in heuene aboue, ne in erthe benethe, but only one God
Father, and Sonne, and Holy Goste. He tolde hym þe preuytees
of euery creature, vysible and vnvisible, how God made hem
of noȝt, and how he made man to his owen lyknes, and ȝaf
hym fre wylle, and sette hym in Paradise, and ȝaf hym leue
to take of al þat was þere, saue only of one tre, þat was þe
tree of knowinge of good and euyl. And how he brake his
comaundement, and perfor he was put out of Paradis, where-
for afterwarde mankende, by here owen fre wylle and by
deccite of þe deuyl, wythdrowe hem faste fro God and fylle
into grete erroure. Thus þey forȝate God þat made hem, and
dede worship and sacrifice to þes fals ydollys. Ȝit God of his
grete mercy, by þe wyl of þe Fader and of þe Holy Goste,
had pite and compassion of mankende. He come doun and
was borne of þe maide Marye, and suffred passion and was
impassible, and suffrid deth, and vndedly, he arose þe þyrde
day. He stye into heuene, and brouȝt mankende aȝen to þe
ioye þat he had loste. And aȝen he shal come to deme al
mankende, / and ȝelde euery man after his deseruynge, þat
is, riȝtful men euerlastynge ioye, and þe wykked peple euer-
lastinge turmente, þat is to sey, fyre neuer to be quenchid,
wormys immortal, derknes palpable, and many oþer turmentis
þat þen ordeyned for synne. And whan he had tolde his

5874 Iosaphat] *underlined by* R   5876 Iosaphat] *underlined by* R
5882 preuytees] *underlined by* M *with gloss:* hidden qualities   5886 one]
one one, *first one cancelled*   5897 stye] *underlined by* M

fader al þes mysteries, he tolde hym of þe mercy and of þe
goodnes of God, how redy he is to receyue euery man þat wil
do penaunce for his synne, and þer is no synne þat may ouer-
come his mercy, and þis he confermyd by many examplis of
holy wrytte, and made an ende.

The kynge had grete repentaunce in his herte, and with a
lowde voyse and a feruent soule he beknewe Criste his
sauyoure, and forsoke al his fals erroure and þe deuelys ser-
uyce, and worshiped þe sygne of þe cros before al þe peple.
And in here audyence he seide þat oure Lorde Iesu Cryst was
verry God, and þer he beknew his owen wykkednes and his
crewelte aȝens Crysten peple, whereþorouȝ moche of his
peple were conuertyd, and he fulfylled his knowlych in dede.
For where was moste plente of wykkydnes, þere was moste
plente of grace. For many of þe grete lordis and þe comoun
peple were conuertid to God, and cryde with o voyse: 'The
God of Crysten peple is ful grete, and þer is no God but oure
Lorde Iesu Criste, glorifyed with þe Fadere and þe Holy
Goste.' The kynge Auennyr was / so stronge in þe loue of
God þat he arose anon and kaste doun his ydollys, and brake
hem þat were made of gold and syluer, and delte hem in
smale partees into þe poore peple, and noþynge kepte to
hymself of þo unprofitable goodys. And after þat he and his
sonne drewe doun al þe templis to þe grounde, and made
chyrchis in þe worship of God. And nat only in þat cyte, but
þorouȝout al þe region aboute. And þe wykkyd spyrites þat
were in þo ydollis made grete sorowe and knowlichid þe grete
vertu of God aȝens here wylle before al þe peple, so þat
euery man þeraboute forsoke here erroure and turned to
Criste. Than þe holy bisshop preched and tauȝt þe kynge,
and crystened hym in þe name of þe Fader, and Sonne, and
þe Holy Goste, and Iosaphat receyued hym of þe holy founte.
So to his carnal fadere he was made spiritual godfadere in his
regeneracion, and þan were þei both þe braunchis of Cryst
þat is a verry vyne, for Cryst seiþ in þe gospel: 'Y am a vyne,   John 15:5
and ȝe ben þe branchis, etc.' Whan þe kynge was þus renate

5905
5910
5915
5920
130
5925
5930
5935

5908 ende] set into next line   5910 beknewe] underlined by M with
gloss: acknowledged   5922 Auennyr] underlined by R   5935 Iosa-
phat] underlined by R   5936 godfadere] underlined by M   5938 is
a verry] is a ve inked over by M, the original having blotted

by water and by þe Holy Goste he was glad and mery, and
after hym al þe peple was cristned and made þe sonnys
of Iy3t þat were beforn þe children of derknes, and al men
were made hole of þe deuelys comberaunce, both in body
and soule. And þer were many myraclis done in confirmacion
of oure feith, and many chirches made newe, and bisshoppis
þat were fledde for drede, come / and toke here chirchis a3en,
and made many preestis to teche þe peple þe Crysten beleue.

The kynge Auennyr, whan he had forsake his cursed erroure
and do penaunce for his synne, anon he toke al his kyngdom
to his sonne, and he hymself chose a solytary lyf, and kaste
asshyn on his heed, wailynge and wepynge, and euer he cryde
to God to haue for3euenes of his synne. And he had so grete
sorow in his herte þat vnnethis he durst speke of þe name of
God, he helde hymself so vnworthy. Thus he changid his lyf
to make his vertu passen his wykkednes. Foure 3ere he leuyd
in such penaunce and vertu, and þan he fyl in a seeknes and
þerof he deide. And whan he sholde deye he began to
remembre hym of þe shrewde turnys þat he had done, and
wepte sore. But Iosaphat euer confortid hym with wordis of
conforte to put awey his sorowe and heuynes, and seide:
'Fader, why art þou sory and in so grete heuynes? Truste in
God, and he shal be þyn helpe, and do as þe prophete seith:
"Put awey al euyl þou3tis out of þyn herte, and lerne for
to do wel", and he wyl for3eue al þy synne. Therfor, Fader,
be nat in doute, and drede þe nat, for þe synnes of hem þat
ben turned to God may nat ouercome his goodnes. For al þe
synnes þat a man doth ben in number and mesure, but þe /
goodnes of God is infenyte and without mesure. And þat þe
þynge þat is numerable may nat ouercome þat þynge þat is
innumerable.' With such wordis of conforte he sett his
fadere al in truste of þe mercy of God, þat he fylle in no
dispeyre. Than þe kynge Auennyr lyft vp his hondis and
þankyd his sonne, and blyssed þe day and houre þat he was
born in, and seide: 'O swete sonne, nat only my sonne, but
þe sonne of þe Fader of heuene, how may Y þanke þe? What
blissynge may Y 3eue þe? How may Y þanke God for þe?
For Y was loste, and by þe Y am founde a3en. Y was deed in

5943 comberaunce] underlined by M   5948 Auennyr] underlined by R
5959 Iosaphat] underlined by R

synne, and by þe Y am brouȝt to lyf aȝen. Y was þe enemye
of God, and by þe Y am reconsiled. Y may nat ȝeue þe dewe
rewarde perfor, but God rewarde þe for þy grete goodnes.'
And þis seyinge, he keste his sonne many tyme. And þan he
prayde and seide: 'Good Lorde, Y betake my soule into þyn
handis.' And þo he deide, and his soule wente to God Almyȝty.

Than his sonne Iosaphat, with grete wepynge, worshiped
his fader þat was deed, and seide dirigees, and beryed his
body in a grave, and keuered hym nat with a precious clothe
þat a kynge sholde haue, but with a clothe of penaunce, þat
was an heyre. And as he stode at his fadris grave, he lefte
vp / his handis to heuene, sore wepynge, and praide oure
Lorde God Almyȝty, Y þanke þe þat þou
hast nat dispised my wepynge and praiere. For it was plesynge
to þe to turne my fadere, þi seruaunt, out of synne, to þy
plesaunce, and to forsake al þes fals ydollys to know þe verry
God and trewe. And now, Lorde God Almyȝty, for þi grete
goodnes sett hym in a place of euerlastynge reste to se þe
bryȝtnes of þy glorious face, and put awey al his synne for
þy grete mercy. And make pees with þo seyntys þat he hath
slayne with fyre and sworde, and byd hem þat þey be nat
wroth with hym, but take hym to þy mercy, Lorde God
Almyȝty. For, Lorde, al þynge is possible to þe, and þer is
noþynge to þe impossible, but only to withdrawe þy mercy
fro hym þat wyl turne to þe. But, good Lorde, þy mercy is
shedde vpon al men þat wyl knowe þe. To þe be ioye and blis
in world wiþout ende, Amen.'

Such praiers Iosaphat made to God al þe .vij. dayes folow-
ynge, and neuer arose fro his grave, and neuer he þouȝt on
mete, ne drynke, ne slepe, but euer he was in prayer. The
.viij. day he wente to his palice and toke al þe gold and
tresoure þat he had, and ȝaf it to poor peple, and left nat
one / vnseruyd. So in fewe dayes he delte awey al þat euer
þer was, þat þe grete charge and berdoun of his ryches sholde
nat lette hym to entre into þe gatis of heuene. There he kepte
his fadrys memmday, fourty dayes. And þan he called to hym

Ps. 31: 5
Luke
23: 46

5982 betake] underlined by M with gloss: commende   5984 Iosaphat]
underlined by R   6005 Iosaphat] underlined by R   6011 ber-
doun] underlined by M   6013 memmday] underlined by M with gloss:
Funeralles

al þe lordis and princis and kny3tis, and also al þe comoun
peple, and sette hym in his seete, and seide in audience of
hem alle: 'Seeth, Syris, how Kynge Auennyr, my fader, is
deed as a poor man. And how his grete astate, ne dygnyte,
ne his ryches, ne Y þat am his owen sonne, may nat helpe
hym, but þat he must nedis deye by ri3t resoun, and 3elde
acountis of al his lyf þat he haþ lyued here, where noþynge
may helpe hym, but only his owen workys þat he haþ don.
And in þe same manere shal euery man passe out of þis world.
Now heere 3e, my frendis and bretheren and þe eyris of oure
Lorde God, whom he haþ bou3t with his precious blood, and
haþ delyuered 3ou out of 3oure olde erroure. 3e know wel
amonge 3ou my conuersacion, how siþ Y knew Cryst, Y haue
be his seruaunt, for whos loue Y haue euer desyred to forsake
þe prosperite of þis world, and set al my soule only to serue
hym. But my fadrys obstynacie haþ gretly lette me, and
nedys Y muste worship my fader. Wherfor by þe grace of /
God Y haue nat laboured and spendid al my dayes in vayne.
Now Y haue reconsiled hym to Cryst, and made hym know
his Lorde God Almy3ty. Y haue nat do þis alone, but þe grace
of God haþ wro3t in me, and þat grace haþ delyuered hym
and 3ou also out of erroure, and out of þe deuelys thraldom.
Now it is tyme þat Y fulfille þe beheest þat Y haue made to
my Lorde God. Therefor, now avyse 3ou wel whom 3e wyl
haue to 3oure kynge, for now 3e be perfite in þe wyl of God,
and know al his comaundementes. Kepe hem wel, and turne
neiþer hider ne þider, and þan God wyl abyde with 3ou.' And
whan þe peple herde hym þus speke þer was grete wailynge
and wepynge, grete sorowe and disconforte, and al þey cryde
with a lowde voyce and seyde þat þey wolde in no kende
suffre hym to go fro hem. Thus al þe peple cryde, lorde and
other. The Kynge bade hem be in pees, and bade hem to go
home a3en, and seide þat he wolde performe al here wylle.
Than afterwarde he toke one of þe pryncis þat he loued wel,
þat was an holy man and good, whos name was Barachias,
whych was with hym a3ens þe philosophers whan Nachor

6016 Auennyr] underlined by R
6021 his . . . don] underlined
by M
6048 Barachias] underlined by R

6019 right reason] underlined
underlined by M with comment: nay Faith
in Christ
6049 Nachor]

60

60

60

60

f.

60

60

60

60

6050 made hym Barlam, as it is seide before. And Iosaphat praide
133 hym meekly and goodly to take þe kyngdom vpon hym for
to gouerne þe peple / of God in drede, þat he myȝt go and
performe his promys þat he had made to God. Barachias
refused it, and seide: 'Treuly, Syr, þy dome is ful vnriȝtful,
6055 and dost noþynge after þe comaundement of God. For if
þou loue þy neghbore as þyself, why wylt þou put such a
charge to me, þat þou wylt nat take þyself? For if it be good
to be a kynge, kepe þat is good and holde it faste. And if it
be nat profitable to þy soule, why wylt þou put it vpon me?'
6060 And whan he had seide þes wordis, þe kynge wolde no more
speke as at þat tyme. Than at nyȝt he made a lettre, and
þerin he wrote how þe peple sholde gouerne hem, and how
þey sholde truste to God, and what lyf þey sholde lyue, and
what praiers þei sholde make to God, and bade hem þat þei
6065 sholde make non oþer kynge but Barachias. And whan þis
lettre was wryten he lefte it in his chamber vpon his bedde,
and wente preuely out of his palice. But he myȝt nat ascape
so awey, for erly on þe morowe þe peple myste hym, and þan
þei were wonder sory, and faste þey wente aboute to seke
6070 hym. They souȝt hym aboute valeies and mounteynes, and
at laste þey fonde hym in a valei holdynge vp his hondis to
heuene, and seide þe .vj. houre. And whan þey sawe hym þei
33v wepte for / ioye, and asked hym why he wente so fro hem,
and praide hym to come aȝen and be here kynge. He seyde
6075 aȝen vnto hem: 'Treuly, ȝe laboure al in vayne, for ȝe shul
haue me no more to be ȝoure kynge, and þerfor Y pray ȝou
desyre it nat.' And ȝit by þe grete instance of þe peple, and
by here praier, he turned aȝen with hem to his palice. And
whan al men were gadered togydre he declared openly, and
080 tolde hem his counseile, and þan he swore his oth þat he
wolde nat one day abyde with hem longer: 'Y haue fulfylled
þe mysteries of God in ȝou, and Y haue lefte noþynge be-
hynde, but þat Y haue declared ȝou þe doctryne of oure
Lorde Iesu Cryste, and tauȝt ȝou to do penaunce. And now
6085 Y wyl go þat weye þat Y haue longe desired after, and þan
ȝe shul no more se me. Wherefor Y shal seye as þe apostle
seyde: "Y am clene of þe blode of ȝou alle." ', And whan Bara- Acts 20: 26

6050 Barlam] underlined by R Iosaphat] underlined by R 6053 Bara-
chias] underlined by R 6065 Barachias] underlined by R

þey herde his entente, and wyst wel þat he was so stedefast þat þei myȝt nat drawe hym fro his purpos, þan þei made grete sorowe, for he wolde algatys go fro hem. Than þe kynge called Barachias to hym and seide: 'Bretheren, Y ordeyne þys man to be ȝoure kynge.' He refused it faste, and wolde nat take it vpon hym. But al aȝens his wylle he sette a crowne on his heed, and sette a rynge on his fynger, and put hym in his astate as a kynge. / And þan he turned hym into þe eest and made his praier to God for hym, þat God wolde ȝeue hym grace to kepe stedefastly þe beleue, and also his comaunde-mentis. Also he praide for al þe peple, þat God wolde sende hem such helpe and grace þat were most profite to hem and saluacion of here soulis. And whan he had made hys praier he turned to Barachias and seyde: 'Now brother, Y comaunde þe þat þou take good hede to þyself, and also to þy peple, on whom þe Holy Goste haþ made þe kynge, for to gouerne hem þat ben þe peple of God, which he haþ bouȝt with his precious blode. And inasmoche þat þou knewyst God ere Y, and seruedist hym with a clene conscience, now be glad to serue hym with grete besynes. For in gretter state þat þou art put, þe more þou art bounde for to serue þi God. There-for ȝelde þy dette to þy Lorde, and þanke hym of his grace, and kepe his comaundementis, and forsake euery weye þat ledith a man to perdicion.' And whan he had seyde þus, he fylle on his knees aȝen, and made his praier, and seide: 'Bretheren, Y betake ȝou to Almyȝty God, which may edefie ȝou, and ȝeue ȝou his heritage amonge his seyntis in þe blis of heuene.' And þan he arose and kyste Barachias þat was kynge, and after hym al oþer lordis. There was grete sorowe and wepynge, and þey had on hym / so grete compassion þat vnnethis þey myȝt lyue, þey kiste hym, þey klypte hym, þei were so ful of sorowe þat almoste þei had forȝete al þe worshipe þat þey were in. 'Alas,' þei seide, 'Wo is vs þat euer þis myshap sholde come to vs.' þey called hym here fader and here sauyoure, and seide: 'By þe we haue knowe oure God, and be delyuered out of erroure, and haue founde reste of al oure euyl dedis. Lorde, how shul we do whan þou art

6090 algatys] underlined by M with gloss: needes   6091 Barachias]
underlined by R
6101 Barachias] underlined by R
6115 Bara-
chias] underlined by M
6120 Wo is vs] underlined by M

25 paste fro vs? Y trowe þat some grete harme shal falle to vs.'
And in sorowe þei smote here brestis, and wepte sore for his
departynge. He ȝaf hem euer feyre wordis aȝen and softe,
to aswage here grete sorowe, and seide þat his soule sholde
be euer with hem, þauȝ he myȝt nat be with hem presente in
30 body. And when he had seide þus before al þe peple, he
wente out of his palice, and many men wente out of þe cyte
with hym, and made here beheest þat þey wolde neuer come
þer more, ne neuer se it after þat tyme. And whan þey had
brouȝt hym out of þe cyte, he prayde hem feyre to turne
35 aȝen home, and þey wolde nat for no feyrnes, tyl he made
hem to go home aȝen aȝens here wylle. þan some turned
home aȝen, and some folowed hym ferre behynde tyl nyȝt
come, and þat partyd hym asundre, for þei myȝt no lenger
se hym. /

35 Thus Iosaphat wente out of þat londe, with glad chere as
41 a man þat were exiled come home aȝen to his contrey. And
withoute he wered his clothis þat he was wonte to were, and
nexte his body he werid þat wollen clothe þat Barlam ȝaf
hym. The nyȝt folowynge he was herberowed in a poor
45 mannys hous, and þere he dede of hys clothis and ȝaf hem to
þe poor man, and þat was his laste almas. This poor man,
and many oþer also, praide fast for hym, for whos praier he
had þe gretter grace and helpe of God Almyȝty. Than he
wente forth into wyldernes, and bare neiþer with hym brede
50 ne water, ne nopynge ellys to [eȝete, ne drynke, ne clothe,
but þat harde wollen clothe þat he had with hym in mende
of his maister. His herte was al sette in þe loue of G'o'd,
wherefor he myȝt seye þe wordis of þ'e' prophete: 'Quem   Ps. 42: 1
admodum desiderat ceruus ad fontes aquarum, etc.' And
55 also his herte was so woundid in charite þat he myȝt seye   Cant. 4: 9
þat is wryten, Cantica Canticorum: 'Vulnerata caritate ego
sum.' The noble man in body, but more noble in soule,
dispised al þe prosperite of þis world, and al flesshly luste he
dispised, al ryches and al preysynge of þe peple. He despised

6126 þei] i has been added by I   6140 Iosaphat] underlined by R
6143 Barlam] underlined by R   6150 eete] mete   6152 God]
o is an interlinear addition of I over a blot   6153 þe²] e is an interlinear
addition of I   6153-4 quem ... aquarum] underlined by R   6156 wryten]
wryten in, in an interlinear addition by I   6156-7 Vulnerata ... sum]
underlined by R

his diademe and al his ryche clopis, and al he changid for þe labouris lyf and harde of an heremyte, and cryde euer to God, and seide: 'Lorde, Y thanke þe, for þou hast take me to þy / seruyce.' And þan he wente forth into wyldernes, and put awey fro hym al þou3t of þe prosperite of þe world, and was glad in his soule for þe conforte of Cryste, and praide to God, and seide: 'Good Lorde, lete neuer myn eye se more of þe prosperite of þis world, ne my mende be vexid by worldly vanyte. But 3eue me grace to wepe in my soule, and shewe me þy seruaunt Barlam, þat by þi grace was cause of my saluacion, þat Y may lerne þis hermytes lyf in his company, þat Y be neuer ouercome by þe wykked deuyl, myn enmye. Lorde, sette me in þe weye whereby Y may come to þe, for my soule is woundid in þy loue, and þou art my lyf and my saluacion.' Thus he prayde euer to God, and was ioyned to God by holy contemplacion, and þus he wente forth in his weye, and sowght his maister Barlam. He ete herbys þat growid in deserte, and 3it þerof he toke but a lytel. And in deserte he suffred grete desese with grete tempeste of wedere, with heete and colde, hunger and þurst, and moche wrechid-nes. But his grete desyre of loue to God ouercome al his aduersite. The deuyl, þat is ful of envye, sawe þe good purpos þat his herte was sette in, and þe grete loue þat he had to God. He temptid hym with many dyuerse temptacions, while / he was to Barlam wardes. Some tyme he brou3t a3en to f. his mende þe grete state þat he was in while he was a kynge, and þe reuerence and seruyce þat he had of his kynnesmen and of his frendys. On þat oþer syde he brou3t to his mende þe grete hardines of his conuersacion, þe grete infyrmyte of 'his' body, and how he was nat wonte to such wrechidnes, and how longe tyme he sholde abyde þerin and neuer to haue oþer conforte, and what ende he sholde haue of þat harde laboure. And euer he withstode þis grete temptacion, and put awey al such ydel þou3tys, as dede þe holy man Seynt Antonye. The deuyl sawe þat al his temptacion availed hym na3t a3ens his good purpos, for he had euer Cryst in his

6161 labouris lyf] *underlined by M*   6169 Barlam] *underlined by R*
6173 loue] loue f, f *cancelled*   6176 Barlam] *underlined by R*   6184 was]
underlined by M   Barlam] *underlined by M*   6188 of] of here, here
cancelled   6194 Antonye] *underlined by R*

þouȝt, and was confortid with stedefast beleue, þo he was
ashamed. And þan þe deuyl, with many oþer sleghtis and
wyles, and many fantesies of temptacions, laboured faste to
put hym out of þe wyldernes. Sometyme he come to hym in
lyknes of a man with a sworde drawen in his honde, and
ferde as þouȝ he wolde haue falle on hym, but if he wolde
turne aȝen. And sometyme in lyknes of dyuerse beestis, and
made on hym grete rorynge and crye. And sometyme in
lyknes of a dragoun and serpentis, and in many oþer lyknes.
But þis good man was euer stedefast in his soule, and fonde
sone / helpe fro Almyȝty God. And þan in his þouȝt he
scornyd þe deuyl, and seyde: 'Thou cursed enmye to man,
it is no wonder þouȝ þou tempte me in þis manere, for fro
þe begynnynge of þe world þou cesist neuer to tempte man-
kende, and to transforme þe into beestis and serpentis þat
ben venemous, to shewe in hem þyn shrewdnes and þy
venym. þou cursed wreche, why labourist þou aboute þynge
þat is impossible? For siþ Y know þy wykkednes and þyn
engynnes, Y was noþynge aferde of þe. For my Lorde God is
myn helpe, and þerfor Y dispice al myn enmyes, and Y shal
ouercome both lyoun and dragoun and al oþer beestis þat
þou hast made þe lyke vnto, while Y haue þe conforte of
þe vertu of God.' And þan he made vpon hym þe sygne of þe
cros, and þat drofe awey al þe deuelis fantesie, and al þe
beestis and serpentis fledden awey, as wexe meltiþ aȝens
þe fyre. And whan he felte þat he was kepte þus with þe vertu
of God, he wente forth with grete gladnes, and þankid God
of his sonde. And many beestis, serpentis, and dragounes,
nat in fantesie but verry beestis, mette with hym in deserte,
and so for feere of hem his wey was ful greuous, so with
many lettyngis and aduersite he wente in deserte many nyȝtis
and dayes. At last he come to þe londe of Sannaar into deserte
where / Barlam dwelde, and þer he dranke water to quenche
with his thurst.

Iosaphat walked in deserte ful two ȝere þat he koude
neuer fynde Barlam. For in þat God proued his strengthe and
þe stabylnes of his soule. And on þe day he was brente with

6223 sonde] underlined by M   6228 Barlam] underlined by R
quenche] underlined by M   6230 Iosaphat] underlined by R
lam] underlined by R   6231 Bar-

þe heete of þe sunne, and on þe nyȝt he was nye loste for colde. And euer he souȝt Barlam as a man wolde seke a precious tresoure. Whan two ȝere was al done and myȝt nat fynde Barlam, he wepte sore, and cryde to God and seide: 'Lorde God, ȝeue me grace to fynde þe auctore of my saluacion, þat tauȝt me to know þy goodnes, and lete me nat lese hym, þauȝ my synnes be grete, but þat Y may lyue with hym in his holy conuersacion while my lyf lastyth.'

At laste he found, by þe grace of God, besyde a pathe, a denne vnder erthe, and þerin he fonde an hermyte dwellynge. Anon he kyste hym, and prayde hym to shewe þe dwellynge of Barlam, and tolde hym al þe cause of hys comynge, and þan þat hermyte shewde hym þe wonynge of Barlam. And faste he wente þider as an huntere þat hap founde his praie. And whan he had tokenynge of hym, he was gladder þan a childe is þat sawe nat longe his fader. For gostly loue passyth a grete weye þe loue of kende. Than he stode at þe / denne and knokkyd at þe dore and seyde: 'Blissed Fader, blissed Fader.' And whan Barlam come to þe dore, anon he knew hym in spyrite, for he myȝt nat know hym in siȝt outwarde, for he was al changid out of þe clothis þat he sawe hym in fyrst in his ȝonge age, into oþer foule clothis, and his body was made al blak with þe heete of þe sunne, his face was al rowgh, his eyen were sunke into his heed þat he was al out of his knowlych. But Iosaphat knew his gostly fader, and wyst wel þat it was þe same. Than Barlam made his prayer and þanked God of his comynge. And whan he had praide, þei klypte togydre and kyste, and for loue þey partyd neuer asundre. Than eche of hem toke oþer by þe honde, and sate doun and spake togydre. And first spake Barlam, and seide: 'Thou art welcome, þe sonne of God and þe eyre of heuene by oure Lorde Iesu Cryste, for whos loue þou hast forsake al temporal ryches and worshyp, and þou hast solde al þy goodys and founde a precious stone. þou hast founde þe tresoure þat was hydde in þe felde

Matt. 13:44

6234 Barlam] underlined by R   6236 Barlam] underlined by R   6244 Barlam] underlined by R   6245 wonynge] underlined by M with gloss: aboade   6246 Barlam] underlined by R   6247 tokenynge] underlined by M   6251 Barlam] Barlam he, he cancelled   6252 dore] dore for and, for cancelled   6257 Iosaphat] underlined by R   6259 Barlam] underlined by R   6263 Barlam] underlined by R

of þe comaundementes of God, and þou hast noþynge spared
270 of þi goodys for to bey þat feelde. Now God ȝeue þe for þo
temporal goodys, þo goodys þat ben euerlastynge and neuer
shale fayle. Sey me, wel beloued Brother, hou þou comyst
38 hyder, and how þou hast / do syþ Y wente fro þe, and if þi
fader knewe his God, or ellys if he is ȝit in þe deuelis thral-
dom and in his false erroure.' And whan Barlam had askyd
275 hym þis question, Iosaphat began to telle al þat euer was
done syþ he wente fro hym, and how God turned al þynge
into good. And whan Barlam herde þis he wepte for ioye and
seide: 'Ioye be to þe Lorde God Almyȝty, þat helpyst in
nede al hem þat louen þe. Ioye be to þe, Lorde Iesu Cryste,
280 þat it lyked to þe þat þe seede þat Y sewe in þy seruaunt,
Iosaphat, haþ broȝt forþ an hundredfold froite in saluacion
of many mennys soulis. Ioye be to þe, Lorde God þe Holy
Gost, þat hast made þy seruaunte to be partable with þyn
holy apostelys, and haþ delyuered moche peple out of
285 erroure, to come to þe knowynge of þy Godhede.' Thus þey
þankyd God both in grete ioye tyl euen, þan þey arose and   Matt. 13:23
seyde here seruyce. Afterwarde þey leyde table and wente to
soper. And þere Barlam was ryche ynouȝ of gostly mete, but
here oþer mete was but eesy. For þey had but rawe wortys,
290 and a fewe datys of þe wyldernes, and herbys of þe wode.
Þey seide gracis, and wente to soper, and þankid God of þat
welfare. And whan þey had sowpyd, þei seide here praieris
þat þei were wonte to seye on þe nyȝt. And whan þey had
38v seide here prayeris / þey spake togydre aȝen of here gostly
295 comunycacion al þe nyȝt ouer tyl day come, þat þey sholde
go seye here seruyce. There dwellyd Iosaphat with Barlam
many ȝere in þat holy conuersacion, and was obedient vnto
hym as a childe to his fader, in al lownes and meeknes, and in
al vertu, and distroyde al þe temptacions of here gostly
300 enmye. And he was so holy in his contemplacion þat Barlam
had wonder þerof, and also of his grete perfeccion, as þouȝ
he had leuyd in deserte al his lyftyme. And he toke so lytel
of þat harde mete, þat vnnethis he myȝt lyue he was so leene

6274 Barlam] *underlined by R*   6275 Iosaphat] *underlined by R*
6277 Barlam] *underlined by R*   6281 Iosaphat] *underlined by R*   6288 Bar-
lam] *underlined by R*   6296 Iosaphat] *underlined by R*   6300 Barlam]
underlined by R

and feble, þat vnneþis his kende my3t be susteyned. Al his besynes was euer in prayer and in holy contemplacion, þat he loste neuer tyme while he was in deserte.

Thus Barlam and Iosaphat leuyd togydre in deserte in holy contemplacion, out of sturbelaunce of þe world, in clene lyf and þou3t. Þan on a day Barlam called vnto hym his gostly chylde, þat he had goten by þe worde of God, and seide to hym in here gostly talkynge: 'Wel beloued sonne Iosaphat, þou muste l[e]ue in þis deserte to se my deth before þe, as God haþ shewde to me whyle Y haue þat Y desyred. For now Y se þat þou art drawe al fro þe world, and þou art ioyned to God vnpartably, in þy grete perfeccion. Perfor, / tyme is come þat Y muste passe hennys to be with Cryst þat is my desyre, and my body to go to þe erthe. Loke þou dwelle stylle here in þis place in þyn holy conuersacion, and euer haue mende on my lownes, and drede nat þe deceites of þe deuyl, but kepe þe and defende þe wiþ Crystis passion, and by þe vertu þerof þou shalt some ouer-come hem, and know here infirmyte. And a3ens þe heuynes of þis laboure lete þis day be as þou3 it were þe begynnynge and þe ende of þy contemplacion. For3ete al þynge þat is behynde þe, and take hede to þat þynge þat is before þe, and renewe þy perfeccion fro day to day þat þou maist haue þe rewarde þat is behote þe of oure Lord Iesu Cryst. For oure tribulacion here lastyth but a while, to þe ioye þat is euer-lastynge. And al þynge þat we may se here is nat in com-persoun to þat þynge þat we may nat se, for þyngis þat we se ben temporal and vanyshynge, and þo þyngis þat we may nat se ben euerlastinge. Dere Sonne, þynke hereon, and be of good conforte, and euer be besy for to plese þy God. And if þe deuyl put in þe eny euyl þou3t, consente nat to hym, but anon do after þe comaundement of God þat seith: "3e shul haue tribulacion in þe world, but trustith wel in me, for Y haue overcome þe world." Therfor, sette þy ioye in God, þat haþ chose / þe and departyd þe fro þe world, and put þe f.

Phil. 3: 13

2 Cor. 4: 17

John 16: 33

6304 kende] underlined by M   6305 besynes] underlined by M with gloss: care by R   6307 Barlam] underlined by R   Iosaphat] underlined by M with gloss: 6308 sturbelaunce] underlined by M with gloss: dysturbaunce   6309 Barlam] underlined by R   6311 Iosaphat] underlined by R   6312 leue] loue   6315 vnpartably] underlined by M   and a1, a1 cancelled   6331 and²] f.

before his face. For he haþ called þe vnto hym, and he is euer
with þe. Be euer besy in praier and þanke hym of his sonde,
and þou shalt haue þyn askynge, and he wyl neuer forsake
þe. Therefor, in þyn harde conuersacion be mery and glad,
and euer haue mende on þy Lorde God. And if þe deuyl
brynge in þe mende euer eny contrary þouȝtis, of þi grete
kyngdom þat þou hast forsake, 'or' of eny oþer wordly
prosperi[t]e, þan take Goddis worde in þi mende and lete þat
be þy shelde þat seith: "Whan ȝe shal do þat is comaundid Luke 17:10
ȝou seith: 'We be vnprofitable seruauntis. We haue nat do þat
we shold do.'" Which of vs alle may treuly pay þe dette þat
we owe to God for þe goodnes þat he hath don to vs? For he 2 Cor. 8:9
was ryche, for vs he was made poore, þat we shold by his
pouerte be made ryche. And he, vnpassible, suffrid passion
to deliuere out of thraldom al mankende. What seruaunt
may suffre þat oure 'Lorde' suffryd? Vs fayliþ moche of his
passion. Thus dresse þy mende and þouȝt from al vnclennes,
to be obediente to oure Lorde Iesu Cryste, and þe pees of Phil. 4:7
oure Lorde, þat passyth al my wylle and mannys wytt, kepe
þyn herte and þyn vnderstondynge in oure Lord God Almyȝti.'

Whan Barlam had seyde al þes wordis, Iosaphat wepte so
sore þat þe erthe / þerof was al moyste. And in his wepynge
he praide hym hertly þat he myȝt deye with hym and be his
felawe, and þat he wolde nat leue hym behynde in þis lyf,
and seide: 'Fader, why sekist þou only þyn owen profite, and
nat þy neghborys? How art þou in perfite charite? For Cryst
seith: "þou shalt loue þy neghbore as þiself." Now þou goist Matt. 22:39
to reste and leuyst me in tribulacion and angwysshe, ere Y
be fully vsed in þis holy conuersacion, and ere Y haue lerned
to lyue an hermytes lyf. Wherefor Y trowe it wyl non oþer
be, but þorouȝ þe deceyte of þe deuyl Y shal be deed in my
soule. Alas, Y drede sore þat Y shal be fouȝt with of many
a dedly enmye. Therefor, good Fadere, pray to oure Lorde
þat Y may be þy felawe and passe with þe out of þis world to
haue þe same rewarde þat þou hopyst to haue, or ellys pray
to God þat Y mowe abide but one day after þe, þat Y be nat
distroied in þis waste deserte.'

6340 sonde] underlined by M   6346 prosperite] prosperie   6352 ryche]
ryche ryche, first ryche cancelled   6355 dresse] underlined by M with gloss:
prepare   6359 Barlam] underlined by R   Iosaphat] underlined by R

When Iosaphat had seide þus wepynge, Barlam answeryd
hym aȝen pleynly, and seide: 'Sonne, we shul noþynge with-
stonde þe domys of God, for ofte Y haue praide to God þat
we shold neuer be departyd asundre, but of his goodnes Y
haue so vnderstonde þat it is nat ȝit tyme for þe to deye, but
for to abide awhile in exercise of þis holy contemplacion to
gete a gretter rewarde of oure Lorde God Almyȝty. For ȝit
þou hast nat stryuen ynowȝ for to 'haue' þat rewarde þat is
made redy for þe in þe blis of heuene. But þou must / trauaile f.
here a lytel while ere þou entre into þe ioye of þy Lorde. For
Y am almoste an hundred wynter olde, and Y haue be in þis

Matt.
20: 12
deserte .lxx. and .v. ȝere. But to þe is nat so longe tyme or-
deyned, but þou must do as oure Lorde byddeth for to come
of contrary þouȝtis, and kepe clennes in þy mende as a
precious tresoure. Be euery day in holy contemplacion, and
kepe Goddis comaundementys, þat it may be fulfylled in þe
þat oure Lorde haþ behote his frendis, and seith: "Who

John
14: 23
louyth me, he shal kepe my wordys, and my Fader shal loue
hym, and to hym we shal come, and with hym haue oure
dwellynge place." ' And with such good wordis he confortid
Iosaphat þat was in so grete heuynes. And þan he sente hym
to his bretheren þat dwellid fer aboute hym to mynistre hym
þe sacramentes to saluacion of his soule. Than Iosaphat
wente faste aboute to fech hem, and he dredde sore þat in his
absence Barlam shold deye, and þat were grete harme to
hym, but if he herde of his holy wordis, and also his blissynge.
So þat he come sone aȝen, and brouȝt hem sone þat he /
wente fore with hym, and fulfylled þe holy mysteries of God f.
in þat holy man Barlam. And þan Barlam hoseled Iosaphat,
and confortid hym with holy wordis, and seyde: 'Wel belouyd
Sonne, þis communynge kepyth nat vs togydre in þis lyf. For

6376 Iosaphat] underlined by R　　Barlam] underlined by R　　6383 haue]
an interlinear addition by I　　6401 Iosaphat] underlined by R　　6403 Iosa-
phat] underlined by R　　6405 Barlam] underlined by R　　6409 Barlam²]
underlined by R　　Barlam¹] underlined by R　　hoseled] underlined by M
Iosaphat] underlined by R

Y must now deye as al my fadrys haue do before me, but
hereafter we shal haue þe gostly conforte þerof. Therefor þou
must haue moche loue vnto me in kepynge of þe comaunde-
15 ment of God, and abide in þis place vnto þyn ende, and vse
þe conuersacion þat Y haue broȝt þe in, and euer haue mende
of my soule þat haþ be ful necligent. And be glad and ioyful,
for þou shalt haue for þes temporal þyngis þe ioye þat is
euerlastynge, for now neghith þy meede. And he is with þe,
20 þat is rewarde of al þynge, and he shal ȝeue þe þi meede
after þy workynge.' Such wordis Barlam spake to Iosaphat
al þat nyȝt, þat made grete sorowe for here departynge. And
anon as dayliȝt was in þe mornynge þei endid here speche
togydre, and Barlam lefte vp his hondis and eyen to heuene,
25 and þankid God and seide:

'Lorde God Almyȝty, þat art ouer al presente, and ful-
fyllest al þynge, Y þanke þe with al myn herte, for þou hast
seye my meeknes, and hast made me worthy to ende my lyf
in þy commaundementes. And now, good Lorde, for þy grete
1v mercy receyue me into þyn / euerlastynge dwellynge, and
31 þynk nat on my synnes þat Y haue do both knowyngly and
wytingly. Also, good Lorde, kepe þy trewe seruaunt which
Y haue broȝt to þe, þouȝ Y be vnworthy. Lorde, kepe hym
from al vanyte and temptacion of þe deuyl, þat he mow
35 ouercome al þe deuelys snaris with whych he cacchip a man
þat desireþ to be sauyd. And ȝeue hym powere to trede hym
vndere foote þat is enmye to al mankende. Strengthe hym,
Lorde, with þe grace of þyn Holy Goste, aȝens al spirites
inuysible, þat he may receyue þe crowne of victorie, and
40 magnefie þy name. To þe preisynge and worship in world
without ende, Amen.' And whan he had made his praier, of
verry grete loue he kyssed Iosaphat, and blyssed hym with
þe sygne of þe cros, and strechyd out his leggis, and wyth
feyre chere he ȝelde his soule to God. Than Iosaphat fylle
45 vpon hym and wepte sore, and with his teerys he wysshe his
body, and wyped it with þat wolled clothe þat he ȝaf hym in
his palice, and þerwith he wrappyd hym, and al day and nyȝt
he seide his sawtere vpon þat blyssed body. The nexte day

6421 Barlam] underlined by R   Iosaphat] underlined by R   6424 Bar-
lam] underlined by R   6442 Iosaphat] underlined by R   6444 Iosa-
phat] underlined by R

he made a grave beside his celle, and with grete reuerence he put his gostly fadere þerin, as a good gostly childe, and with a feruent herte he made his praier and seide: 'Lorde God Almyʒty, heere my praier and haue mercy on me, for Y / crye to þe with al myn herte. Lorde, turne nat þy face fro me, and go nat in wreth fro þy seruaunte. Lorde, be myn helpe, and forsake me nat, good Lorde, dispice me nat, for þou art my sauyoure. For my fader and moder haue forsake me, but Lorde, þou haste take me to þe. Lorde, dresse my wey in þi trewþe, for drede of my deedly enmyes. Take me nat, Lorde, into þe hondys of hem þat pursewen me, for þer is no man þat may helpe but þou alone. Lorde, my trust is al in þe, and goueme my lyf in þi wysdom to þi plesaunce and worshyp. Lorde, saue me by þe praier of þi trewe ser-uaunt Barlam, for þou art my God and þe Y gloryfie, Fadere, and Sonne, and Holy Goste, in world without ende, Amen.'

And whan Iosaphat had made his prayer he sate doun wepynge at his grave and þer he fylle aslepe, and þan his spirite was rauyshid, and sawe þo dredeful spirites þat he sawe before come to hym, and ledde hym to þat feire feelde and to þat glorious cyte þat he sawe beforn. And whan he come þere, moche peple mette with hym, and brouʒt in here hondis crownes of gold shynynge bryʒt, þat neuer man sawe such beforn. Than Iosaphat asked whos crownys þo were þat shone so bryʒt. They answerid hym aʒen and seide: 'One of hem is ordeyned for þe, for þe many soulis þat þou hast brouʒt to saluacion, but moche rathere for þe / harde lyf þat þou hast take vpon þe if þou abyde þerin stedefastly into þy lyues ende. And þat oþer is þyn also, but þou shalt ʒeue it to þy fader, whom þou hast broʒt out of þe euyl wey þat 'he' was in, and is reconsiled to God by very penaunce.' Whan Iosaphat herde þis he toke it heuyly, and in a maner doute he seide: 'How is it þat my fader shal haue as grete a ʒyfte only for penaunce, as Y þat haue suffred so grete aduersite to make hym to do penaunce? Me þynkith it were nat worthy.' And whan he had seyde þys, hym þouʒt þat he

Matt. 20. 12

6463 Barlam] underlined by R
6465 And] Allnd, ll cancelled
forn] underlined by M
rathere] underlined by M with gloss: fye( ), remainder of word torn from page
6479 he] an interlinear addition by I

6464 Amen] underlined by R
Iosaphat] underlined by R
Iosaphat] underlined by R
6480 Iosaphat] underlined by R

6472 be-
6475 moche

485 sawe Barlam come to hym, and reproued hym, and seide:
'Iosaphat, þes ben þo wordis þat Y seide to þe some tyme þat
where þou were ryche. Þou sholdist nat be mercyful, and þo
þou vnderstodist nat þis worde, why art þou now hevy, þat
þi fader and þou shal haue boþe lyke worshyp? Þou sholdist
490 raþer be glad þerof, þat þi praier þat þou madist for hym is
herde so graciously.' Than Iosaphat seide to hym as he was
wonte to do: 'Holy Fader, forȝeue me þys, and shewe me þe
place þat þou dwellyst in.' Barlam seide aȝen: 'My dwellynge
is in þe myddis of þis cyte, in þe strete þat shynyth bryȝtter   Rev. 22: 2
495 þan þe sunne.' And þan hym þouȝt þat he praide Barlam to
brynge hym into þat hous, for he desyred gretly to se it. And
þan he seyde aȝen þat he myȝt nat come þidere whyle he /
143 lyued in bodely lyf: 'But if þou abyde manly in þe doctrine
þat Y haue tauȝt þe, þou shalt sone after come to me and
500 haue þe same dwellynge place, and þan we shal dwelle togydre
in ioye without ende.' Than Iosaphat awoke out of his slepe,
and his soule was fulfylled with þat blyssed ioye þat he had
seyn, and þankyd God þerof. Than he abode in þat holy
conuersacion, and toke an hardere lyf vpon hym þan euer he
505 dede beform. Whan he was .xxv. ȝere olde he forsoke his
kyngdom and toke vpon hym þe lyf of an hermyte, and aforn
he brouȝt many a soule to saluacion whych þe deuyl had
vnder his subieccion, and þerin he was a verry apostle of God
for without eny drede he prechid Goddis worde before kyngis
510 and tyrauntis. Also he ouercome in deserte many a wykked
spyryt þe vertu of God, wherefor he was worthy to haue
his reward in þe blys of heuene. He had Cryste euer in hys
mende, insomoche þat hym þouȝt þat he had Cryste euer in
his syȝt, for þe prophete seyth: 'My soule haþ desired after   Ps. 68: 1
515 'þe', and þy ryȝt honde haþ me vnderfonge.' In þis holy con-   Isa. 41: 10
templacion he abode vnto his ende, and euer fro day to day
he laboured to be þerin more perfite. And at þe laste he
wente to God, whom he desired so longe after. Than his soule
was presentid before God, and receyued þe crowne þat was

6485 Barlam] *underlined by R*   6486 Iosaphat] *underlined by R*
6491 Iosaphat] *underlined by R*   6493 Barlam] *underlined by R*
6495 Barlam] *underlined by R*   6501 Iosaphat] *underlined by R*
6515 þe] *an interlinear addition by I*   vnderfonge] *underlined by M*

behote hym, and þer he dwellid with Cryste in ioye and blis
withoute ende. /

An holy man þat dwellyd nat fere fro hym, þat tauȝt hym
þe weye to Barlam, had by reuelacion of God þe same houre
of his deyinge. He wente þyder, and toke his precious body,
and dede al manere seruyce þeron, as longyd to Crysten peple,
and beryed it in þe grave of his maister Barlam. For it semed
wel þat here beodyes were so ioyned togydre in erthe, whan
here soulis were so ioyned togydre in heuene. And anon þat
hermyte þat beryed hym was comaundid of God by vysion,
þat he shold go to þe londe of Ynde and telle to þe kynge
Barachias al þat folle of þat holy man Iosaphat. The kynge
anon, with grete multitude of peple, wente þyder, tyl he
come to his grave. And þan with grete wepynge, he dede
opene þe grave, and þer he sawe þe bodies of Barlam and
Iosaphat in a feyre and clere coloure with here clothis hole
and sounde. And þo bodyes ȝaue out a swete sauour, with-
out eny manere fylthe and stenche. The kynge toke vp þo
twey bodyes, and put hem in twey chestys, and bare hem
home with hym into his cuntrey. And whan þe peple herde
telle what was done, þey come faste þyder, for to worship
and se þo blyssed mennys bodyes, with grete songe and
solemnyte, with lampis and taperis brennynge, wherfor a
man may sey conuenyently þat þer were many lyȝtys aboute
þe sonnys and þe eyris of lyȝt. And þo bodyes were worthily
/ shryned in þat grete chirche þat Iosaphat made ere he wente
into deserte. There God wroȝt many myraclis in translacion
of þo bodyes, to þe preisynge and worship of his name. And
þe kynge and al þe peple sawe þe grete myraclis þat þere were
done. And al þe peple of þe cuntrey þat had eny seeknes or
were enyþynge out of þe beleue come þyder, and receyued
þe feith, and were made hole. And al men þat herde of þe
holy conuersacion of Iosaphat þat he had fro his ȝonge age,
þey had wonder þerof, and þankyd God þat glorifieth his
louers with such grace and vertu.

6423 Barlam] _underlined by R_   6526 Barlam] _underlined by R_
6531 Barachias] _underlined by R_   6534 Bar-
lam] _underlined by R_   6535 Iosaphat] _underlined by R_   lam] _underlined by R_   6545 shryned]
underlined by M   Iosaphat] _underlined by R_   6552 Iosaphat]

55   Thus Y haue broȝt to an ende þis presente worke after my
kunnynge, as Y haue herde seyde of wyse men þat haue tolde
it me for verry trewthe. God ȝeue vs grace þat redith þis boke
and heerith it, þat by þis narracion we may haue profite in
oure soulis þorouȝ þ'e' praier of þes holy men, Barlam and
60   Iosaphat, of whom þis boke is, þat euer plesid oure Lorde
God Almyȝty in oure Lorde Iesu Criste, to whom be preys-
ynge and worshyp with þe Fader and þe Holy Goste in world
without ende, Amen, Amen.

Explicit Historia Sanctorum
Barlam et Iosaphat.

65   Articulus claua qui scripsit nomine gaudet.

6559 þe] þis e, is cancelled   Barlam] underlined by R   6560 Iosa-
phat] underlined by R   6565 Barlam et Iosaphat] underlined by R

ABBREVIATIONS

Apology
The Apology of Aristides, ed. and trans. from the Syriac by J. Rendel Harris, With An Appendix Containing the Main Portion of the Original Greek Text by J. Armitage Robinson, Texts and Studies: Contributions to Biblical and Patristic Literature, vol. 1, no. 1 (Cambridge, 1891).

BSOAS
Bulletin of the School of Oriental and African Studies

Buddhacarita, ed Beal
The Fo-Sho-Hing-Tsan-King, A Life of Buddha by Asvaghosha Bodhisattva, translated from Sanskrit into Chinese by Dharmaraksha, A.D. 420, trans. Samuel Beal, The Sacred Books of the East, ed. F. Max Müller, vol. XIX (Oxford, 1883).

Buddhacarita, ed. Johnston
The Buddhacarita, or Acts of the Buddha, ed. and trans. E. H. Johnston, Punjab University Oriental Publications No. 32, 2 vols. (Calcutta, 1936).

Gimaret
Le Livre de Bilawhar et Būdāsf selon la version arabe ismaélienne, trans. Daniel Gimaret, Centre de recherches d'histoire et de philologie: IV. Hautes études Islamiques et orientales d'histoire comparée 3 (Genève and Paris, 1971).

Khintibidze
Elguja Khintibidze, *Concerning the Relationship of the Georgian and Greek Versions of Barlaam and Ioasaph*, trans. from the Georgian by A. A. Tchanturia, supplement to *Bedi Kartlisa, revue de kartvelologie*, vol. 34 (1976).

Lang, Balavariani
The Balavariani, (Barlaam and Josaphat), A Tale from the Christian East Translated from the Old Georgian, trans. David Marshall Lang, UNESCO Collection of Representative Works (London, 1966).

Lang, Wisdom
The Wisdom of Balahvar, A Christian Legend of the Buddha, trans. David Marshall Lang, Ethical and Religious Classics of the East and West, No. 20 (London & New York, 1957).

Latin
Bodleian Library, Oxford: MS Canon. misc. 358 (*Summary Catalogue* 19834), fols. 1–111v. A twelfth-century manuscript of the second Latin

ABBREVIATIONS

Loeb

version of *Barlaam and Josaphat*. Reference is by folio number. See introduction. Abbreviations are silently expanded.

[St. John Damascene], *Barlaam and Ioasaph*, trans. from the Greek by G. R. Woodward and H. Mattingly, with an Introduction by D. M. Lang, Loeb Classical Library, ed. E. H. Warmington (London & Cambridge, Mass., 1967).

Peeters

Paul Peeters, 'La première traduction latine de "Barlaam et Josaph" et son original grec', *Analecta Bollandiana*, xlix (1931), 276–312.

Pelliot

Paul Pelliot, *Notes on Marco Polo*, 3 vols. (Paris, 1959–1973).

NOTES TO THE TEXT

9. Inde: This place name appears in the earliest Arabic version, and was probably carried over from the original source. Its treatment however is vague, and probably indebted, in the Greek and later versions, to the Hellenistic literary tradition described by Albrecht Dihle, 'The Conception of India in Hellenistic and Roman Literature', *Cambridge Philological Society* (1964), 15–23. Gimaret, 65; Lang, *Balavariani*, 53; Lang, *Wisdom*, 69; cf. Loeb, 6–7, which preserves an extended description of the country. Direct western medieval knowledge of Buddhism was very limited, though Friar William of Rubroek's 1254 debate with Buddhists and others in Mongolia was well known in England, where four manuscripts of the account are preserved: Corpus Christi College Cambridge MSS 66, 181, and 407; British Library Royal MS 14. C. xiii; the account is published in A. van den Wyngaert, *Sinica Francisana*, I, 1929, 289–97.

10. Auennre, also Auennyr, Auennir: in Arabic *Jntsr*, *Ǧunaysar*, or *Janaisar*, in Georgian *Abenes* (though Khintibidze notes that the earliest form, preserved in a hymn to S. Iodasaph, is *Habeneser*), sometimes *Iabenes*, in Greek *Abenner*, in the first Latin version *Auemur*, in the second (and most derived versions) *Auennir*. The Greek form, Pelliot observes, was probably formed under the influence of the name *Abner* from 2 Sam. 3. Pelliot also remarks that 'the Arabic form, as we have it, ends in -r like the Greek form, and that would lend colour to the theory . . . that both the Georgian text and the Greek version . . . have been translated direct from the Arabic'. Lang points out Sanskrit *janeśvara*, 'a king', as a possible source. Pelliot, I, 56–7; Khintibidze, 13–16; Gimaret, 65; Lang, *Balavariani*, 44 n. 1; Lang, *Wisdom*, 39; Loeb, xx; Peeters, 276.

257. Iosaphat, in Arabic *Būdasāf*, *Yūdasāf*, or *Yōdāsāf*, in Georgian *Iodasaf*, in Greek *Ioasaph*, in the first Latin version *Iosafat*, in the second (and most derived versions) *Iosaphat*, probably, as Pelliot suggests, under the influence of the Biblical king *Josaphat* of Matt. 1: 8. Iosaphat's name is the only personal name in the narrative which can be traced back with confidence to a Buddhist source, in this case *Bodhisattva*, 'the Buddha-elect', or 'one who aspires to be Buddha'. The alteration of one diacritic mark in the Arabic version changed *B* to *I*, producing Georgian *Iodasaf*, a name which resembled *Iosaphat*, the Greek form of *Iehoshaphat* (Matt. 1: 8). Pelliot, II, 750–2; Khintibidze, 13–14; Gimaret, 67; Lang, who prints *Būdāsf*, 78; Lang, who prints Iodasaph, *Balavariani*, 67; Lang, *Wisdom*, 69; Loeb, xx; Peeters, 279–281.

276–7. one **þat was most kunnynge:** The following passage derives from the prediction of the Brahmins at the birth of Buddha, which was followed by the prediction of the great seer Asita who had learned, after looking into the heavens, that the new prince will bring the world to enlightenment, a prediction which causes grief to his father, since Asita insists that 'he will give up the kingdom in his indifference to worldly pleasures, and, through bitter struggles grasping the final truth, he will shine forth as a sun of knowledge in the world to dispel the darkness of delusion'. *Buddhacarita*, ed. Johnston, i. 55 ff. (i. 69 quoted), II. 12 ff.; ed. Beal, I. i. 77 ff., p. 13 ff. Gimaret, 72 ff.; Lang, *Balavariani*, 59 ff.; Lang, *Wisdom*, 69 ff.; Loeb 30-1 ff.

331. The Middle English text here ascribes to the king's hunter a role given in the Arabic, Georgian, Greek and Latin versions to a counsellor—in the second Latin version to a senator. The effect is to reverse the situation, and have a noble wise man saved by a poor one, rather than a poor man saved by a rich one, as in the source. The fact that the poor man is here a hunter helps to account for his access to the king, though the honest poor man who gives help to someone above his station, and who is subsequently rewarded for his help, is a familiar character in folk tales, and perhaps influenced the Middle English reworking. But the Middle English translator was confused by the fact that the discovery of the hurt man takes place on a hunt, that the senator's position is only briefly alluded to, and that there is an evident difference in rank between the two men, for the hurt man offers to be of service. The phrase 'leche of wordis' (343) is more clearly explained in the pre-Greek versions of the narrative, where the hurt man insists that if there is any harm in words, he can repair it, and it is this office that he is called upon to assist against the false reports that are in circulation at court. Gimaret, 74-5; Lang, *Balavariani*, 61-2; Loeb, 36-47; Latin, fo. 6.

477-8. **þat þei sholde be brente**: The Arabic version alone continues with what was probably the reason for including this incident in the original version: followers of the monks took to self-immolation in order to obtain the same merit as the burned martyrs. Lang points out that there is a trace of this practice left in the Georgian version, but adds that 'the Georgian Christian redactor found the idea of ritual suicide repugnant, and watered it down so that it lost all its original point'. Gimaret, 76-7; Lang, *Balavariani*, 64 n. 1, and ref. cit.: J. Filliozat, 'La mort volontaire par le feu', *Journal Asiatique*, ccli (1963), 21-51. Compare E. Washburn Hopkins, "The Cult of Fire in Christianity," *Oriental Studies in Honour of Cursetji Erachji Pavri*, ed. J. D. C. Pavri (Oxford, 1933), 142-50.

556. **twey men in his wey**: This is the first of the traditional 'Four Encounters' with old age, sickness, death, and a mendicant, which cause Buddha to perceive the essentially transitory character of human happiness, and prepare the way for his Great Renunciation, when he leaves his kingdom to seek enlightenment. In the *Buddhacarita*, however, old age comes before sickness, and the effect in the Barlaam narratives of shifting sickness before age (it is a change which is to be found in the Arabic and Georgian versions, as well as the Greek and all subsequent ones) is to provide an even more graphic picture of how change overtakes man, and to prepare for the Trumpet of Death apologue, the first

Barlam recounts to Iosaphat, which also begins with the appearance of two men of bad demeanour (750). Most of the Buddhist narratives suggest that, since the prince's father has ordered that all unsightly persons be removed from the prince's path, their appearance was due to divine intervention. Further, in the *Buddhacarita* it is Buddha's charioteer who answers his questions concerning the persons he meets. *Buddhacarita*, ed. Johnston, iii. 27 ff., II. 32 ff.; ed. Beal, I. iii. 209 ff., pp. 32 ff.; Gimerat, 76 ff.; Lang, *Balavariani*, 68 ff.; Lang, *Wisdom*, 75 ff.; Loeb, 54–5 ff.

637. Sanaar. in arabic *Sarandīb*, in Georgian *Sarnadib* (Lang points out that the transposition of *a* and *n* is particularly characteristic of a Georgian misreading of Arabic), in Greek and Latin *Senaar*, Ceylon, Sri Lanka. Gimaret, 83; Lang, *Balavariani*, 71 n. 1; Lang, *Wisdom*, 39; Loeb, 62–3.

639. Barlam, in Arabic *Balawhar* or *Bilawhar*, in Georgian *Balauhar* or *Balahvar*, in Greek and Latin *Barlaam*. The best suggestion for the name's notoriously unclear derivation seems to me S. M. Stern's, 'The ascetic whom the Buddha met is sometimes described as a *brahmacārin*, "a celebate"; this could have been corrupted . . . into Bilawhar', *BSOAS*, 22 (1959), 150. Most versions derived from the second Latin version retain *Barlaam*, though the verse *Legenda Aurea* version in Middle English in BL MS Harleian 4196 spells the name *Barlam*, as in our manuscript. The Middle English prose version in MS Egerton 876 contains the unique spelling *Barlaham*. Gimaret, 83; Lang, *Balavariani*, 71; Lang, *Wisdom*, 39; Loeb, 62–3; see my introduction, p. xv n., for reference to the short Middle English versions.

705–6. þer was a man: The parable of the Sower (Matt. 13: 18, Mark 4: 2, Luke 8: 5) which appears here in all Western versions, is to be found after the Four Caskets apologue in the pre-Christian versions, and in the Georgian *Balavariani*, the first Christian version. Shifted to its present location first in the Greek version, its presence in pre-Christian versions probably grew out of the work's Manichaean origins, where the theme of the believer's ability to grasp the precious and new wisdom which the seer offers would have had other than Christian associations. In the pre-Greek versions, the parable is usually followed by The Man in the Pit apologue, for whose complex allegory it may have helped to prepare. In the Greek and in all later Western versions, however, the parable serves to introduce all of Barlam's teachings, to lend authority to them, and to initiate Iosaphat into the Christian tradition. See Introduction, p. xxx.

746. There was some tyme: The Trumpet of Death apologue, on which see Appendix, p. 197. The king's name and the place name, *a glorious kynge in Cecile, whos name is Seynt Stewene*, are additions to the Middle English text, and do not appear in any other version. The Middle English translator probably recalled a story connected with St Stephen King of Hungary (d. 1038), that told of the king distributing alms incognito to the poor, when he was attacked, his beard pulled, and his alms taken from him. His courtiers remonstrated with him, both for his dignity and safety, but he refused, on Christian principle, to punish or to apprehend those involved in the attack. The designation of St Stephen as king of 'Cecile' may be due to the connections which existed between Hungarian and Sicilian crowns in the late thirteenth and fourteenth centuries, which could have left the impression that, in the past, the two were connected. Bishop Hartvicus's thirteenth-century life of St Stephen is in the *Acta Sanctorum* for 2 September, the *Vita minor* and *maior* edited by D. W. Wattenbach for the *Monumenta Germaniae Historica*, Scriptores vol. XI. 226–42. There are connections shown between the Hungarian and Sicilian crowns in Stephen Runciman, *The Sicilian Vespers* (Cambridge, 1957), appendix, though the chance that this consideration actually influenced the text is not great. In *Confessio Amantis* 1, 2021–253 John Gower recounts the apologue, and he too identifies the king as from 'Hungarie' (2022), suggesting an English tradition for the identification. G. C. Macaulay, ed., *The English Works of John Gower*, EETS ES 81, n. to l. 2021, and a perceptive recent study of Gower's other changes, Masayoshi Ito, 'Gower's Use of *Vita Barlaam et Josaphat* in *Confessio Amantis*', *Studies in English Literature* (Tokyo), English number (1979), 3–18, which also cites a sixteenth-century Japanese version of the apologue.

794. Afterwards þe kynge comaunded: The Four Caskets Apologue, on which see Appendix, p. 198. A Middle English variation appears in *Gesta Romanorum*, EETS ES 33, pp. 294–306, which reduces the number of caskets from four to three, and was, in some version, the source for Shakespeare's use of the apologue in *The Merchant of Venice*, acts II and III. A fifteenth-century Middle English lyric contains an injunction to 'be ware of ane home' (l. 21) in a context which suggests a particular, not a universal judgement, and so may just be a distant echo of the apologue. *Index of Middle English Verse*, No. 769, printed by C. Brown, ed. *Religious Lyrics of the XVth Century*, No. 149.

1277–8. and … peple: an addition of the Middle English translator.

1400. hyȝe corneris: the Middle English rendering of the Latin *angulos excelsos* (fo. 22ᵛ) could mean 'high battlements', but here as in 2647–8 where the Latin *summo angulari lapide* (fo. 42ᵛ) is rendered 'hye corner[d-stone', the translator may have been working without reference to context, and translating literally. The matter is complicated further by the reading 'smale cytees' (1400) for the Latin *civitates munitas* (fo. 22ᵛ), though whether the mistranslation of *small* (*minutas*) for *fortified* (*munitas*) originated in the Middle English text or the Latin source is unclear.

1402–3. as þe grounde: Latin *sicut humus* fo. 22ᵛ) from Zeph. 1: 17.

1448. whos lewdenes: the reference, complicated by the loss of a clause and the conflation of two Latin sentences, is to idolaters; *whom* in the same line, influenced by the same conflation, also refers to idolaters. *Et seruire ydolis ad naturae perditionem omni mihi uidetur stoliditate deterius. Quos cui assimilabo et qualem imaginem istorum fatuitatis tibi exhibebo*, Latin, fo. 23.

1450. A wyse man: The Man and the Nightingale Apologue, on which see Appendix A, p. 199.

1467–8. Perdita . . . nequis: These verses do not appear in any other version of the text known to me, and are not in Walther. Could the clerk mentioned in 1466 refer to the Middle English translator? See however an echo of the lines in Hans Walther, ed. *Proverbia Setentiaeque Latinitatis Medii Aevi* II/3 (Göttingen, 1965), No. 21316.

1693. And þat is penaunce: The reference to the sacrament of penance here and following began in the Greek version as a discussion of repentance, and developed in the Latin with the more sacramental emphasis followed, and further emphasized, here. Loeb, 158–9; Latin, fo. 87.

1990. There was a crewel: The Man in the Pit apologue, on which see Appendix A, p. 199.

2040. Barlam answered aȝen: The Three Friends, or The Everyman Apologue, on which see Appendix A, p. 201. On the connection of the apologue with the Middle English play *Everyman*, see V. A. Kolve, '*Everyman* and the Parable of the Talents', *The Medieval Drama*, Papers of the Third Annual Conference of the Center for Medieval and Renaissance Studies . . . 1969 (New York, 1972), pp. 69–98; and A. C. Cawley, ed., *Everyman*, Old and Middle English Texts (Manchester, 1961), pp. xiii–xix.

2067. two heyris: The two hair shirts which the first friend offers had their origin in the Arabic and Georgian versions (though a folio is missing at this point from the *Balavariani* manuscript, and the Georgian text depends on the short version), where the friend offers simply two garments. The Greek version sharpens the allegory, making the gift two ragged garments, and in the Latin version these became the two hair shirts, *duo ciliciola*, which the Middle English version retains. Allegorically these are, as Barlam explains (2115), shrouds. Gimaret, 89; Lang, *Balavariani*, 78 n. 1; Lang, *Wisdom*, 82–3; Loeb, 192–3; Latin, fo. 34.

2140. Barlam vnderstode wel: The King for a Year Apologue, on which see Appendix A, p. 201.

2248. A wyse man: Not otherwise identified, though the Greek version, which introduces the passage, follows with references to 1 Cor. 7: 31, Isa. 35: 10, and Matt. 25: 41, and the reference is broadly to the wisdom of scripture. Loeb, 208–11.

2362. And þat þei han: The sense of the passage is: 'And those things which they own, they believe to be theirs, but they are not theirs, rather they are like the dust which flies from one place to another. . . .' *Que* (read *Quae*) *non eorum sunt quae uidentur uel putant se habere illa sed sicut puluis agitantur et ab alio ad alios uentilata thiciunt* (read *traiiciunt*) *aut sicut fumus defluentia . . .* Latin, fo. 38ᵛ.

2370–1. as þe sunne shyneth: The first of two suppressed apologues, The Sun of Wisdom, which was developed in the Arabic and Georgian versions, but which was absorbed into the Greek and subsequent versions. The identification of the sun with wisdom may possibly have been of Manichaean origin, since Mani held that Matter (or darkness) and Spirit (or light) were in their origin separate, but had become mixed in the world, and that salvation depended upon the release of one from the other, and a return to the original state of separation. The two suns of the Arabic version would seem to have distinctly theological overtones, and may have had particular meaning for a Manichaean hearer. The Christianization of the apologue is already well advanced in the Georgian version, and from the Greek version on it is little more than an especially vivid image. See below, 2856, for the second such apologue. Gimaret, 98–100; Lang, *Balavariani*, 86–7; Loeb, 220–3; and for relevant comment on Mani's teaching, Mary Boyce, ed., *A Reader in Manichaean, Middle Persian and Parthian*, Acta Iranica 9, third series, Textes et memoires, vol. II (Leiden, 1975), and for the connection with Christianity, Jes P. Asmussen, trans., *Manichaean Literature, Representative Texts, Chiefly from Middle Persian and Parthian Writings*, UNESCO Collection of Representative Works, Persian Heritage Series No. 22 (Delmar, N.Y., 1975), pp. 47–53.

2453–4. **For Y haue herde seide**: The Happy Poor Couple Apologue, on which see Appendix A, p. 202.

2560. **Barlam answerid aʒen**: The Rich Young Man Apologue, on which see Appendix A, p. 202.

2705. **For holy wryt seith**: a mistranslation of the Latin source, which notes that the passage immediately preceding echoes Wisd. 11: 25. The Middle English translator has applied the Latin *ait scriptura* to the following passage, perhaps having heard in it an echo of Matt. 12: 25 or Mark 3: 25. Latin, fo. 43v.

2754. **telle me**: Iosaphat's questions concerning Barlam's age circulated independently, appearing in the nearly contemporary Middle English devotional compilation *þe Holy Boke Gratia Dei*, ed. Sr. M. L. Arntz, S.N.D., Salzburg Studies in English Literature 92:2 (1981), 30/15–31/4, where they appear as a separated exemplum, probably derived from Robert Holcot's *Moralitates* (Paris, 1515), XXV. Holcot's *Moralitates* also circulated the apologues, and these references are cited in Jacobs, Appendix A, p. 195 ff., below.

2841. **brokkis skynnes**: badger skins. *The Wycliffe Bible*, eds. J. Forshall and Sir Frederic Madden (Oxford, 1850), IV. 501, renders Heb. 11: 37 'Thei wenten aboute in brok (alternative reading: brockis) skynnes, and in skynnes of geet, nedy, angwysschid, turmentid'; Theodas assumes a similar garment when he comes to court (4920). The properties of badger skins, as treated by later commentators, were suitable for the ascetic life: 'The skynne of a Badger, is not so good as the Foxes, for it serueth no vse, vnlesse it be to make myttens, or to dresse horscollers withall', G. Gascoigne's translation, *The Noble Arte of Venerie or Hunting*, STC 24328 (London, 1575), p. 190; 'their skin is hard, but rough and rugged, their hair harsh and stubborn, of an intermingled grisard colour', Edward Topsell, *The Historie of Foure-Footed Beastes*, STC 24123 (London, 1607), p. 34. The description appears in the Georgian version as 'rushes and leaves'; became 'sheepskins or palm fibre' in the Greek; 'wool and hair and sheep' (*lanea et cilicina et melo-*

taria) in the Latin. *Badger* appears only in the English version, which has eliminated the too familiar and comfortable sheepskin. Lang, *Balavariani*, 115; Loeb. 260–1; Latin, fo. 45ᵛ.

2856–7. **þe clothis of his enmye**: The second of the two suppressed apologues, The Clothes of Enmies, which was developed in the Arabic and Georgian versions, but was absorbed into the Greek and subsequent versions. Although less theological than the earlier Sun of Wisdom apologue (2370), the strictures dealing with clothing both in the apologue and in the remarks immediately preceding ('þat same is oure clothynge both wynter and somere, þat whan we haue don it on we mow nat take it of aȝen til it be al to rente and broken for age': 2843–45), suggest a degree of monastic discipline. Because water was one of the five sacred elements, the Manichaean electi defiled it as little as possible, and that practice too may be echoed here. Gimeret, 134–6; Lang, *Balavariani*, 115–17; Loeb, 260–3; Arthur Vööbus, *History of Asceticism in the Syrian Orient, A Contribution to the History of Culture in the Near East*, Corpus Scriptorum Christianorum Orientalium, vol. 184, Subsidia, Tomus 14 (Louvain, 1958), 118–24.

2890. **Barlam answerid aȝen**: The Tame Kid Apologue, on which see Appendix A, p. 203.

2933. **Ȝit þou shalt nat be merciful**: see below, 6486.

2980. **þe armoure of þe Holy Goste**: The topos of the allegorical arming of a knight, repeated in 3152 below, originated in the Greek version, and was carried into the Latin. The Middle English supplies 'ordynaunce of þe holy gospel' (2983) for *preparatione euangelii pacis*, but otherwise follows the source. Loeb, 270–3; Latin, fo. 47ᵛ.

3082. **holy wrytt seith**: The Greek version here incorporates John of Damascene, *De Fid. Orth.* IV. 16 and St Basil, *De Spiritu Sancto*, XVIII, sources which were not recognized by the Middle English translator. Loeb, 480–1, n. 1, see 5306, below.

3105–6. **þe articlis of þe feith**: In the Greek and later versions these are identified as the Nicene Creed. Loeb, 282–3; Latin, fo. 49ᵛ.

3207. **a man**: Present from the Greek version on, but otherwise unidentified. Loeb, 292–3.

3318. **Ȝardan**: Unnamed in the Arabic version, in the Georgian *Zadan*, in the Greek and subsequent versions *Zardan*. The Greek version presents a somewhat closer relationship with Iosaphat than do the Arabic and Georgian versions, and because of this relationship adds a psychogenetic element to his otherwise feigned illness. Gimaret, 127–39; Lang, *Balavariani*, 110–22; Lang, *Wisdom*, 95–100; Loeb, 300–23; Khintibidze, 13–14.

3442–3. **an old clothe þat is holy**: *Torn* rather than *holy* is the source, but the Latin also makes clear that its use is not for this life, and the context may have led the Middle English translator to make the change: alternatively, 'holy' may simply mean 'with holes', though this is not its normal usage. Latin, *vetus quidem ac scissum*, fo. 55ᵛ.

3504. **þi resonable sheepe**: the adjective originates in the Greek version, and the Latin and Middle English versions are probably influenced by Rom. 12: 1, *rationabile obsequium uestrum*.

3596. **Arachis:** in Arabic *Râkis*, in Georgian *Rakis*, in Greek *Araches*, in Latin *Arachis*. A major figure in the early versions, he figures as an astrologer and magician, and a close adviser to the king. Gimaret, 139; Lang, *Balavariani*, 122–3; Lang, *Wisdom*, 100; Loeb, 324–5; Khintibidze, 13–14.

3614. **Nachor:** Unnamed in the Arabic, in the Georgian *Nakhor*, in the Greek and subsequent versions *Nachor*. The character increased in importance in the Greek version with the addition of the *Apology of Aristides* (4393). Gimaret, 142; Lang, *Balavariani*, 127; Lang, *Wisdom*, 101; Loeb, 324–5; Khintibidze, 13–14.

3658. **and is ȝoure ledere:** The Arabic and Georgian versions add the insult that his name is *Rakhis*, the man to whom they are speaking. Gimaret, 140; Lang, *Balavariani*, 124.

3679. **breke þe beheste:** i.e. by temptation.

3843–44. **by visioun:** Iosaphat's vision originates in the Greek version. In the Arabic and Georgian versions he learns of the substitution through an informant, who comes to him at night. Gimaret, 143; Lang, *Balavariani*, 128; Loeb, 346–7.

4311–12. **The gote wente to fyte aȝens þe lyon:** The phrase originates in the Greek version (Loeb, 390–1), where it is the gazelle (iosaphat) who opposes the lion (Suidas, *Lexicon:* Loeb, 390, n. 1). The Middle English substitution of *gote* carries the wrong connotations for the context, and echoes no Middle English proverb recorded in Whiting, or known to me. It is simply a close translation of Latin *caprea*, fo. 70v, which can mean either 'roe', or 'goat'. B. J. Whiting, ed., *Proverbs, Sentences and Proverbial Phrases from English Writings Mainly before 1500* (Cambridge, Mass., 1968), *s.v.* goat.

4370–1. **þe prophecie of Dauid:** An addition of the Middle English translator, probably because of the reference to Psalms immediately following.

4393. **Syr Kynge:** Here begins the *Apology of Aristides*, the second-century Christian apologetic work which first appears in the Greek version, and subsequently in all derived versions. Loeb, 396–7 ff. The diffusion of the debate is treated in Hiram Peri (Pflaum), *Der Religionsdisput der Barlaam-legende, ein Motiv Abendländisches Dichtung*, Acta Salamanticensia, Filosofía y Letras, Tomo XIV, no. 3 (University of Salamanca, 1959), and Masayoshi Ito, loc. cit. 746 above, which treats Gower's use of the *Apology* in *Confessio Amantis*, V. 747–1802.

4412–13. **pre kendis of men:** Thus the Greek version of the *Apology*, which may be original, though the Syrian lists four kinds of men, 'Barbarians and Greeks, Jews and Christians', *Apology*, 36, and Robinson's introduction, p. 90.

4540–1. **a beeste called cygnum for Hydan:** A translation of the Latin, *in cignum propter Ledam*, fo. 74. Otherwise the order of the Greek gods follows the *Apology*. Ito points out that Gower changes the order in the *Confessio Amantis*, probably under the influence of Berchorius' *De formis figurisque deorum*, loc. cit. 746 above.

4563. And ʒelotes anoþer god: A mistranslation of the Latin, *Mars autem inducitur deus belligerator et zelotes*, fo. 74v.

4569. nyʒt wacchis: Latin *nocturnas*. The traditional association of Bacchus with revel is here made more explicit by an allusion in the Middle English translation to late medieval revels, probably the watches associated with the midsummer revel held on St John the Baptist's Eve (June 23), which was sometimes repeated five days later on St Peter's Eve. A. D. Hope, *A Midsummer Eve's Dream* (Edinburgh, 1970), 174 ff. Latin, fo. 74v.

4674. þe beleue of Iewys: Thus in the Greek version, and all derived versions, though the Syrian text of the *Apology* preserves a reading which is far less anti-Semitic than any of the Western texts: '. . . they [Jews] worship God more exceedingly and not His works; and they imitate God by reason of the love which they have for man; for they have compassion on the poor, and ransom the captive, and bury the dead, and do things of a similar nature to these: things which are acceptable to God and are well-pleasing also to men, things which they have received from their fathers of old. Nevertheless, they too have gone astray from accurate knowledge, and they suppose in their minds that they are serving God, but in the methods of their actions their service is to the angels and not to God, in that they observe sabbaths and new moons and the Passover, and the great feast, and the feast, and circumcision, and cleanness of meats: which things not even thus they have perfectly observed.' *Apology*, 48; Loeb, 418–21.

4905. Theodas: in Arabic referred to as *Al-Bahwan*, the *Bahwan*, an idol-worshipping ascetic; Lang notes that the name has also been read as *al-Tahdam*; in Georgian *Thedma*, in Greek *Theudas*, in Latin (and most derived versions) *Theodas*. On his conversion see below, 5594. Gimaret, 197; Lang, *Balavariani*, 142; Lang, *Wisdom*, 39 and 110; Loeb, 440–1; Khintibidze, 13–14.

4920. a brok skynne: Latin *melote*, fo. 80v. See above, 2841.

5008. There was sometyme: The Boy Who Never Saw Women Apologue, on which see Appendix A, p. 203.

5039. changynge: 'able to effect change', though the Middle English word alters the Latin, *et uide quam tyrannica res est amor mulieris*, fo. 82v.

5041. þe kynge was glad of þis counseile: The temptation by women which follows was an important part of the early lives of Buddha, and the daughter of the King of Syria (4102) who tempts Iosaphat had her origin in the character of Udāyin, 'expert in worldly cunning', who Buddha attempts to convert: 'Thus the prince, for Uda's sake, used every kind of skilful argument', runs the Chinese translation of their encounter. In the *Buddhacarita*, however, the loathing Buddha comes to feel for women follows in time, and is separate from, his temptation by them. They are still sleeping, on another occasion, when the gross physical aspect of their bodies, made particularly ugly by an attending *Deva*, helps Buddha to decide to undertake his Great Renunciation. *Buddhacarita*, ed. Johnston, v. 45–65, II. 70–4; ed. Beal, I. v. 385–96, pp. 54–6 (I. v. 317, p. 46 quoted).

5224-5. **he fylle aslepe:** In the *Buddhacarita* the prince has fallen asleep after having made love, and on awakening sees the coarseness of physical love. Here the subsequent vision rescues Iosaphat from any such contingency. The temptation by women remains, however, one of the closest links between our text and the earlier lives of Buddha. *Buddhacarita*, ed. Johnson, iv. 1-103, II. 44-60; ed. Beal, I. v. 374-99, pp. 53-6.

5225. **he was rauyshyd:** Iosaphat's vision of the kingdom of heaven appears in Arabic and Georgian versions as a colourful and splendid city, surpassing any on earth; at its side are the women who have tempted him, now made ugly. He is then shown hell, which is not described. The Greek version, influenced by Rev. 21 and 22, added a description of the field before the city, and the subsequent detailed images of nature and of hell-fire. It also added Iosaphat's reaction, while in the vision, to what he saw, and eliminated all reference to the women. Gimeret, 202; Lang, *Balavariani*, 147; Loeb, 468-73; Latin, fo. 85v.

5306. **and armyd hym with his cros:** The passage, like the concept, originates in the Greek version, the first of three references (see 5539-40 and 6218-19, below) to the devil being driven away by the sign of the cross. Originating in the East, there are numerous references to the practice and to the belief in St. John Chrysostom, who urged the sign of the cross in preference to charms and amulets, 'a shield which cannot be broken down, a weapon to oppose the devil', *The Nicene and Post-Nicene Fathers*, ed. Philip Schaff (New York, 1889, rpt. 1956), XIII, 242; see also IX, 203-5; X, 336; XI, 392; XII, 71 and n. 3. In *The Alexiad* (ca.1148) Anna Comnena reports that her father, Emperor Alexius I (d. 1118), 'made the sign of the Cross against the assault of the evil demon. "Flee from me, wicked one," he would say, "a curse on you and your tempting of Christians!"' (XIV, iv) trans. E. R. A. Sewter, (Harmondsworth, 1969), 451-2. The power of the cross, deriving from Byzantine spirituality, figures importantly in *Barlam and Iosaphat* (see also 3082 above, and note), supplying the Christian both with a source of strength, and a measure of divine sacrifice.

5432. **And þat . . . was nat:** A reference to Christ having added to his divine nature (þat þynge . . . þat was') a human one. This central doctrine was fixed by the Council of Chalcedon in 451, and accepted East and West. It figures importantly in *Barlam and Iosaphat*, see 980-3, and 3036-7 above. The passage is considerably expanded in the Greek, Loeb, 484-7.

5539. **þe sygne of þe cros:** see 5306 above, and note.

5557. **Seruch:** *Serug*, Gen. 11: 20, Luke 3: 35, the spelling here is that of the Greek version, which may have been influenced by the Old Testament book. Fulgentius identifies an Egyptian, Syrophanes, as having been the first idol: cf. John Gower, *Confessio Amantis*, V. 1525, where the name appears correctly. Fulgentius, *Myth*. I. 1, in *Fulgentius the Mythographer*, trans. L. G. Whitbread (Columbus, Ohio, 1971), 48-9.

5595. **in myddis of al þe counseile:** The context here suggests a private audience, so the reference to a 'counseile' is not prepared for, though the narrative error originated in the Greek version, and has the effect of completing the victory of Iosaphat's faith, which began with the public debate with Nachor. Theodas's conversion complements the earlier debate, and prepares for the eventual overthrow of king and court. Loeb, 500–1.

5869. **þe hye wysdom and doctrine þat he tauȝt his fader:** The Christian teaching Iosaphat here imparts may have had its origin in Buddha's return, in age, to his royal father, whom he instructs. The most complete version of this section of the *Buddhacarita* is preserved in the Tibetan version translated, with reference to the Chinese version, by E. H. Johnson, 'Buddha's Mission and Last Journey,' *Acta Orientalia, Societates Orientales Batava Danica Norvegica*, xv (1937), 26–62, 85–111, 231–292. See especially canto xix, 'The Meeting of Father and Son,' 85–92, and nos. 18 and 20: 'What no son has ever before given to a father, what no father has ever before received from a son, that which is better than a kingdom or than Paradise, know that, O king, to be the most excellent deathlessness. . . . Consider and ponder on the real truth of the world. The good act is man's friend, the bad one the reverse. You must abandon everything (when you die) and go forth alone, without support, accompanied only by your acts' (p. 87).

6067. **and wente preuely out of his palice:** A muted rendering of what was, in the work's early history, one of its high moments, Buddha's Great Renunciation. In the *Buddhacarita* Buddha's renunciation of his kingdom and his dismissal of his charioteer is followed by lamentations in the palace and the town, and a deputation is sent after him, though it cannot persuade him to return. For Buddha asceticism was only one stage on the way to enlightenment, it was not enlightenment itself, and in the *Buddhacarita* Buddha enters the Penance Grove even before receiving the deputation from the palace. Later, however, he proceeds to the hermitage of Arāḍa, who instructs him, but the prince finally rejects his doctrine, just as he later does the attacks of the armies of Māra, with their illusions of physical assaults to impede his quest, with steadfast tranquillity; from these he moves on to his enlightenment. The order of these events is altered in *Barlam and Iosaphat. Buddhacarita,* ed. Johnston, v–xiii, II. 61–202; ed. Beal, I–V. v–xxvi, pp. 47–308.

6071. **þey fonde hym in a valei:** Although the suggestion that Iosaphat is found in a ravine goes back to the longer Georgian version, both the Greek and Latin versions record that he is found in a place which has been cut by water, and the decision of the Middle English translator to render the Latin *in torrente* as 'in a valei' may have been influenced by Joel 3: 2 and 3: 12, which mention that *in vallem Iosaphat* the Lord will finally do justice for Israel. Throughout the medieval period the Valley of Iosaphat was identified with a place between Jerusalem and the Mount of Olives, and one version of *Mandeville's Travels* specifically links it with this text: 'And þere right nygh is the tombe of kyng Iosaphath of whom the vale bereth the name. This Iosaphath was kyng of þat contree & was conuerted by an heremyte þat was a worthi man &

dide moche gode.' *Mandeville's Travels*, ed. P. Hamelius, EETS 153 (1919), p. 63; Lang, *Balavariani*, 173; Loeb, 548–9; Latin, fo. 100v.

6072. and seide þe .vi. houre: Iosaphat is discovered at noon, reciting the prayers proper to sext, the sixth canonical hour. The passage originates in the Greek. Loeb, 550–1.

6145. dede of hys clothis: clothing figures importantly throughout the narrative, and one commentator points out that Iosaphat's actions originate in Buddha's change of dress at the time of his renunciation, when he hands his rich garments to his charioteer, cuts his hair, and puts on a reddish robe, events recorded in the *Lalita Vistāra* and the *Jātakas*. Monique B. Pitts, *Journal of South Asian Literature*, 16 (1981), 8.

6218–19. þe sygne of þe cros: see 5306 above, and note.

6266–7. a precious stone: A reference to the 'precious stone þat no man hab non such' (651–2) which first brought Barlam to Iosaphat, further conditioned by the pearl of Matt. 13: 45. In the Latin version the stone is named a *margaritam*, in the Greek the reference is extended. Loeb, 576–7; Latin, fo. 105v.

6466–7. his spirite was rauyshid: Iosaphat's vision of the radiant men with crowns, his objection to his father receiving one, and Barlam's subsequent remonstrance all appear in the Georgian version. The Greek version, influenced by Rev. 21 and 22, links this vision to the preceding one (5225, above), adding a description of the field before the city, and, following the passage concerning the crowns, of Barlam's shining street and dwelling, from which Iosaphat is, while a mortal, excluded. Lang, *Balavariani*, 179–80; Loeb, 600–3; Latin, fo. 109v.

6486. þo wordis þat Y seide to þe: See above, 2933. The passage appears in the Georgian and in all subsequent versions. Lang, *Balavariani*, 179–80; Loeb, 600–1; Latin, fo. 110.

APPENDIX A:

The Apologues of *Barlam and Iosaphat*

The following appendix supplies information concerning the European dissimation of the apologues, though its scope is selective. References relevant only to the Middle English version are excluded, and these will be found in the Notes to the Text. The apologues treated are:

1. The Trumpet of Death — 746
2. The Four Caskets — 794
3. The Man and the Nightingale — 1450
4. The Man in the Pit — 1990
5. The Three Friends — 2040
6. The King for a Year — 2140
7. The Happy Poor Couple — 2453
8. The Rich Young Man — 2560
9. The Tame Kid — 2890
10. The Boy who Never Saw Women — 5008

Abbreviations in the Appendix:

Vincent of Beauvais — Vincent of Beauvais, *Speculum Maius*, 4 vols. Venice, 1591).

John of Bromyard — Johannes Bromyard, *Summa Praedicantium*, 2 vols. (Venice, 1586).

Gesta Romanorum — *Gesta Romanorum*, ed. Hermann Oesterley (Berlin, 1871–2).

Gower — John Gower, *Confessio Amantis* in *The English Works of John Gower*, ed. G. C. Macaulay, EETS ES 81–2 (Oxford, 1900–1).

Jacobs — Joseph Jacobs, ed., *Barlaam and Josaphat, English Lives of the Buddha*, Bibliothèque de Carabas, vol. x (London, 1896).

Kuhn — Ernst Kuhn, 'Barlaam and Josaph: Ein biblio-graphische-literargeschichtliche Studie', *Abhand-lungen der Philosophisch-Philologischen Classe der Königlich Bayerischen Akademie der Wissen-schaften*, 20 (1897), 1–88.

APPENDIX A

Libro   *Libro de los Exemplos, por A.B.C.*, eds. John E. Keller and Louis J. Zahn, Clásicos Hispánicos, ser. II, vol. V (Madrid, 1961).

Vitry   Jacques de Vitry, *The Exempla or Illustrative Stories from the Sermons of Jacques de Vitry*, ed. Thomas F. Crane, Publications of the Folklore Society XXVI (London, 1890).

Because *Barlam and Iosaphat* traditionally has been thought of as a reworked life of Buddha, scholarly attention has concentrated upon finding Indian Buddhist sources in the work, and has not been without some success. With the possible exception of the first two apologues, however, there is no case where an earlier version may be said to be a source, and taken as a body, the apologues, like the narrative, show Manichaean as well as Buddhist influence, and offer another example of the role the Manichaeans played in transmitting to the West allegorical tales which originated in the East. Still, in the latter half of the nineteenth century there was a certain amount of scholarly activity predicated upon the assumption that the apologues preserved in *Barlam and Iosaphat* were unmistakably and exclusively Buddhist in origin. While I do not share that assumption, I have recorded the most convincing identifications which it generated, and in some cases amplified them. But while all of the apologues undoubtedly had Eastern origin, it is improbable that in each case the source was either Indian or Buddhist. To these remarks on their antecedents, I have added some notes on the main channels through which the apologues were disseminated in the West, though I have excluded separate Latin and vernacular versions of *Barlam and Iosaphat*, even where that practice has meant ignoring as popular a source as the *Legenda Aurea*, which contains shortened versions of all of the apologues except the seventh and ninth. Lists of these sources, and of other, less influential, disseminators of the apologues may be found in de Vitry, Kuhn, and Jacobs, and for this reason I have listed their entries, where appropriate, at the end of each apologue.

In the pre-Greek versions of *Barlam and Iosaphat* the apologues were more numerous, and communicated much of the work's intended meaning. Western versions like the present one reduce the number to those contained in the Greek version, and the order also follows the Greek. Certain of the manuscripts of the Greek version, however, contain illuminations, many attached to the apologues, several of which lend themselves to illustration. These have been treated by Sirarpie der Nersessian, *L'Illustration du roman de Barlaam et Joasaph*, 2 vols. (Paris: E. de Boccard, 1937), I. 36, and chap. IV, 'Illustration du récit, étude iconographiques', I. 55–101. A Christian-Arabic manuscript now in Beirut also contains illustrations, and these have been published in Jules Leroy, 'Un nouveau manuscrit arabe-chrétien illustré du Roman de Barlaam et Joasaph', *Syria*, xxxii (1955), 101–22. The Western tradition of illustration to *Barlam and Iosaphat* is by no means as strong. Although individual apologues, like the Middle English version of The Man in the Pit apologue preserved in British Library MS Add. 37049 were sometimes illustrated, the work as a whole seems not to have been illustrated in the Latin or post-Latin versions, at least in England. One Italian manuscript I have examined, Bodleian Library MS Canon. Ital. 202 (*Summary Catalogue* 20254), contains an incomplete series of amateurish ink drawings; relevant studies in this area by Cerulli, Einhorn, and Saxl are listed below under apologue 4. A particularly fine series of sixty-four woodcuts from a German edition printed in Augsberg in 1470 is reproduced in Budge, *Baralâm and Yêwâsêf* (n. 6, above), plates x–lxxiii, following II. 340 (cp. II. cxvii–cxix).

1. The Trumpet of Death

This apologue appears in all important versions of the work, together with The Four Caskets apologue which immediately follows it. For a distinctive feature of the Middle English version in MS Peterhouse 257, see the notes, p. 185, l. 746.

This apologue had its source in stories connected with the Indian Buddhist ruler Aśoka (*fl.* third century BC). In the second century AD *Aśókavadāna*, King Aśoka's minister, Yaśas, objects to Aśoka's practice of bowing to all Buddhist monks, and to teach him a lesson Aśoka commands him to obtain, and to sell in the marketplace, a human head—other ministers are directed to sell animal heads. His failure to do so leads to the insight that all human heads, even kingly ones, are disgusting once separated from the body, and that social distinctions are less important than others. The same text also preserves the story of Aśoka's conversion of his younger brother Prince Vītaśoka, who was said to follow certain non-Buddhist teachings: Aśoka tricked him into an appearance of treason, by having him sit on the royal throne with a crown, and then condemned him to death. But he granted a seven day stay of execution, during which he sought to entertain him with all kinds of sensual diversion; these failed, and his brother learned their limitations when confronted with death, and converted to Buddhism. John S. Strong, *The Legend of King Aśoka, A Study and Translation of the Aśokāvadāna*, Princeton Library of Asian Translations (Princeton, 1983), pp. 143-5, 234-8; and pp. 135-43, 221-31. Strong also cites similar passages in *The Mahāvaṃsa*, pp. 136-7, n. 5. The trumpet may find an analogue in Aśoka's fourth rock edict, which may imply that the beating of a drum preceded a public spectacle intended to develop righteousness. Romila Thapar, *Aśoka and the Decline of the Mauryas* (Delhi, 1973), pp. 153-4, and 251.

Derivative versions are found in de Vitry, XLII, where a king presses three darts representing sin, death, and hell against his brother's side, while minstrels make music around him; John of Bromyard, *s.v. homo*, I. 351, col. 2; *Gesta Romanorum*, 143; Vincent of Beauvais, *Speculum Historiale*, 15. 10, 'Naratio eius de rege humili qui caute reprehensorem arguit'; Gower, I. 2021-2253; *Libro*, 192 and 292.

Other versions are cited in de Vitry, 150-1; Kuhn, 74-5; and Jacobs, cviii-cix.

2. *The Four Caskets*

This apologue appears in all important versions of the work, together with The Trumpet of Death apologue which immediately precedes it.

The apologue may have been influenced by some later accounts of Aśoka's minister Yaśas, on whom see no. 1, above, though the detail of the chests is not present there, and in the conversion of his brother Aśoka uses other members of court to assist in his trick. Derivative versions are found in de Vitry XLVII, without The Trumpet of Death apologue, but preserving the secular courtiers, in John of Bromyard, *s.v. honour*, I. 359, col. 1; *Gesta Romanorum*, 251; Vincent of Beauvais, *Speculum Historiale*, 15. 10; Gower, V. 2272–2390; Boccaccio, *Il Decameron*, ed. Charles S. Singleton, Scrittori D'Italia (Bari, 1955), II. 237–40, day 10, story 1. Shakespeare used the *Gesta Romanorum* version which reduces the number of caskets from four to three in *The Merchant of Venice*, II. vii and ix.

Other versions are cited in de Vitry, 153; Kuhn, 74–5; and Jacobs, cix–cx.

3. *The Man and the Nightingale*

This apologue appears in all important versions.

No Indian original has been found.

Derivative versions are found in de Vitry XXXVIII; Petrus Alfonsi, *Disciplina Clericalis*, trans. P. R. Quarrie from the edition and trans. of Eberhard Hermes, The Islamic World Series, ed. G. E. von Grunebaum, Near Eastern Center, University of California Los Angeles (Berkeley and Los Angeles: University of California Press, 1977), XXII, 'The Countryman and the Little Bird', 141–3; John of Bromyard, *s.v. Mors*, II. 68, col. 2; *Gesta Romanorum*, 167; Vincent of Beauvais, *Speculum Historiale*, 15. 12, 'Fabula de Philomena contra cultores idolorum inducta'; *Libro*, from the *Disciplina Clericalis*, 124; John Lydgate, 'The Churl and the Bird', *The Minor Poems of John Lydgate*, ed. H. N. MacCracken, EETS OS 102 (Oxford, 1934), Pt. II, 468–85, also from the *Disciplina Clericalis*.

Other versions are cited in de Vitry, 144–5; Kuhn, 75–6; and Jacobs, cxxi–cxxii.

4. *The Man in the Pit*

This apologue appears in all important versions.

A Hindu version appears in the *Mahabharata*, XI (Strí Parvan), 3–7, which describes an elephant in heat at the mouth of the pit, and a snake within. In the Greek and later Western versions the elephant becomes the more familiar unicorn and the snake took on its traditional Western associations. Although the allegory in the Indian version differs in many details from the one printed here (the snake is time, the elephant the year, the honey, and bees with it, desire) the image of man deceived is similar in Eastern and Western treatments. *The Mahābhārata*, trans. M. N. Dutt (Calcutta, 1902), pp. 3–7. Derivative Western versions are found in de Vitry, CXXXIV; *Gesta Romanorum*, 168; Vincent of Beauvais, *Speculum Historiale*, 15. 15, 'Parabola de vnicorne contra mundi amatores'; separately, from the *Gesta Romanorum*, in Bodleian Library MS Hatton 91 (*Summary Catalogue* 4073) fos. 100–100v, doubtless one of many such separated exempla. The *Gesta* version adds a man with a ladder who attempts to rescue the sinner, but is refused; the man stands for Christ, the ladder penance. The iconography of this popular apologue, perhaps the best known in *Barlaam and Iosaphat* apart from the dramatic treatments of The Three Friends (No. 5), has been examined in detail by Jürgen W. Einhorn, OFM, 'Das Einhorn als Sinnzichen des Todes: Die Parable von Mann im Abgrund', *Frühmittelalterliche Studien*, vi (1972), 318–417, which may be supplemented by Ruth Pitman and John Scattergood, 'Some Illustrations of the Unicorn Apologue from Barlaam and Iosaphat', *Scriptorium*, xxxi (1977), 85–90. Pitman and Scattergood usefully reproduce the only English illustration of the apologue known to me which is contemporary with MS Peterhouse 257, that contained in British Library MS Add. 37049, fo. 19v, another separated exemplum, plate 8(b). Einhorn notes that the development of the man in the tree may have been influenced by the iconography of Zaccaeus (Luke 19: 2), particularly when he was represented without a pit beneath, as he was in one Western tradition: additional examples in Francis Wormald, *The Miniatures in the Gospels of St. Augustine, C.C.C. MS. 286*, The Sanders Lectures in Bibliography, 1948 (Cambridge, 1954), plate for fo. 129v; and in F. Saxl, 'A Spiritual Encyclopaedia of the Later Middle Ages', *Journal of the Warburg and Courtauld Institutes*, 5 (1942), 96 and plate 22(c). (Saxl notes the similarity to Schreiber, no. 1867.) Michael Evans of the Warburg Institute points out to me a miniature in British Library MS Add. 30024, fo. 2, a thirteenth-century French manuscript, which further develops the apologue. Antelami's sculpted version from the lunette on the door of life in the Baptistry at Parma is reproduced in Enrico Cerulli, 'The *Kalilah Wa-Dimnah* and the Ethiopic *Book of Barlaam and Josaphat* (British Museum MS. Or. 534)', *Journal of Semitic Studies*, ix (1964), plate II, p. 86. On the apologue's persistence in Persian literature, D. M. Lang, 'Parable and Precept in the *Marzubān-Nāma*', *W. B. Henning Memorial Volume*, eds. Mary Boyce and Ilya Gershevitch, Asia Major Library (London, 1970), 231–7, and A. van Lantschoot, 'Deux paraboles syriaques', *Le Muséon*, lxxix (1966), 133–54.

Other versions of the apologue are cited in de Vitry, 191, Kuhn, 76–7, and Jacobs, cxii–cxiii.

5. *The Three Friends or Everyman*

This apologue appears in all important versions.

No Indian original has been found, though the belief that good deeds are meritorious could have had either Buddhist or Manichaean origin, and Kuhn cites certain Indian proverbs in which good deeds are said to be the only friends who follow their doer into the next life.

Derivative versions are found in de Vitry, CXX; John of Bromyard, *s.v. amicitia*, I. 52v, col. 2; *Gesta Romanorum*, 138; Vincent of Beauvais, *Speculum Historiale*, 15. 16, 'Parabola de tribus amicis contra eosdem' (i.e. 'contra mundi amatores'), and *Speculum Morale*, I. iv. 19, 'De utilitate passionis domini'.

Other versions are cited in de Vitry, 185–6; Kuhn, 77–9; Jacobs, cxiii–cxiv.

6. *The King for a Year*

This apologue appears in all important versions.

No Indian original has been found, though Jacobs notes an echo from the *Dhammapada*, which says that restraint and control make a wise man 'an island which no flood can overcome'.

Derivative versions are found in de Vitry, IX; John of Bromyard, *s.v. obedientia*, II. 117, col. 2; *Gesta Romanorum*, 224; Vincent of Beauvais, *Speculum Historiale*, 15. 17, 'Ad idem de Rege qui locum exilii sui diuitiis permuniuit', and *Speculum Morale*, II. i. 4, 'De Praesentia Mortis'; *Libro*, 366. Other versions are cited in de Vitry, 137-8; Kuhn, 79-80; and Jacobs, cxv.

7. *The Happy Poor Couple*

No Indian original is known, though Kuhn remarks that the couple may belong to the caste of Mehter. The Western circulation appears to have been limited.

In the classical Persian *Marzubān-nāma*, compiled early in the thirteenth century, the apologue is used to emphasize that the poor man is better off than the rich, and is linked to a tale sometimes called 'The Robbers' Nemesis', familiar in Middle English from the version preserved in Chaucer's *Pardoner's Tale*, though in the Eastern version food, not drink, is poisoned, and the single victim is murdered by strangling. The tale is recorded only in the Hebrew version of *Barlam and Iosaphat*, and there is a slightly different form. It comes through a *Jātaka* in which Buddha foresees the robbers' fate, and through two Arabic versions, in which it is Christ who foresees. It too was probably subjected to Manichaean transmission. *The Tales of Marzuban*, trans. Reuben Levy (London, 1970), pp. 72 and 74; D. M. Lang, 'Oriental Materials on the Georgian "Balavariani"', *Bedi Kartlisa*, xxviii (1971), 106-21, esp. 113-20; and W. B. Henning, 'Persian Poetical Manuscripts from the Time of Rūdakī', *A Locust's Leg: Studies in Honour of S. H. Taqizadeh*, eds. W. B. Henning and E. Yarshater (London, 1962), 89-104.

Derivative versions of The Happy Poor Couple are found in de Vitry, LXXXVIII, and *Libro*, 350.

Other versions are cited in de Vitry, 168; Kuhn, 22 n. and 74 n.; and Jacobs, cxviii.

8. *The Rich Young Man*

This apologue appears in all important versions.

No Indian original is known, and the young man's reasons for avoiding his first marriage suggest Manichaean influence, perhaps even a Manichaean origin. The Western circulation appears to have been limited.

A derivative version appears in Vincent of Beauvais, *Speculum Historiale*, 15. 19, 'Ad idem de illo qui contempta nobili sponsa, pauperculam duxit'.

Other versions are noted in Jacobs, cxix–cxx.

9. *The Tame Kid*

This apologue appears in all important versions.

No Indian original is known, and the apologue differs from the others in that its allegory is restricted to Barlam's escape, not his teaching, and that it is not explained to Iosaphat but understood by him without explanation. Was it perhaps an early interpolation? It appears, however, in the earliest versions. Its Western circulation appears to have been limited.

A derivative version appears in Vincent of Beauvais, *Speculum Historiale*, 15. 22, 'Iosaphat volentem eum sequi, Barlaam reprimit'.

Other versions are noted in Jacobs, cxxv–cxxvi.

10. *The Boy Who Never Saw Women*

This apologue appears in all important versions.

No Indian original has been found, though analogues of women being used to tempt wise men occur in *The Ramayana of Valmiki*, trans. H. P. Shastri (London, 1952), I. 24–7, (I. 9–10): 'By the courtesans can the sage be persuaded to come to the king's court'; and the *Mahabharata*, trans. M. N. Dutt (Calcutta, 1902), III (Vana Parvan), 110–13, where women are used to entice the ascetic Rishyasringa.

Derivative versions appear in de Vitry, LXXXII; Vincent of Beauvais, *Speculum Historiale*, 15. 41, 'De Iosaphat per mulieres seducendo consilium dat'; *Libro*, 300; Gower, VII. 4406–45.

Other versions are cited in de Vitry, 169–70; Kuhn, 80–2; and Jacobs, cxxx–cxxxi.

APPENDIX B:
Scriptural Allusions in *Barlam and Iosaphat*

The following list of references to scripture includes all of those in which the text indicates that it is alluding to scripture, as well as those places where the allusion seems to me unmistakable. By far the majority of the references to scripture came into the text with the Greek version of St Euthymius. The second Latin version which followed carried over many of these, as did the present Middle English text. But it is by no means certain that the Middle English translator was always aware that he was translating scripture. Twice he assigns a scriptural allusion where none is to be found, and he frequently abbreviates, condenses, or translates allusions in a way that suggests that he was not aware that he was rendering scripture. I have therefore limited the list to those places where the Middle English text renders directly a scriptural allusion, and have listed only the first verse from which the allusion springs. In a few places the citation indicated will continue, usually abbreviated and becoming increasingly indistinct, as the passage continues. The few places where the text remains clear have been indicated. The Loeb edition lists the allusions preserved in the Greek version, and the reader is referred to that place for the full range of scriptural allusion upon which subsequent versions, including the present one, depended.

Old Testament

Cant. 4: 9, 6156	Isa. 32: 6, 4769
Dan. 4: 24, 2289	Isa. 34: 4, 1379, 4922
Deut. 32: 20, 1511	Isa. 40: 6, 3302, 4000
Eccles. 1: 14, 155	Isa. 41: 10, 6514
Eccles. 3: 8, 4169	Isa. 43: 25, 1560
Exod. 14: 22, 950	Isa. 58: 8, 1556, 3270
Exod. 16: 4-3, 960	Isa. 59: 4, 4371
Exod. 20: 13, 1635	Isa. 64: 4, 1095
Exod. 18: 43, 5860	Isa. 64: 6, 4944
Ezek. 33: 11, 5614	Isa. 66: 18, 1370
	Isa. 1: 18, 1770
	Isa. 10: 2, 1384
	Isa. 14: 9, 5460
Gen. 1, 852	
Gen. 2: 8, 869	
Gen. 2: 17, 872	
Gen. 6: 7, 5339	
Gen. 11: 25, 929	
Gen. 19: 24, 5844	
Gen. 1: 16, 5963	

Isa. 66: 24, 1375
Mic. 2: 10, 1516
Num. 22: 24, 4361
Num. 22: 28, 4393
Prov. 3: 24, 1551
Prov. 26: 11, 3185
Ps. 1: 3, 4877
Ps. 4: 2, 2358
Ps. 6: 6, 1766
Ps. 7: 15, 4353
Ps. 19: 1, 2667
Ps. 25: 2, 5219
Ps. 30: 1, 5218
Ps. 31: 4, 4354

Ps. 31: 5, 5982
Ps. 34: 5, 3235
Ps. 37: 15, 4354
Ps. 37: 20, 2363
Ps. 37: 35, 5518
Ps. 42: 1, 3214, 6153
Ps. 42: 2, 2813
Ps. 50: 3, 1407
Ps. 57: 1, 4171, 4315
Ps. 58: 4, 5494
Ps. 63: 1, 6514
Ps. 64: 3, 4371
Ps. 68: 2, 2363, 5520
Ps. 73: 20, 2363

Ps. 82: 8, 1410
Ps. 94: 8, 3764
Ps. 102: 25, 5525
Ps. 114: 8, 5839
Ps. 115: 8, 1504
Ps. 119: 163, 3262
Ps. 134: 2, 3543
Ps. 135: 18, 1505
Ps. 139: 18, 4207
Ps. 145: 1, 5835
2 Sam. 3: 1, 5795
Wisd. 7: 5, 5795
Zech. 1: 3, 1782
Zeph. 1: 14, 1395

New Testament

Acts 2: 37, 1430
Acts 5: 12, 5535
Acts 7: 11, 5338
Acts 8: 22, 1442
Acts 16: 3, 5185
Acts 20: 26, 6087
Col. 1: 15, 1522
Col. 3: 10, 3141
1 Cor. 1: 20, 4306
1 Cor. 1: 28, 142
1 Cor. 2: 9, 1095,
    3469, 4230
1 Cor. 7: 9, 1795,
    5156
1 Cor. 8: 6, 1518
1 Cor. 12: 9, 2720
1 Cor. 13: 9, 2264
1 Cor. 15: 1, 1256
1 Cor. 15: 22, 1266
1 Cor. 15: 52, 4223
1 Cor. 15: 55, 1266
2 Cor. 3: 18, 157,
    1104
2 Cor. 4: 17, 6327
2 Cor. 5: 1, 2802
2 Cor. 6: 16, 1936
2 Cor. 6: 17, 1513
2 Cor. 8: 9, 6350
2 Cor. 11: 14, 5122
2 Cor. 12: 2, 2729

Eph. 2: 19, 2646
Eph. 4: 1, 3135
Eph. 5: 9, 3147
Eph. 6: 12, 248, 3152
Eph. 6: 13, 2980
Gal. 1: 8, 3100
Gal. 5: 16, 1583
Gal. 5: 22, 3157
Gal. 6: 14, 1937
Heb. 4: 12, 1362,
    4207
Heb. 13: 4, 5155
John 1: 18, 2660
John 3: 3, 1076
John 3: 5, 1065
John 5: 25, 1180,
    1226
John 5: 29, 1228
John 14: 23, 6397
John 15: 5, 5938
John 16: 33, 6335
John 21: 16, 1761
John 21: 25, 1127
1 John 2: 15, 219,
    1803
Luke 3: 22, 989
Luke 5: 32, 5612
Luke 6: 13, 999
Luke 6: 39, 2376
Luke 8: 5, 705

Luke 11: 24, 1605
Luke 12: 8, 1298
Luke 13: 24, 2349
Luke 13: 28, 4241
Luke 14: 16, 1317,
    1342
Luke 15: 4, 1743
Luke 15: 7, 5178,
    5610
Luke 15: 11, 1720
Luke 16: 19, 1305,
    2291
Luke 17: 10, 1879,
    6347
Luke 18: 22, 2324
Luke 18: 24, 2331
Luke 20: 37, 1233
Luke 22: 19, 3071
Luke 22: 62, 1752
Luke 23: 46, 5982
Matt. 3: 17, 989
Matt. 4: 17, 1719
Matt. 5: 3, 1622,
    1656
Matt. 5: 21, 1637
Matt. 5: 27, 1643
Matt. 5: 37, 1645
Matt. 5: 43, 1649
Matt. 6: 14, 1656
Matt. 6: 19, 5775

Matt. 6: 24, 1800	Matt. 15: 14, 2376	1 Pet. 1: 16, 3289
Matt. 6: 26, 1652	Matt. 19: 6, 5157	1 Pet. 1: 24, 3301, 3998
Matt. 7: 2, 1669	Matt. 20: 5, 4817	1 Pet. 2: 1, 3129
Matt. 7: 13, 1670, 2349	Matt. 20: 12, 6389, 6481	1 Pet. 2: 16, 4394
Matt. 7: 21, 1673	Matt. 22: 39, 6365	1 Pet. 2: 22, 1012, 1600, 3185
Matt. 8: 14, 5158	Matt. 24: 35, 5523	2 Pet. 3: 9, 7850
Matt. 9: 3, 4811	Matt. 25: 1, 1342, 1939	Phil. 1: 23, 2811
Matt. 9: 13, 5612	Matt. 25: 11, 1355	Phil. 2: 7, 3090
Matt. 10: 28, 2823	Matt. 25: 31, 1284	Phil. 3: 13, 6324
Matt. 10: 30, 1359	Matt. 25: 40, 2297	Phil. 4: 7, 6356
Matt. 10: 33, 4165	Matt. 26: 26, 3071	Rev. 12: 9, 880
Matt. 10: 37, 1675	Matt. 27: 18, 1003	Rev. 22: 1, 5235
Matt. 10: 38, 1443	Matt. 28: 19, 1026, 1068, 1617	Rev. 22: 2, 6494
Matt. 10: 42, 1282	Matt. 28: 20, 1620	Rom. 1: 21, 4309
Matt. 12: 36, 1357	Mark 1: 9, 989	Rom. 5: 12, 986
Matt. 13: 17, 1050	Mark 1: 15, 1719	Rom. 6: 10, 2784
Matt. 13: 18, 705	Mark 4: 3, 705	Rom. 7: 24, 2810
Matt. 13: 23, 6281	Mark 8: 34, 1443	Rom. 8: 4, 123
Matt. 13: 40, 1235	Mark 9: 41, 1282	Rom. 11: 3, 2725
Matt. 13: 43, 1372, 4227	Mark 9: 43, 4241	1 Thess. 4: 16, 1147
Matt. 13: 44, 6267	Mark 12: 26, 1233	1 Thess. 5: 7, 4721
Matt. 13: 45, 651	Mark 14: 22, 3071	1 Tim. 6: 16, 839

GLOSSARY

Spelling variations of the following letter combinations are not recorded: c/k, i/y, th/þ, u/v.

abbot(e) n. abbot 3648, 3653.

abhomynable adj. horrible 808, 827.

abhomynacion n. detested thing 106, 630.

abyde v. abide, live 221, 281; exist, remain 1373; await 3578; abideth, pr. 3 sg. 1070, 3198; abiden pr. pl. 1900; 4694; abydinge pr. p. 485, 2198; abode pa t. 2194, 2992.

able to adj. capable of 196-7.

aboute adv. all around 4570; al ~ in every direction 5307.

abrode adv. at large 543, 4459.

absteyne v. keep away 1579, 3775.

abstynance n. abstemiousness 1855, 3536.

accusacion n. charge 361; accusacions pl. 2128.

acordith v. pr. 3 sg. agrees, accords 1406, 2631; acorden pr. pl. 4634; acordynge pr. p. 1362, also acordy-nge into agreed upon 4636; acorded pp. 3817; cordith pr. 3 sg. 4555; acordith wel to me is agreeable to me 2631.

acounte v. reckon 2771.

adder(e) n. serpent 886, 4618; addris pl. 2005, 2012.

adoun adv. downwards 292.

aduersite n. confusion, hostility 14, 101; penance 430.

aduoket n. advocate 1187, 4735; aduo-kettis pl. 5503.

afe(e)rde v. pp. afraid 29, 680.

affeccyon n. emotional attachment 80.

affliccion n. misery, pain 1179; affliccions pl. 947-9.

afore prep. before 3753.

aforn prep. and adv. before 3452, 3598.

after(e) prep. after 446, 1023; according to 267, 863; for 363; according as 1023; ~ hemself in accordance with his nature 2693.

after adv. afterwards 2427.

aȝen adv. back 336.

aȝen-beye v. redeem 984.

aȝen-beyere n. redeemer 986.

aȝens prep. against 57, 248; towards 1919, 1238; ~ þat until 3337.

agreued v. pa. t. hurt 291, 4047.

algatis adv. all the same, in any case 3420, 4192.

alienacion n. desertion, disowning 5684.

alyenate v. pp. cut off 1327.

almasdeede n. almsgiving 1592, 2125.

alternacion n. alternation 2785.

alwey adv. always 3304, 5773.

amende v. repent 4786; amendid pp. 3191.

amendement n. reforming 374.

amyable adj. pleasurable 426; pleasant 1973.

anon adv. at once 315, 397; ~ as as soon as 3398.

answer(e) n. reply 112, 114; answeris pl. 601.

apeyre v. spoil, ruin 1871; apeired pp. 2711.

apostata n. apostate 4066, 4803.

ap(p)araile n. trappings, adornments 4449, 4455.

aray(e) v. dress 95, 2987; arayeth pr. 3 sg. 1666, 1970; arayen pr. pl. 3879; arayde pa. t. 856; araide pp. 294, 748; arayde pp. adj. furnished 1606.

araies n. pl. tapestries 295.

aredy see redy.

areise v. raise up, life up 4811; areised pa. t. 5536, arose 245; aryse imp. 243.

arered v. pa. t. stirred up 57; raised 5408, 5457.

as adv., conj. as if 143; that 348; as much as 49.

asaie v. test, try 363, 418; asaide pp. 398, 1487.

ascape v. escape 594.

askynge vbl. n. request 128.

aspie v. spy out, notice 3631; aspyden pa. t. pl. 2901.

asshyn n. pl. ashes 1213, 5951.

assoyle v. resolve 2746.

astate n. estate 5713, 6017.

astonyd v. pp. astonished 2503, 4047.

asundre adv. apart 1287, 6138; asondre 1905.

aswage v. calm, moderate 6128; aswagid pa. t. 3604.

at prep. with 3012.

atwo adv. in two 2000.

auctor(e) n. originator, maker 3486, 6237; auctoris pl. 901, 4517.

auȝt n. anything 1576, 1647.

auowtrer(e) n. adulterer 4548, 4565; aouwtrer(e) n. adulterer pl. 920.

auowtry n. adultery 1584, 4564.

autere n. altar 1641.

avaunce v. advance 251.

avyse v. take thought 418, 6037.

balaunce n. scales 2739.

banke n. bank of earth 2006, 2015.

bapteem n. baptism 1062, 1073.

barre n. bar of justice 4226.

bataile n. battle 11, 58; batailes pl. 1909, 4523.

bawmes n. pl. balms 799.

bedel n. court officer 767, 784; bedelis pl. 787.

bedstraw n. bed-covering 1768.

been n. pl. bees 3165.

be(e)re(n) v. carry 2165, 2308; give birth to 3507; ~ wytnes 173, 3458; ~ hym on honde accuse him 356; born vp sustained 818, 3870; berynge pr. p. 2327; baren pa. t. pl. 3458; bore pp. 515, borne 1531, 3352.

beforn adv. before 4865, 5589.

begile v. trick, deceive 3372, 3727; be-gyled pr. 3 sg. 2034, 4211; begilen pr. pl. 1518, 2364; begiled pp. 5569.

begiler n. deceiver 3657.

behe(e)st(e) n. promise 1432, 3679; behestis pl. 1960; lond of ~ promised land 962.

behold v. imp. sg. see, behold 3504; behelde vnto looked at 189.

beholdynge vbl. n. vision 3240.

behote v. pa. t. promised 943, behete 1460, behyȝt 963, behight 1963; behote pp. 2057, 4760.

behynde adv. behind 3286, 4760.

beknew(e) v. pa. t. acknowledged 5910, 5914.

beleue n. belief, faith 55, 71.

benefettis n. pl. good deeds 4669.

benefice n. favor, kindness 3778.

benygne adj. kind, loving 1573.

benygnyte n. kindness 1591.

benome v. pp. seized, deprived (of) 417.

besauntys n. pl. gold coins, originally of Byzantium 2050.

besely, bysily adv. industriously 25, 605; diligently 1882.

besy adj. industrious 38, 326; concerned 3740.

besy, besie v. refl. busy oneself, endeavor 494, 3606; besied pa. t. 347, 4876.

beynes n. activity, concern 213, 225, 458.

betake v. commend 6113.

bethouȝt v. pa. t. refl. remembered 402; ~ on reflected upon 2541.

betyme adv. in good time 3177.

betokenyþ v. pr. 3 sg. shows 1312, 1318-19.

bey(e) v. buy 453, 456; bouȝt pa. t. 5380.

by prep. concerning 2632; ~ me on my account 2631.

bydd(e) v. order, command 2555, 4181; byddist pr. 2 sg. 119; byd-deth pr. 3 sg. 1645, 4709-10; byd-dynge pr. p. 518; badist pa. t. 2 sg. 4334; bade pa. 3 sg. 304, 307; boden pp. 1322.

byde v. waited 292.

byddynge vbl. n. command 3773.

bylde v. erect, build 293; bylded pp. 2646, 2649.

bynde v. bind 1333; bonde pa. t. 194, 799; bounden pp. 149, 4565.

bysily see besely.

bysse n. fine clothing, especially linen for an undergarment 1306.

boldely adv. bravely 2817, 4275.

bole n. bull 4559; bo(o)lys pl. 264, 3889.

bondis *n. pl.* power 1488.

bowen *v. pr. pl.* kneel 1959; pervert 1390.

bowynge *ppl. adj.* bending, uncertain 166.

brenge *see* bringe.

brenne *v.* burn 208, 1408; **brennyth** *pr. 3 sg.* 4479; **brente** *pp.* 241, 448.

brennynge *ppl. adj.* burning 2003, 6542; *vbl. n.* 3464.

bretheren *n. pl.* members of a religious community 228, 230.

bryng(e), brenge *v.* bring 171, 175; **brengist** *pr. 2 sg.* lead 205, **bringist** 5839; **bringith** *pr. 3 sg.* 125, **breng-yth** 215; **bro(u)ʒt** *pa. t.* 76, 264; ~ in induced 132.

brok *n.* badger 4920; **brokis** *pl.* 2841.

bussh *n.* shrub, bush 1994, 1999; **busshys** *pl.* 2218.

but if *conj.* unless 590, 3976.

callynge *vbl. n.* vocation 1255.

canste *v. pr. 2 sg.* know 4939.

careynes *n. pl.* bodies 1376.

carnal *adj.* earthly 5936.

casualy *adv.* by chance 1780, 3250.

celle *n.* cell 638, 3670; **cellis** *n. pl.* 1904.

certefye *v.* instruct 617.

certeyn *n.* significance 2531.

chalis *n.* cup 3072.

chamele *n.* camel 2333.

changyng *vbl. n.* alteration 413, 2736; **changynggis** *pl.* 2698.

chare *n.* chariot 748.

cha(u)nge *v.* alter, exchange 99, 1970; **changith** *pr. 3 sg.* 4497; **changid** *pa. t.* 575; *pp.* 104.

chere *n.* face, countenance 112, 414; behaviour, manners 2096; **wel chered** gracious of countenance 13; made havy ~ looked unhappily upon 3647; **made rewful chere** looked sadly upon 2087.

cherlis *n. pl.* common men 4588.

cherly *adj.* common 5484.

chersynge *vbl. n.* esteem 361.

cherte *n.* affection 3554.

chese *v.* choose, select 150, 154; **chesen** *pr. 3 sg.* 2404, ~ to 2416; **chesen** *pr. pl.* 2425, 2426; **chose** *pa. t.* 999, 1120; **chosen** *pp.* 175, 2228.

chesynge *vbl. n.* choice 2424.

cheste *n.* coffin 4465; **chestis** *pl.* boxes 794, 802.

cidre *adj.* cedar 5519.

chylde *n.* young man 1720.

clene *adv.* completely 1270, 1327.

clene *adj.* clean 1604, 4484; innocent 3164, 5064.

clennes *n.* chastity 680, 1918; purity, without sin 2380; **be ~ of leuynge** living without sin 3362.

clepe *v.* call 1560, 4625; **clepyd** *pa. t.* 3243, 4343.

clere *adj.* clear 683, 3234.

clergie *n.* learning 274.

clerke *n.* scholar 284, 1466; **clerkys** *pl.* 271, 514.

clerly *adv.* plainly 1106, 3719; entirely 1565.

clevyd *v. pp.* stuck 2878.

closed *v. pp.* confined 148.

clothe *n.* garment 1664, 2478; winding sheet 5986; **clothis** *pl.* 642, 750; **vpper clothis** outer garments 2875.

coddys *n. pl.* husks 1727.

cokedrylle *n.* crocodile 4616.

cokkel *n.* corn-cockel *or* darnel, a weed 1235.

comberaunce *n.* burden 5944.

come *v.* come 226, 401; **comyst** *pr. 2. sg.* 1331, 1566; **comyth** 3 *pr. 3 sg.* 598, 1161; **comyn, comen** *pr. pl.* 3175, 3180; **comynge** *pr. p.* 1423; **come** *pa. t.* 64, 523; **comen** *pp.* 4317; ~ **of þe kenrede** descended 5356; ~ **in** *subj.* 3 *sg.* have access 516.

com(m)en *adj.* common 40; ~ **crye** public cry 317.

comynge *vbl. n.* advent, arrival 789, 1082; ~ **on** through 3078.

communycacion *n.* discussion, consultation 4751, 6295.

communynge *vbl. n.* conversation 6411.

comoun *adj.* ordinary 4585, 4590.

comowne *v.* talk, converse 492.

company *n.* company, group 1148, 3458.

comparsoun *n.* comparison 282, 2931.

complexion *n.* a mixture of humors in the body 562.

comprehend(e) *v.* comprehend 1108, contain 1130; **comprehendid** *pa. t.* 1111, 3028.

GLOSSARY

compuncion n. contrition 1419, 1428.

conceyue v. understand 2449; **conceyued** pa. t. 432, 600; conceived a child 979; **conceyued** pp. 3034.

concluded v. pp. restrained 4944.

condicion n. circumstance, position 766, 4555; **condiciones** pl. behaviour 4571, 4596.

confermyd v. pa. t. strengthened 1244, 2989.

confort n. consolation 103, 132; pleasure 544.

confusion n. ruin, shame 1197, 1729.

congelid v. pp. congealed here frozen 4472.

congrue adj. appropriate 345.

conpendious adj. comprehensive 3483.

conscience n. conscience 248, 2415.

constrayne v. restrain 51–2, compel 3605; **constreyneþ** pr. 3 sg. 2382.

contemplacion n. spiritual meditation 7, 8; a state of spiritual perfection 45, 76.

contrarye adj. discordant, hostile 701.

conturbacion n. a mixing of elements 2026.

convenyent adj. appropriate 4129, 4655.

convenyently adv. appropriately 3242, 6543.

conuersacion n. way of life 3, 164; manner of living 892, 2617; spiritual state 141.

conuersant adj. conversant 987.

conuertyd v. pp. turned 3495.

cordith see acordith.

coreccion n. punishment 3178, 3183.

corne n. wheat 4484.

corneid-stone n. corner-stone 2648.

corneris n. pl. battlements 1400.

corrupcion n. evil 32, 34; corruption 3041.

cosyne n. kin 2853, 2857; **cosyns** pl. 1844, 2177.

cosmos n. universe 4446.

couente n. community 3643, 3704.

couetyce n. greed 1587, 2837.

counseyle n. counsel 374, 376.

cours(e) n. course 278, 2714; **on ~** in due succession 226.

crachyd v. pp. scratched 2377.

craft(e) n. art 594, skill, craft 407,

4551; **craftis** pl. 4906; **doþ al þe ~** tries every trick 1982.

craftily adv. skilfully 2671.

crafty adj. skilful 4477.

crewel adj. cruel 253, 319; fierce 58, 948.

cri(e)(n) v. cry 4070; announce 445; **cryen** pr. pl. 1507; **cryde** pa. t. 1353, 2725.

crye n. announcement 319; cry 4966; outcry 1400; **comoun ~** public announcement 317.

crucyfix(e) n. crucifix 3080, 3086.

cuntre, cuntrey(e) n. country 636, 650; **cuntrees** pl. 2435.

customably adv. habitually, customarily 3280.

cyngnum n. swan 4541.

damesele n. maid, unmarried woman 5102, 5124.

datys n. pl. dates 6290.

daunger n. power 2074.

dawbyd v. pp. painted 797, 807.

debate n. discord, strife 225, 2514; **debatis** pl. 1586.

deef adj. deaf 202, 657.

defaute n. lack, absence 2695.

defoule v. defile 1644; **defoulen** pr. pl. 4597; **defoule** imper. 3142; **defouled** pp. 676, 677.

degre n. rank, social position 268, 5736; condition 2216.

dey(e) v. die 455, pr. pl. 597; **deide pa. t.** 192, 1012; **deide(n)** pa. t. pl. 923, 969.

deyinge vbl. n. dying 6524.

deynte adj. richly prepared, costly 1307, 2949.

deyntees n. pl. rich foods 96.

dele v. imper. distribute 2977; **delid** pa. t. 2386, **dele** 5776, 5924.

deliberacyon n. consideration 2998.

delicacies n. pl. luxuries 2482.

delyuere v. deliver, release 153; **delyuerist** pr. 2 sg. 5849; **delyuered** pp. 161, separated 169; **delyuered þou** revealed to you 1257.

deme v. judge 803, 1022; **demyþ** pr. 3 sg. 1365, 2404; **demen** pr. pl. 4647, 4699; **demyd** pa. t. 804; **demyd** pp. 1654; **demyd** vnto judged right for 2392.

demynute v. pp. diminished 2679.

denne n. den 5014, 5017; dennys pl. 87, 89.

departe v. depart 2330; divide, separate 1287, 4163; departe imper. sg. 1514; departyd pa. t. 950; pp. 2758; departed 1142.

departynge vbl. n. separation 1141; departure 3410.

depnes n. depth 3184, 3201.

deseruynge vbl. n. merit 2960, 5899.

deese n. wretchedness 99, 214.

desese v. trouble, disturb 301.

desire v. pp. ~ after long for 6514.

dette n. debt 598, 2050.

deuyse v. imagine 320.

deuysion n. separation, division 847, 1529; boundary 4491.

diademe n. crown 6160; diademys pl. 806, 3879.

dignyte n. status, dignity 702, 758; worth 1066; honour 2498.

dirigees n. pl. office for the dead 5985.

discordith v. pr. 3 sg. ~ fro is out of harmony with 4634.

discordynge ppl. adj. conflicting 1517.

discrese v. decrease 5795; discresynge pr. ppl. 2194, 2698; discresid pa. t. 5798.

discuese v. trouble 3038.

disioyned v. pp. separated 169.

diskouered v. pp. disclosed 3418.

dispensacion n. stewardship 5183, 5186.

dispice v. despise, reject 142, 367; dispisist pr. 2 sg. 197, 199; dispiseth pr. 3 sg. 3183; dispysen pr. pl. 2947, 2951; dispised pa. t. 23, 1308; dispised pp. 166, 2530.

disport(e) n. recreation 309, 534.

disport v. refl. amuse (himself) 577.

dispose v. provide 2188.

disposicion n. inclination 314, 3862; organization 2733; power to give or dispose 2164.

disputacion n. formal debate 4285, 4300.

dispute v. engage in formal debate 4290, 4342.

dyssh n. bowl 2473, 2475.

dissolued v. pp. disintegrated 2803; terminated 4743.

distroie v. destroy, ruin 322; distroyeþ pr. 3 sg. 126; distroien pr. pl. 1390; distroide pa. t. 622, 711; distroied pp. 448.

do(n) v. do 127, 209; cause 355, 4273; put 419, 480; ~ disporte entertain 309; do pr. 1 sg. 1561, doste pr. 2 sg. 3380, 3778; doth pr. 3 sg. 221, 1168; do(n) pr. pl. 37, 563, 1569, done 2348; do imper. pl. 309; dedist pa. t. 2 sg. 4745; dede pa. 3 sg. 433, 756; deden pa. pl. 2258; do(n)e pp. 107, 365, 748; ~ worshyp give honor 753-4; ~ nat be desires do not indulge the desires 1583; ~...besynes act busily 2537.

doctryne n. teaching 305, 439.

dolven v. pp. dug 4459.

domme, dumme adj. dumb 202, 657.

do(o)me n. judgement 1175, 1183; domys pl. 2726, 3265.

domysman n. judge 1190, 5639.

dounfallynge vbl. n. defeat 215.

dounwarde adv. beneath 5460.

dowve n. dove 992, 2216.

dragoun n. 2001, 2011; dragounys gen. sg. 2015.

drawe v. entice 5131; drawith pr. 3 sg. 4211; pull, drag; drawe imper. sg. 3172; drewe(n) pa. t. 2149, 3792; drawe pr. 3183; ~ to approach 3171.

dred(e) v. pr. 1 sg. 209, y ~ me I am afraid 2906; dreddist pr. 2 sg. 784; dredith pr. 3 sg. 455, 457; dreden pr. pl. 461; dredynge pr. p. 3772, 4864; dredde pa. t. 23, 65; dredist ...þat...nat fear lest 3749-50.

dredeful adj. awe-inspiring, terrible 467, 1134.

drenchid v. pa. t. drowned 955; drenchid pp. 923; sunk 2706.

dresse v. impers. sg. prepare, direct 5219; turn 6355.

drynkis n. pl. draughts, potions 4557.

dryue v. drive 659; dryueth pr. 3 sg. 3165; dryuen pr. pl. 3165; drofe pa. t. 2906, 3383; dreuen pp. 513, dreuyn 69.

dure v. endure, last 465, 1425; durynge pr. p. 390, 1118.

dwelle v. pr. 1 sg. live, inhabit 223, 282; dwellist pr. 2 sg. 2755, 6493; dwellith pr. 3 sg. 3163, 3658;

dwellen v., pl 1609, dwelled, dwel-lid pa. t. 6, 77.

edefie v. strengthen, sustain 6113; edefied pa. t. 2247.
edification n. building 2648.
eese n. ease, comfort 620, 1466.
eesy adj. moderate 6289.
effecte n. performance, execution 350, 2405; attainment 5099.
eft-sonys adv. soon after, immediately 437; till ~ till later 235.
egyl(t) n. eagle 2217, 3990.
eyleth v. pr. 3 sg. ails 3376; eyled pa. t. 1473.
eyre n.¹ air 707, 1473.
eyre n.² heir 1179, 2628; eyris pl 1072, 3799, eyres 1825, 4727.
emplastris n. pl plasters, dressings 4557.
enchauntere n. magician 5496; en-chaunteris pl 4290.
enchauntmentis n. pl spells 5593.
encrese v. increase 903, 1278; encresith pr. 3 sg. 2414, 2417; encresynge pr. p. 2194; encresid pa. t. 1825; en-cresid pp.
encresynge vbl n. increasing 2697.
endewed v. pa. t. ~ in endowed with 185.
enforme v. instruct 617, 1091; in-formed pa. t. 792; enformed pp. 624, 1224.
engynne n. trick 5109, 5308; engynnes pl. 5088, 5540.
enmyte n. hostility 2512; enmytes pl 1586.
enhaunsith v. pr. 3 sg. exalts, elevates 1955.
enyþynge pron. and n. anything 3431; at all 308; moste of ~ most of all 3255.
entente, intente n. intention 391, 624; ȝaf here ~ set their minds on 27.
equyte n. justice, law 127, 131.
ere prep. before 652, 704.
erudicyon n. instruction 1125.
ete, eete v. eat 887, 1453; etith pr. 3 sg. 3071; eeten pr. p. 1727; eete pa. t. 708, 890, eeten 4622.
euen(e) adj. equal 180, 973; adv. im-mediately 4756.
euenlike adv. equally 3737.

euerych pron. each 1526, 1874.
euyl adv. wickedly 2808, 3727.
examinacion n. interrogation to estab-lish guilt or innocence 481, 3829; testing 2632.
examne v. test 363; examned pa. t. 2619; pp. 2635.
example n. example 36, 745; examplis pl. 5907; toke ~ of imitated 925; by ~ 1449.
excusacion n. justification 1188, 2601.
expensis n. pl. gifts 2250.
expone v. explain, interprete 2108; expound pa. t. 2994.
eye n.¹ eye 220, 1367; yee 5854; nede-lys ~ 2333; eyen pl. 683, 1806.
eye n.² egg 1475, 1492.

fader(e) n. father 20, 21; faderis gen. 612; pl. 228.
fayne adv. gladly 3660.
falle v. fail, happen 563, 1780; fallist pr. 2 sg. 5370; fallith pr. 3 sg. 1142; fallen pr. pl. 562, 567; fyll(e) pa. t. 185, 348; falle pp. 3194, 3499; ~ to benefit 265; turn to 874, 2757; join forces with 5716; ~ to noȝt come to nothing 495; fylle in his mende came to his mind 1755.
fallynge vbl. n. falling 5080.
falsehed, falsehode n. falsity, deceit 3434, 5484.
familiare, famylier adj. intimate 648, 741.

fayle v. fail, lack 178, 393; faillith pr. 3 sg. 2364, 5810; fayled pa. t. 17.
faylyng vbl. n. falling away 435.
fantesie n. illusion 6219, imagination 6224; fantesies pl. apparitions 6198.

fare v. fare, go 4925; farith pr. 3 sg. 2221, 3566; fare pr. pl. 2376; fe(e)rde pa. t. 5271, behaved 6201.
fast(e) adv. quickly 348, 903; hard, fer-vently 46, 72; close 2473; firmly 3379.
febylnes n. weakness 92, 583.
feble adj. weak 579, 995.
fecche v. bring 2855, 3445.
feyned v. pa. t. pretended 614.
feyned adj. hypocritical 1223.
feire, fer adj. attractive, fair 254, 255; flattering 4097; gracious 762.

feirnes n. beauty 3466, 5235; **gentleness** 4979.

felawe n. companion 429; **felawys** pl. 1101, 2756.

fela(w)shyp n. company 170, fellowship 3415.

fe(e)lde n. field 1666, 5237; **feeldis** pl. 1666, 2896.

fe(e)le v. feel 1199, investigate, test 704; **felip** pr. 3 sg. perceives 3187; **felen** pr. pl. 4513, 4659; **felte** pa. t. 698, 3545.

felly adj. viciously 2868.

fer(re) adj.[1] far 724, 739; ~ in age far into old age 584.

fer adj.[2] see **feire**.

ferrouris n. pl. smiths 4551.

feruente adj. burning 324, 3231; ardent 2425, 5910.

feruently adv. burning, fervently 729.

fyfty num. fifty 270.

fygure n. symbol 816, 3091; **figuris** pl. 909, 5386.

fylthe n. filth, defoulment 157, 629; **fylthis** pl. 4775; **moch** ~ great filth 4470.

fynd(e) v.[1] find 616, 720; **fynte** pr. 3 sg. 1606, 5109; **fondist** pa. t. 2 sg. 4334; **fonde** pa. t. 90, 333; **founde** pp. 88, 318.

founde v.[2] pa. t. established 5556.

fynder(e) n. inventor 4568; **fynders** pl. 4435.

fyrmament n. heavens, firmament 913, 2668.

fle v.[1] flee 1556, 1599; **fleeth** pr. 3 sg. 3986; **fleen** pr. pl. 2962; **fleynge** pr. p. 4570; **fled** pa. t. 327, 469; **fledden** pa. pl. 6220; **fled** pp. 229, 2611.

fle v.[2] fly 1470, 1482; **fleeth** pr. 3 sg. 2363; **fleynge** pr. p. 1472.

flessh n. creature 1374; flesh 1484, 3721.

flum n. river 988.

folde v. pp. closed 4223.

flokke n. flock 2894.

foly n. folly 790, 2958.

foly adj. foolish 1223, 1343.

folily adv. wickedly 1639.

folowe v. 160, 424; **folowen** pr. pl. 226, 1915; **folowed** pa. t. 953, 1946.

fo(o)le n. fool 779, 1483; **fo(o)lis** pl. 1343, 1494.

for prep. because of 63, on account 864, 865.

forbede v. subj. forbid 2319, 2967; **forbode** pp. 890, 5186.

foreymagynacion n. foreknowing 3248.

forȝete v. forget 2082; **forȝeten** pr. pl. 2122; **forȝate** pa. t. 314; **forȝete** pp. 609, 2541.

forȝetynge vbl. n. forgiving 1593, forgetfulness 4405.

forsake v. forsake 54, 108; **forsaken** pr. pl. 1929, 2962; **forsoke** pa. t. 5, 41; refused 1835; **forsake** pp. forsaken 3117.

forseid ppl. adj. already mentioned 618, 647.

forthouȝt v. pp. refl. repented 5291.

foul adv. badly 4114.

foulere n. fowler 3753.

founte n. font 5734, 5740.

fowchesafe, fowchesaue v. vouchsafe 1144, 3438.

froyte n. fruit 141, 713.

ful n. quantity 796.

ful adv. very (with adjs.) 20, 254.

fulfylle v. satisfy 3751, accomplish 3213; **fulfylleþ** pr. 3 sg. 1963; **fulfylled** pa. t. filled 521, 1025; **fulfylled** pp. accomplished 2863, 5319.

fundament n. foundation 1062, 2647.

galle n. gall, a bitter drink 4005, 4206.

garlek n. garlick 4618.

gastful adj. terrifying 788, 1211.

ȝe adv. yes 406, 1646; **ȝis** 2538, 4764.

geete n. pl. goats 1288, 2894.

ȝelde v. render 1023, 1136; **ȝelde** pa. t. 6444; **ȝolden** pp. 1280.

gentiles n. pl. gentry, nobles 801.

ȝere n. s. and pl. year, years 592, 2146; **ȝeris** pl. 2769, 2773.

ȝeue v. give 405, 658; **ȝeueth, ȝeuyth** pr. 3 sg. 1282, 1951; **ȝeuen** pr. pl. 1501; **ȝeue** subj. sg. 2636; **ȝaf(e)**, **ȝaue** pa. t. 27, 1293; **ȝoue(n)** pp. 200, 459; **ȝeue** 3791; **ȝeue** imp. 3221.

ȝyfte n. gift 3111.

glad(e) v. make happy 553, 3465.

gladder adv. happier 6248.

gloynge vbl. n. specious reasoning 4098, 4159; trickery 3754.

gnawe v. gnaw 1657, 1659; gnawynge pr. p. 4243; gnewe pa. t. 1998 gnawen(n) pp. 2000, 2014.

go(n) v. go 420, 424; goist pr. 2 sg. 6365; go(o)th pr. 3 sg. 1143, 1602; gone pr. pl. 2121; go imp. 1513; goynge pr. p. walking 442; wente pa. t. 6, 55; wenten pa. pl. 1811; gon(e) pp. 249, 450.

Jong age n. youth 312.

good n. property, chattle 14, 167; good(d)is pl. 185, good things 431, 3945.

goodnes n. good faith 412.

go(o)stly adj. spiritual 3, 79.

gouernа(u)nce n. guidance 2706, 3858.

grace n. divine grace 39, 522; deportment 491; in joure ~ at your mercy 783.

gracis n. s. and pl. prayers before eating 6291.

grauel n. sand 944, 4209.

grentynge, gryntynge vbl. n. gnashing 1239, 1335.

grete adj. great 13, 74; mighty 40, 746; influential 409, 2480.

greue v. trouble, afflict 349; greuyd pa. t. 533; greued pp. 2808. grecously adv. sharply, heavily 85, 283.

greuaunce n. grief, sorrow 1954, 3599.

grayntynge vbl. n. see grentynge.

grypis n. gen. raven's 1475, 1491.

ground n. earth 828, 1403; foundation 1110, 1216.

groundere n. founder 1923.

groundist v. pr. 2 sg. did establish 5525; groundid pp. 1708.

growe v. grow 722; growen pr. pl. 2836; grewe(e) pa. t. 709, 711; growid 6177; growen pp. 2892. grucchid v. pa. t. complained 3647. grucchynge vbl. n. complaining 2388.

habergoun n. breast plate 2981.

habite n. manner of dress 421; religious dress 642; habit 3198, 3200.

habitacion n. place of abode 2805, 2807; habitaciones pl. 3732.

halowe v. bless, consecrate 5731; halowe imp. sg. 3505.

halowynge vbl. n. consecrating 3078.

han see haue.

happe n. chance 272.

happe v. subj. happen 1683; happyd pa. t. 254, 324.

hardely adv. assuredly 339.

hardy adj. rash 5341.

harowe n. harrow 2879.

haue v. have 17, 19; find 430; hast pr. 2 sg. 106, 107; hath pr. 3 sg. 98, 104; hauen, han pr. pl. 387, 389, 2227; hauynge pr. p. 5455; haddist pa. t. 2 sg. 1487, 2528; had pa. 3 sg. 13, 14; hadden pa. t. pl. 1349; haue forth promote 349.

heed n. source 2236.

heerde n. shepherd 1287.

he(e)re v. hear 113, 135; heeryst pr. 2 sg. 1490; heerith pr. 3 sg. 6558; heerdist pa. t. 2 sg. 671, 726; herde pa. 3 sg. 46, 71; herden pa. pl. 1254.

height n. height 2725.

heye n. grass, hay 3301, 3302.

heyned v. pp. exalted 1932.

heynes n. exalted position 215.

heire n. hair shirt, garment of penance 93, 420; heyris pl. 2067, 2841.

helpe n. helper 868.

helme n. helmet 2982.

heltie n. health 733, 1500; salvation 1576, 2982.

hem pron. themselves 1839.

hennys adv. hence 2887, 4029.

herberowed v. pp. sheltered 6144.

herbis n. pl. vegetation, plants 858, 1862.

heris pron. theirs 2362, 2363.

hernys n. pl. nooks, hiding places 3733.

herte n.¹ heart 84, 104; hertys pl. 2243.

herte n.² male deer 4582.

hertly adv. earnestly 3437, 6361; sincerely 2577, 2582; warmly 4969.

heuen(e) n. the heavens 181, 855; heauens pl. 2667; heuen 203, 393; heuene gen. sg. 2595.

heuy adj. sorrowful 520; heavy 621; deep 3761; ill-disposed 3563, 3856.

heuynes n. sadness 300, 345.

heuyli adv. sadly 3856, 6480.

hewe v. cut, hew 3790; hewen pp. 4627, 5367.

hyder(e) adv. hither, here 650, 2444.

hyderwarde *adv.* in this direction 1396.
hy(3)e *v. imper.* hurry 1498; *refl.* 1080.
hy(3)e *adj.* high 1400, 2647; exalted 854; by ~ dayli3t in bright daylight 4768; at ~ mydny3t in darkest night 3803.
hy(3)ly *adv.* earnestly 2840, 3848; more ~ to a loftier position 251.
hymwarde *adv.* to ~ towards him 5727.
hynde *n.* female deer 4583.
hynge *v. pa. t.* hung 1009, 3091.
holde *v.* hold, grasp 1598; holdist *pr. 2 sg.* consider 4213; holdith, holte *pr. 3 sg.* 1297, 2298; helde *pa. t.* 574; holde *pp.* 2352, 2354.
hole *adj.* restored to health 338, 341; restored in spirit 5943; whole 2684, 5739.
holely *adv.* steadfastly 4709.
hol(e)som *adj.* wholesome, healthy 139, 381; fruitful 5876.
hony *n.* honey 2008, 2023.
hoofful *adj.* fitting 3404.
hoped *v. pp.* trusted 5217.
hore *adj.* white with age 580.
horenes *n.* white hairs 4102.
hoseled *v. pa. t.* gave communion to 3110, 6409.
hovere *v.* waver 3133.
howsell *n.* eucharist 1906.
humylite *n.* humble service 763, 792.
humoris *n. pl.* the bodily humors 566.
hundridfold *num. adj.* hundredfold 718, 722.
hunte(re) *n.* hunter 331, 4591; huntys *pl.* 330.

iangelynge *vbl. n.* chatter 3884, 4652.
iape *n.* trick, joke 5028; iapis *pl.* 3768.
ydel *adj.* foolish 1013, 1358.
yee *see* eye.
ylonde *n.* island 2150, 2161.
ymagened *v. pa. t.* plotted 359.
impassible, inpassible *adj.* not subject to suffering 1945, 3922.
in *prep.* into 2647.
inclyspeþ *v. pr. 3 sg.* eclipses 4499.
inconuenyent *adj.* inappropriate 2851, 4535.
increat(e) *adj.* uncreated 3921, 5346.
indygnacion *n.* disdain 756; anger 1003.
infirmyte *n.* disease 542, 5738; weak-

ness 1690, 4858; sickness 299; infirmytees *pl.* 561, 563.
informed *v. pa. t.* instructed 792.
inhonest *adj.* foul 5440.
ynne *n.* inn 3313, 3369.
inobedience *n.* disobedience 195, 5326.
inobedyente *adj.* disobedient 1335, 3973.
inordynate *adj.* intemperate, disorderly 1517, 2026.
inpassible *see* impassible.
inquysicion *n.* questioning 4193.
instance *n.* urging 6077.
intente *see* entente.
interrogacions *n. pl.* questionings 4946.
iocund(e) *adj.* cheerful 426, 2482.
iolite *n.* joy 614, 628.
ioly *adj.* lusty 2196.
ioye *v.* enjoy 427; ioying *pr. p.* rejoicing 3517.
ioyneth *v. pr. 3 sg.* joins 1072; ioyned *pp.* 1102, 1596.
iuge *n.* judge 1167, 1202.
iusticis *n. pl.* justices of the peace 51.
iustifie *v.* justify 1562; iustifien *pr. pl* exculpate 1388.

kache *v.* snatch 5273; cacchith *pr. 3 sg.* catches 2869, 6435; kau3t *pa. t.* 1040, 1451; kau3t *pp.* 1471, acquired 3571.
keene *n. pl* cows 917.
kende *n.* nature 340, 598; race 3916; in no ~ in any/no way 311, 1103, 3680; kendis *pl.* species 856, 859.
kende(ly) *adj.* natural 2242, 4052.
kepe *v.*¹ preserve 494, 594; keep 159, 1028; kepyth *pr. 3 sg.* 6411; kepyn *pr. pl.* 2253, 2355; kepen 4694; kepte *pa. t.* 71, 395; kepte *pp.* 1050, 1536.
kepe *v.*² *pr. 1 sg.* care to 688.
ketters *n. pl* cutters 5394.
keuerynge *vbl. n.* covering 4173, 4318.
kylle *v.* kill 4638; kyllen *pr. pl.* 4639; kylde *pa. t.* 623; kylde *pp.* 1453.
kynrede, kenrede *n.* kindred 949, 2563.
kytte *v.* cut 3789; kutte *pa. t.* 4531; kitte *pp.* 4627.
klypte *v. pa. t.* embraced 5046, 5866.
knokkyd *v. pa. t.* knocked 6250.

know(e) v. know, acknowledge 159, 369; **knowist** pr. 2 sg. 364, 737; **knowith** pr. 3 sg. 386, 1661; **knowe** pr. pl. 4667, 4671; **know** imper. sg. 416, 2489; **knewyst** pa. t. 2 sg. 6105; **knew** pa. 3 sg. 284, 435; **knowen** pp. 2229, 5419.

knowynge(e) vbl. n. knowledge 2266, 2865.

knowlichn v. acknowledge 1299, 3921; **knowlichith** pr. 3 sg. 1299; **knowli-chid** pa. t. 5930.

knowlych n. knowledge 1439, 2394; familiarity 2067.

koleris n. pl. collars, badges of office 1971.

kompas n. in ~ round about 1409.

kouere v. cover 5551; **keuered** pa. t. 927; **kouered** pp. implanted 795; **kouered in kende** implanted in human nature 122.

kunnable adj. appropriate 3404.

kunnynge vbl. n. understanding 408, 487.

kunnynge adj. learned 277, 505.

laberous adj. laborious 1794.

labourist v. pr. 2 sg. take pains 6212; **laboure** pr. pl. 2225; **laboure** im-per. sg. 3953; **laboured** pa. t. 1838, 2232; **laboured** pp. troubled 3416, 1273.

langage n. language 1025; **langagis** pl. 1372.

large adj. spacious 2351; generous 4122.

largely adv. generously 4120, 5776; abundantly 2423.

laste v. endure 1458, 5681; **lastyth** pr. 3 sg. 6240, 6328; **lastynge** pr. p. 1273.

leche n. doctor 343, 405.

lede v. lead 7, 44; **ledyth** pr. 3 sg. 1670; **ledden** pr. pl. 8; **ledde** pp. 3048.

leef n. leaf 4944; **le(e)uys** pl. 1380, 5230.

leef adj. dear 940.

leef(f)ul adj. permissible 2607, 3670.

le(e)ndis n. pl. loins 2880, 2981.

leue v. leave 2316; **leeue** pr. pl. 1600; **lefte** pa. t. 1124; neglected, ceased 172, 2713; **lefte** pp. 3286.

leftip v. pr. 3 sg. lifts 8276; **lefte** pa. t. 3491; **lefte** pp. 3246, 3498.

lene adj. lean 751, 1854.

lepe v. pa. t. sprang, lept 752.

lese, leese v. lose 1288, 1384; **lesen** pr. pl. 5279; **lost** pa. t. 1474; **lost** pp. 84, 885.

lesynge vbl. n.¹ lie 472 (see make); falsehood 2360, 5295; **lesyngis** pl. 5386.

lesynge vbl. n.² losing 2462.

lessid v. pp. lessened 2712, 5794.

let(e) v. permit, allow 550; **lete** imp. sg. 543, 687; **lete** pa. t. caused, made 269, 293; **lete** subj. 1201, 1242.

lethy adj. weak 579, 2361.

lette v. hinder 3417, 3422; **letten** pr. pl. 3254; **lette** subj. delay 1081.

lettynge vbl. n. obstruction 2139; injury 3948; **lettyngis** pl. difficul-ties 6226.

leued, leuyn see lyue.

leuynge n. living 165.

lewde adj. ignorant 238, 658.

lewdenes n. ignorance 1448, 1569.

lewdly adv. ignorantly 3400, 5398.

lyflode n. livelihood 1724, 1850.

lyggynge v. pr. p. lying 333.

ly3t adj. easy 428, 2332.

li3tly adv. easily 3678, 4854.

ly3tneth v. pr. 3 sg. enlightens, illu-mines 1070, 2243; **li3tynge** pr. p. 3078; **li3tned** pa. t. 1029; **li3t(n)ed** pp. 694, 3941.

lykynge vbl. n. pleasure, desire 730, 5191; sensual pleasure when used in the phrase lust & lykynge 75, 201; **lustis & likyngis** pl. 1985.

lykne v. pr. 1 sg. compare 1989; **lyke-neth** pr. 3 sg. 1317; **lykned** pa. t. 626; **lykned** pp. 1448, 2016.

lyknes n. s. and pl. likeness 886, 992.

lyo(u)n n. lion 1554, 4312.

lyue v. live 25, 2204; **leuyn** pr. pl. 123; **leued** pr. t. 3, 16; **leuyd** 83, 483; **leueden** 1170, 2205.

lyueris n. pl. followers of a way of life 125.

lyuynge, leuynge vbl. n. mode of life 39, 111.

lo(o) excl behold 423, 1347.

loos n. reputation 4.

locale n. place in the heavens 2699; ~ **mevyngis** orbits 2699.

loke v. take heed 518; see 3566, 4097;

look 559; **loked** *pa. t.* 443, **lokyd** 2000, 2002; **loke** *imp. sg.* see that 1669, 1153.

lokkis *n. pl.* locks 787.

longe *adj.* **sawe nat ~ his fader** had not seen his father for a long time 6248.

longith *v. pr. 3 sg.* belongs, is proper to 426; **longid** *pa. t.* 2565, 5692.

lore *n.* learning, doctrine 3873.

loth *adj.* unwilling 2329; hateful, repulsive 2741.

lowe *adj.* humble 5715.

lowed *v. pa. t.* abased 1931, 3039.

lownes *n.* humility 787, 5766.

loue *v. pr. 2 sg.* love 209; **louyst** *pr. 2 sg.* 4198; **louen** *pr. pl.* 227, 1681; **loue** *subj. pr.* 218; **loued** *pa. t.* 81, 85.

lust(e) *n.* sensual pleasure 5119; **lustis** *pl.* 6, 16; *for the phrase* **lust and lykynge** *see* **lykynge.**

maide *n.* virgin 3035, 4667; **maydenes** *gen. sg.* 3040; *pl.* 1342, 1343.

maieste *n.* majesty 854, 1286; **mageste** 5847.

maistrys *n. pl.* **~ of þe lawe** those holding a (university degree) of Master of Law 51.

mayntenaunce *n.* wrongful interference at law, especially by the powerful 1188.

mayntene *v.* support 5504; **~ vp** sustain 4940.

mayntenours *n. pl.* supporters 5547.

make *v.* make 54, 174; **makist** *pr. 2 sg.* 203, 5390; **makith** *pr. 3 sg.* 1088, 1907; **maken** *pr. pl.* 1495, 1505; **made** *pa. t.* 146, 196; **made** *pp.* 44, 98; **made hym(self)** pretended to be 3549, 4316; **make a lesynge** tell a lie 472; **made rewful chere** looked sadly upon 2087; **made a comoun crye** announced to all 317.

make *n.¹* mate 868.

makers *n.² pl.* creators 1498.

malice *n.* malice 355, 874; sin 1064, 3127.

mamettis *n. pl.* false gods, idols 15, 201.

manace, manas *n.* threat, menace 473, 2816.

maner(e) *n.* manner of 94, 582; way

22, 67; **manere** *pl.* 1323, 1534, **maneris** 4866.

manhode *n.* humanity 982, 1018.

mankende *n.* humanity 191, 976.

mankyllere *n.* killer 4549.

manly *adv.* bravely 6498.

manlynes *n.* fortitude 1593.

manquellere *n.* murderer 3989.

manslau3tis *n. pl.* killings 4524.

marchaunt *n.* merchant 648, 650.

margaritis *n. pl.* pearls 663, 719.

may *v.* can 3746.

meddelid *v. pa. t.* mixed, mingled 2702.

mede *n.* reward 1823, 1926; **medis** *pl.* 1192.

medle *v.* have intercourse 5174, 5214; **medlyd** *pp.* 5002.

mees *see* **mowse.**

meyne *n.* household servants 331, 831.

meked *v. pa. t.* humbled 3039; **meeked** *pp.* 5429.

memnday *n.* day for remembrance of the dead 6013.

memorie *n.* remembrance 3439, 3714.

mende *n.* mind 678, 681; thought 606, 3713; **haue ~ (on)** remember 606, 1561; **Y haue good ~ I** well recall 404.

menstralcye *n.* music by professional entertainers 553.

merth(e) *n.* enjoyment, pleasure 18, 301; **merthis** *pl.* 16, 425.

merueyle *v.* wonder, marvel 662, 4396; **merueyled** *pa. t.* 434, 491.

meself *pron.* myself 1785, 3431.

mesure *n.* bound, limit 2714, 2737.

me(e)te *n.* food 453, 456; **me(e)tis** *pl.* 96, 1964; **at ~ at** table 1329.

mete *v.* meet 1347; **metyþ** *pr. 3 sg.* 5460; **meete** *pa. t.* 1350, 6224.

meve *v. pr. pl.* move 1507, 5205; **mevyth** *pr. 3 sg.* 2220, 4496; **moued** *pp.* 233, 1149.

mevynge *vbl. n.* movement 5230; **mevyngis** *pl.* 2699.

myddis *n.* centre 5698, 6494.

my3ty *adj.* great, mighty 11, 275; strong 1387.

mylte *v.* melt 4992.

mynystris, mynystres *n. pl.* officials 317, 2048.

mysbeleue *n.* heresy 68.

myschef n. trouble, misfortune 14, 214; hardship 2938.
mysgouernaunce n. indiscipline 188.
mo adj. more 1763, 2571.
moche adj. much 212, 364; many 40; tall 12; adv. greatly 81, 85.
more adj. comp. greater 474.
morowe n. comp. next day 2896, 5323; a ~ on the next day 2896, 4744.
moste n. greatest ones 1873.
mote v. may 3488; wel ~ þou be good fortune to you 2134.
motehalle n. a place for discussion, moot hall 113.
mot(t)hys n. pl. moths 1656, 5775.
mowe(e) v. may 154, 685; be able 721.
mowse n. mouse 1998, 2020; mees pl. mice 1997.
multiplie v. populate 900; increase 943.

naȝt see noȝt.
namly adv. especially 56, 512.
narracion n. narrative 1421, 6558.
natyuyte n. Christ's birth 3027.
natural adj. natural 486, 488.
nature n. nature 1528, 3047; naturis pl. natural characteristics 3045.
necessite n. after (here/his) ~ according to (their/his) need 4398, 4450.
nede n. need, necessities 407, 1663.
nedeful adj. necessary 453, 2032.
nedelys n. gen. sg. needle's 2338.
nedis adv. necessarily 985, 4013.
neghe v. draw close 1719; neghith pr. 3 sg. 6419.
negociacion n. business 1325.
nere v. subj. were there not 4394.
nesshe adj. pliable, soft 4991, 5840.
next(e) adj. or prep. close to, against 95, 742; nearest 2458; next 5804.
nygarde n. miser 4554.
ny(ȝ)(l)e) adv. near 1246, 1395; nearly 3480, 5644.
nygremanser n. magician 4904.
nygromancy n. magic 3805, 5631.
nylle v. pr. 3 sg. will not 3610.
noble adj. noble 702; rich, costly 663, 799.
noȝt, naȝt n. naught 105, 846.
noȝt adv. no·, not at all 1053, 1576.
norship, nurshyp v. pr. 3 sg. nourishes 1665, 5364; norshyd pa. t. 2892.

norris n. pl. nurses 5015.
not see wyte.
nopere adj.; neither 932.
noþynge n. not at all 211, 260; in no way 3436.
numbre v. calculate 1710.
numerable adj. finite 1712.

o, on num. adj. one 18, 1050.
on prep. of 1337.
oc(c)upacion n. business 2078, 3261.
odible adj. hateful 1950.
of prep. by 1188; at 662; concerning 1755.
off(e)rynge n. offering to a divinity 258, 4408; offerynges, offryngis pl. 4407, 4900.
oynementes n. pl. ointments 799.
oldenes n. state of being old; þe ~ þat þou hast done deeds of the old man 3143.

onys adv. once 404, 1450.
open adj. clear, apparent 4129.
opinly, openly adv. clearly 33, 446; publicly 24, 63.
oppositions n. pl. opposed arguments 4742, 4946.
ordeyne v. order, decree 500; ordeyned pp. 1, 60; ~ his grete tresore commanded to be sent his great treasure 2163.
ordynance n. ordinance 66, 333; order, hierarchy 2734.
oper adv. either 4747.
oueral adv. everywhere 3233.
ouercome v. vanquish, defeat 5906, 5966; ouercomyþ pr. 3 sg. 3850; ouercome pa. t. 192, 1017; pp. 4757.

outake prep. with the exception of 3030.
outwarde adv. externally 832; adj. in syȝt ~ by outward appearance 6253.
outwardis adv. outwardly 2587; by siȝt ~ by outward appearance 810.
owchis n. pl. brooches, buckles 1971.
owest, owyst v. pr. 2 sg. ought 3822, ought to be 3977; owith pr. 3 sg. 5683; owe pr. 3 sg. 1679, 1881; owghtist pa. t. 2 sg. (with present sense) 3722; auȝt pa. 3 sg. owed 2051.

pamente n. floor, ground 5224.

parab(o)lle n. parable 1342, 2035; parablis pl. 1304, 1321.

parfite, perfite adj. perfect 508, 2799.

partable adj. able to be part 1856, 2343; capable of having a share in 3979.

parte n. portion 4244; partes pl. 4415, 4633; to haue ~ to share 431; take ~ partake 870.

pass(e) v. pass, go 220; surpass 276; passith pr. 3 sg. 384, 571; passen pr. pl. 3468, 3960; passe imper. 243; passynge pr. p. 4015; passed pa. t. 73, 325; pp. 584; paste pp. 1046, 6125.

passible adj. capable of suffering 982.

passion n. suffering 1009; passions pl. 561.

paynem n., pagan 15; paynemys pl. 4413, 4414.

pees n. peace 1019, 1590.

perceyue v. understand 4051; perseyued pa. t. 397; pp. 1047.

perdicyon n. damnation 170, 237.

perfite see parfite.

perfitly adv. perfectly 1036, 1274; exactly 5303.

persecucyon n. persecution 251, 365; harm 5307, 5748.

pershe v. perish 4849; pr. 1 sg. 1731; pershith pr. 3. sg. destroys 526; pershid pa. t. destroyed 4037; pershyd pp. brought to destruction 1691, perished 2193.

pershynge ppl. adj. piercing 1363.

peruerte v. lead astray, pervert 1189, 3990; peruertyd pp. 4272.

peruysioun n. foresight 3848.

pesible, peseable adj. peaceful, calm 1628, 2239.

pystle n. epistle 1803.

playne adj. clear 428, 2242.

playnly, pleynly adv. fully 2284.

plente adv. plentifully 2424.

plesaunce n. pleasantness 98.

plite n. perilous position 3702.

pludde n. puddle 3186.

pollucion n. corruption, pollution 5161; pollucions pl. 1064.

pollute v. pp. polluted 4967.

pout see put.

praye n. prey 1392, 6247.

pray(e) v. pr. 1 st. beseech, beg 654, 665; prayeth pr. 3 sg. 3246; praien pr. pl. 3233; praide pa. t. 272, 336.

preciously adv. precious 829.

predestynacion n. predetermined future 514, 5012.

preisable adj. commendable 4107.

prente v. imprint 3029; prentyd pp. 3378, 4956.

preuy adj. secret 3682.

preuyte n. private thoughts 1122; secrets, mysteries 5632; preuytees pl. 1186, 2729.

preuly adv. secretly 5196.

pryce n. value 2506, 4119.

prykkynge vbl. n. sting 1271.

pryme n. hour of prime, 9 a.m. 4819.

profitable adj. profitable, helpful 211, 501.

profites n. pl. benefits 4116.

promyssion n. promise 4071.

propirte n. property, being 3023, 3024; propertees pl. 3031.

proue v. test, try 1471, 2620; prouest pr. 2 sg. 4340; proued pp. 1170.

prouynce n. country 9, 50.

prouysoure n. provider 4076, 5425.

purpos n. brenge to ~ bring to effect 350; come to ~ accomplish 3971.

purp(o)ure n. rich clothing, an outer garment showing nobility 1306, 3450.

puruyaunce n. provision 2175, 4895.

put v. hazard 4708; put, place 113; pr. 2 sg. 783; puttist pr. 2 sg. 4376, 5386; puttish pr. 3 sg. 1063, 1091; putten pr. pl. 3880; put, pout imper. 113, 3159; put pa. t. 1241; ~ fro turn away 493; ~ reproue offer an insult 4876; ~ by honde by mowth be silent 5385; ~ to add 1241; ~ in ...grace put at ... mercy 783.

quyk(e) adj. living 1022, 3055.

quykened v. pp. made alive 1268.

quyte v. repay, reward 339, 2098.

qweme v. gratify 400.

rauyshyn v. pr. pl. abduct 1391; rauyshyd pa. t. carried away in a vision 139; rauyshyd pp. 2728; seized 5225.

raber adv. sooner 3676.
rebelle adj. rebellious 877.
redy adj. prepared 117, 424; agile, mentally quick 600, 2459; **aredy** at the ready 1940.
redy adv. readily 430; already 3716.
reeme n. realm 281.
refeccion n. recreation, refreshment 1849.
reforme v. convert 1693.
reherse v. recount 3338; **rehersed** pp. 3361.
reysed v. pa. t. raised 1245, 1246.
remembre v. remind 2536, 2539; re-**membrid** pa. t. 1728; reflex. remem-bered 1941; ~ **hym on/of** recalled 4874–5, 5798.
remnaunte n. rest, remaining part 3287.
renate v. pp. reborn 5939.
renne v. run 4800.
rennynge ppl. adj. running 4878.
reproue, reprofe n. insult 761, 4376; **reprofe** 4238.
rekeuere v. recover 1486.
reputacion n. esteem 507, 2046.
resoun n. judgement 6019.
restinge vbl. n. rest 213.
retribucion n. recompense 1301, 1303.
reuerence n. honour 82, 176; honour-ableness 5155.
reuerent adj. worshipful 3080.
reuoke v. rescind 3610, 3902.
reward of n. regard to 2496.
rewe v. regret 186; **rewith** impers. pr. 3 sg. 148.
rewful adj. sad 2087.
rewthe n. pity 337, 473.
ri3t adj. true 6019.
ri3tful adj. just 850, 4746.
ri3tfully adv. justly 4747, 4755; **be ry3t** rightly 2793; **ri3t as** just as 3199.
ri3twisnes n. righteousness 1170, 1629.
ryse v. rise 993, 1167; **ryste** pr. 3 sg. 4497; **rysen** pr. pl. 1266; **ryse** imp. sg. 1516; **rysen** pa. t. 1250; **rysen** pp. 126.
rootefastid v. pa. t. firmly established 3205.
rootyn adj. rotten 3179.
rorynge vbl. n. roaring 6203.

saf, saue adj; safe 232, 4285.
safe v. imp. sg. save 1515; **saued** pp. 631, 899.
safe, saue prep. except 18, 168.
salued v. pa. t. greeted 3570.
sauour(e) n. savour, delight 824, 3765.
sawtere n. psalter 6448.
science n. natural philosophy 4384.
scole n. school 296, 3616.
scorn num. adj. score, twenty 596.
scorn(e) n. scorn 102, 756; **scornys** pl. scornful remarks 3769.
scorn(e) v. deride 5353; despise 5406; **scornyd** pa. t. 6207.
scourage v. scourge 3696.
scourge n. bag, satchel 3649, 3690.
scrypture n. the bible, holy scripture 4769; **scriptúris** pl. holy writings not necessarily Christian 4797.
se(n) see sec.
seche, seek v. seek, search out 86, 3810; **sekynge** pr. p. 4127; **seke** subj. sg. 383; **sou3t** pa. t. 88, **sow3the** 6176; **sou3t** pp. 222.
secte n. sect 447, 3324; belief, faith 5483.
seculere adj. worldly 642; secular 1796.
seek(e) adj. sick 308, 3551.
seke(n), seie v. say, speak 285, 288; **seist** pr. 2 sg. 342, 374; **seith** pr. 3 sg. 157, 705; **seyn** pr. pl. 1499, 1502; **sey** imp. sg. tell 375; **seth** imp. pl. 1879; **seidest** pa. t. 2 sg. 404; **seide** pa. 3 sg. 278, 321; **seiden** pa. pl. 5553; **seide** pp. 232, 1300.
selde adv. seldom 1904.
semely adv. handsome 72.
semed v. pa. t. befitted 172, 3872.
se(n) v. see 523, 672, 1052; **seest** pr. 2 sg. 141; **seth** pr. 3 sg. 2671; **se** subj. sg. 244; **se** imp. sg. 3284; **seynge** pr. p. 91, 2357; **sye** pa. t. 1 sg. 544; **sawyst** pa. 2 sg. 3770, 5367; **saw(e)** pa. 3 sg. and pl. 335, 433, 557; **sey(n)** pp. 674, 992, 1106.
sendinge vbl. n. expediting 2286.
sensible adj. feeling 2696.
sentence n. judgement 767, 1198; command 1157.
sergeauntis n. pl. police, officers of en-forcement 316, 445.
seruage n. servitude 1566, 4328.

serue v. serue 298, 326; serue pr. 2 sg. 224; seruyst pr. 2 sg. 3455; seruyth pr. 3 sg. 3292; seruen pr. pl. 854, 1988; seruedist pa. t. 2 sg. 6106; serued pa. 3 sg. 647, 915; serued pp. 311.

seruyce n. duty 1569, 3287.

sese v. cease 3698; cesist pr. 2 sg. 6209; sesith pr. 3 sg. 3463; sesynge pr. p. 4007; sesid pa. t. 3384.

sesynge vbl. n. cessation 3296, 5467.

sethiþ v. pr. 3 sg. boils 4478.

set(te) v. set, fix, place 619; settist pr. 2 sg. 104; settyþ pr. 3 sg. 1969, 3753; sette pr. subj. 3331; sett imp. sg. 3287; set pa. t. 81; setten pa. pl. 910; sett pp. 296; ~ by attach importance to 4032.

sew(e) v. follow 2727, 2801; sewen pr. pl. 3731.

sey(n) see se.

shap n. creation 3495.

sharpe adj. physically demanding 428; uncomfortable 92, 2490.

shente v. pp. cast down 4346, 5217.

shettist v. pr. 2 sg. shut 530; shett pa. t. 796; pp. 1353, shet(te) pp. 505, 1351.

shewde v. show how 163.

shewne v. shine 1240, 4251; shyneth pr. 3 sg. 5506, shynyth 6494; shone pa. t. 709, 6473.

shynynge ppl. adj. shining 3493, 6471.

shoo v. shoe 2982.

shrewde adj. evil 1412, 3177.

shrewdnes n. evil 3485, 3969.

shrewe n. wicked person 287.

shryned v. pp. enshrined 6545.

shrofe v. pa. t. confessed 5636.

shul v. must 4217.

shuldere n. shoulder 2309; shuldrys pl. 1506, 1746.

sign(e) n. sign, symbol 3711, 5302; zodiacal sign 4451; sygnes pl. events demonstrating divine power 1221.

syȝt n. sight 244, 560; esteem 326, 1913; presence 3330, 4255; syȝtis pl. sights 309.

syker(e) adj. sure, safe 603, 1552.

sykerly adv. dependably, safely 131, 2245.

sykernes n. security, certainty 1214, 1219.

syle adj. uneducated 5510.

symilacion n. counterfeit 4766.

symilitude n. likeness, counterpart 1320; symylitudis pl. 919.

syngel adj. by ~ nyȝtys every night 1767.

sit v. pr. 3 sg. sits 1021; sytte pres. subj. 1552.

slee v. kill, slay 508; sle pr. pl. 3877; slee imp. sg. 117; slayne pp. 1173, 2965.

sleghtis n. pl. tricks 6197.

slythere adj. slippery 3485, 4783.

slode v. pa. t. slid 2014.

slowthe n. slowness 2533.

smale adj. little 1400, 2581; insignificant 2600.

softith v. pr. 3 sg. melts 4480.

soget(t) n. subject 3408, 4437; sogettis, segettis pl. 4315, 5571.

solemnyte n. celebration 257, 1740.

somere n. summer 2844, 4452.

sommes n. pl. sums 2625.

sonde n. sending, manifestation 6223, 6340.

songe v. pa. t. sang 5243.

sonner adv. sooner 1558.

soper n. supper 6288, 6291.

sore adj. wounded 403.

sore adv. greatly, exceedingly 149, 233.

sotel adj. subtle 396.

soth(e) n. truth 354, 375; for ~ of a truth 406, 459.

soule n. gen. sg. soul's 1576.

sowe v. sew 2115; sow 706, 714; sewe pa. t. 707, 837.

sowne n. sound, reputation 1826.

sowpyd v. pp. supped 6292.

spare v. spare 5669; spared pp. 5845; spare imp. desist 3680.

spede n. success 5297.

spedeful adj. advantageous 4724.

sporte n. disport 302.

sprynge v. arise, leap up 1558; sprang pa. t. spread 5788; sprynge pp. sprung up, gushed forth 3009, 3010.

stable v. confirm, establish 4809; stabelid, stabeled pa. t. 181, 1161; stabelid pp. 1708.

stable adj. steadfast, reliable 386, 661.

stabylly adv. securely, firmly 2197.

stabylnes n. stability 1551, 2305.

stede n. place 3331.

stedefast *adj;* trusty, steadfast 71, 385; stable, steady 2195.

stonde, stante *v. pr. 3 sg.* stands 1204, 5382; endure 2707; **stonte** *pr. 3 pl.* 1289; **stode** *pa. t.* stood 823, 951; **stonde** *pp.* 2710.

sty(3)e *v. pa. t.* ascended, mounted 1020, 3054.

stylle *adv.* quietly 2911, 6318.

stire *v.* incite 439, 1048; **stirest** *pr. 2 sg.* 5421; **stireth** *pr. 3 sg.* 1031, 1964; **stiren** *pr. pl.* 322, 2179; **stired** *pa. t.* 238; **steryd, styred** *pp.* 86, 438; **styred** concerned, involved 2206.

styrynge *vbl. n.* moving, attraction 2390, 3140.

straytly *adv.* 2353.

strecch *v. imper. sg.* stretch 5850; **strechyd** *pa. t.* 6443.

streyned *v. pp.* stretched 2879.

streyte *adj.* arduous 165, 1670; narrow, strict 2241; tightly stretched 2878.

stryuynge *vbl. n.* struggle 4270.

stryuyst *v. pr. 2 sg.* strive 4269; **stryueth** *pr. 3 sg.* 2836; **stryue** *pr. pl.* 3725; **struyen** *pp.* 6383.

stroke *n.* arm or a scale 2738; blow 5447.

stronge *adj.* violent 1888, 1897; grievous 2433, 3626.

strong(e)ly *adv.* securely 1499; powerfully 2757; resolutely 1598, 4081.

studye *n.* meditation 2262.

sturbel *n.* noise, disturbance 1797.

sturbelaunce *n.* trouble, disturbance 6308.

sturble *v.* disturb, trouble 1401; **sturbled** *pa. t.* 3637, 5209; **sturblid** *pp.* 5277.

subieccion *n.* authority 5703, 6508.

substaunce *n.* substance 1391, 1721; a theological property of being 846, 936.

sufferaunce *n.* patience, long-suffering 1591, 1753.

suffre *v.* suffer, endure 28, 242; **suffrith** *pr. 3 sg.* 2740, 4458; **suffred** *pa. t.* 198, 247; **suffred** *pp.* 246.

sunnere *adv.* sooner 8675.

susteyne *v.* preserve, uphold 1801; sustain 2737.

swagid *v. pp.* abated 2712.

swote *adj.* sweet 5228; **swete** 799, 824.

take *v.* seize 3630; give 784; take 130; take *pr. pl* 2182; take *subj. pr. sg.* 4350; *imp.* 2296; **tokist** *pa. t. 2 sg.* 5369; **toke** *pa. 3 sg.* assumed 43, 976; took 1345, take 1746; **token** *pa. pl* 1344; **take(n)** *pp.* 157, 161, caught out 468; *refl.* betake 106; ~ to devote oneself to 143.

talis *n. pl* stories 3373, 4536.

talkynge *vbl. n.* conversation 239, 2137.

taperis *n. pl* candles, tapers 6542.

teche *v.* teach, instruct 297, 518; **techyst** *pr. 2 sg.* 2430; **techiþ** *pr. 3 sg.* 1115, 1908; **tau3t** *pr. t.* 25, 831; **tau3t(en)** *pp.* 279, 368.

telle *v.* tell 216, 272; **tellith** *pr. 3 sg.* 2294, 5795; **telle** *imp. sg.* 131; **toldist** *pa. t. 2 sg.* 423; **tolde** *pa. 3 sg.* 409, 469; **tolde** *pp.* 315, 1035.

terme *n.* expression, term 1087; **termys** *pl.* 5551, boundaries 4454.

terre *n.* tar 798, 807.

thanked nothynge *v. pa. t.* thanked not at all 260.

þankynge *vbl. n.* thanksgiving 3533.

þat *pron.* what 570; of which 3487; that which 820.

þat . . . nat *conj.* lest 3749-50.

themys *n. pl.* teams 5023.

thenne *adj.* thin 1851.

þer *adv.* where 1334.

þidere *adv.* to that place, there 2521, 2523.

þynge *n.* thing 18, 98; **þynge** *pl.* 21, 114; **þyngis** 143, 288.

þinke *v.* think, conceive 4231; **þou3tist** *pa. t. 2 sg.* 2745; **þou3t** *pa. t. 2 sg. and pl.* 30, 250; **me þinkiþ** *3 sg. pr. impers;* methinks 200, 370; **we þou3t vs** *pa. pl impers.* we be-thought ourselves 5307.

þou3 see **þau3**.

thral *n.* slave, thral 5462.

thraldom *n.* bondage, slavery 194, 945.

thryes *adv.* three times 1753.

thrust *v.* thirst 1625; **thrustith** *pr. 3 sg.* 4081; **thrusted** *pa. t.* 3046.

tydyngis *n. pl.* news, tidings 1460.

tysemente *n.* enticement, lure 2438.

tyme what ~ *adv.* when 1, 67.

to *adv.* as 2066; *prep.* at 2004; with a view to 263; ~ ... wardes towards 6184.

tokene *n.* sign 3000; tokenys, tokenes *pl.* 947, 4663.

tokenynge *vbl. n.* evidence, signs 6247.

torett *n.* turret 5695; torettis *pl.* 5289.

totorne *v. pp.* torn to pieces 750, 2472.

toun *n.* villa, farm 1324.

transfygured *v. pp.* transformed 924.

translacion *n.* moving of relics from one place to another 6546.

translated, translatid *v. pp.* moved 4488, 4496.

transposiþ *v. pr. 3 sg.* transforms 4443; transposed *pa. t.* 2208.

trauaile *v.* toil 6384; *pr. pl.* 2223; trauayled *pa. t.* 2157, 3047.

trede *v.* tread, trample 6436; troden *pp.* 2965, 4463.

tree *n.* wood 795; tree 871; of wood 5376; trees *pl.* 858, 870.

trespaciþ *v. pp.* transgressed 783.

trone *n.* throne, king's seat 975, 1157.

trow(e) *v. pr. 1 sg.* believe 609, 2759; think 1041, 3560; trowist *pr. 2 sg.* 4121, 4781; trowiþ *pr. 3 sg.* 3188; trowed *pp.* 3919.

trumpe *n.* horn, trumpet 769, 771.

trustly *adj.* safe, secure 4252.

tuche *v.* touch 3956; *imp.* 1515; tuch-ynge *pr. p.* reaching 1364.

tunge *n.* voice 238, 2659; tongue 1094, 4214; tungis *pl.* 2658, 3792.

turbelid *v. pp.* troubled 527, 1172.

turmente *v.* torture 53; *imp. sg.* 116; turmentid *pp.* 234, tormented 399.

turmente *n.* torture 241; turmentis *pl.* 53, 320.

turmentouris *n. pl.* torturers 3788.

turn(e) *v.* turn 49, 529; pervert 3678; turneþ *pr. 3 sg.* 2588, 3970; turnen *pr. pl.* 2426; turned *pa. t.* 46, 60.

twey(ne) *num. adj.* two 121, 442.

twohande *adj.* two-handed 4207.

vnauysed *ppl. adj.* without warning 569.

vnclene *adj.* impure 1515, 1602.

vnclennes *n.* impurity 125, 1585.

vnconuertible *adj.* incapable of change 849.

vncorporal *adj.* without body, incorporeal 852.

vnde(e)dly *adv.* immortal 573, 841.

vndepartyd *ppl. adj.* inseparable 3200.

vnderfonge *v. pp.* supported 6515.

vndiscussed *ppl. adj.* undecided 1280.

vngoodly *adv.* wrong 700.

vnycorne *n.* unicorn 1989, 1990.

vnkende *adj.* unnatural 179, 200.

vnkendnes *n.* unkindness 2083, 2093.

vnnetheþ(e) *adv.* with difficulty, scarcely 928, 1864.

vnpartably *adv.* inseparably 6315.

vnpossible *adj.* impossible 590, 937.

vnprofite *n.* loss 3759.

vnresonable *adj.* irrational, unreasoning 916, 1162.

vnreste *n.* trouble, unrest 217.

vnriȝt *n.* wrong-doing 3485.

vnriȝtful *adj.* unjust 700, 6054.

vnsauery *adj.* distasteful 540.

vnsikernes *n.* insecurity 1348, 2192.

vnsuperable *adj.* invincible 4086.

vnto *prep.* as 2833.

vnwysdom *n.* folly 3496.

vnworship *n.* dishonour 4756.

vpon *prep.* in respect of 3265.

vpper *adj.* outer 2875.

vse *n.* custom 22, 766; use 4477.

vsed *v. pa. t.* engaged in 49, 171; *pp.* 2142.

vs(self) *pron.* ourselves 2188, 3347.

vacante *adj.* empty 1607.

vayn(e) *adj.* foolish 239; vain 133; in ~ 495, 5145.

vanshynge *ppl. adj.* fleeting 6331.

vengyd *v. pp.* revenged 4347.

verry *adj.* true 974, 2642.

vertu *n.* power 39, 139; moral excellence 865; efficacy 664; vertues *pl.* 664, 672.

visitacion *n.* affliction 1393.

vytayle *n.* food, provisions 2169, 2174.

vitailed *v. pa. t.* provided with food, stocked 2168.

voyde *adj.* vain, worthless 4771.

wakyngis *n.* vigil 78; wakyngis *pl.* 1593, 1916.

wanyghyþ v. pr. 3 sg. wanes 4499.
warde n. guard 4426, 5397.
wardes see to.
ware v. aware 551, 1774.
wastyþ v. pr. 3 sg. destroys 2021.
wawiþ v. pr. 3 sg. tosses, rolls 4025.
wedde n. pledge 3116.
weddynge n. marriage 5155.
weder(e) n. wind 5291; tempest of ~ violent storm 1860.
weike adj. weak 4085.
welle(e) n. spring, source 3215, 3922; wellys pl. 2912, 3214.
well v. flow, well 2713; wellen pr. pl. 2419, 2420.
wenyst v. pr. 2 sg. think 3780, 4199; wene, weyn pr. pl. 2362, 4502; wenynge pr. p. 499, 782; wende(e) pa. t. 827, 904.
were v. wear 94, 1662; wered pa. t. 92, 6142, werid 6143.
werynge vbl n. habit, attire 2833.
wesshiþ v. pr. 3 sg. washes 4473; wyssh(e) pa. t. 4842, 5729.
wexith v. pr. 3 sg. grows 3303, 4498; wexe subj. sg. 3130; wax(e) pa. t. 47, 487; woxen pp. 2892, 4609.
wey n. way of life 451; by þe ~ in the course of his journey 3631.
whecte n. wheat 1236.
wherewith n. money, wherewithall 2062.
wheþer, where intro. question 588, 607.
which pron. who 184, 4403.
whystele v. whistle 3754.
wycche n. magician 4555, 4903; wycchis pl. 4290.
wyde adj. void 1607.
wyles n. pl. tricks, wiles 4942, 6198.
wylfully adv. voluntarily 192, 1931.
wylie n. by here good ~ voluntarily 52-3.
wynnynge vbl n. gain 3786.

wye n. way, manner 299, 3664; wyȝis pl. 1304, 2299; in his manere ~ in this way 632-3.
wyte v. know 1113; wote pr. 1 sg. 376, 413; wost pr. 2 sg. 785, 1762; wyte imper. sg. 839, 1114; wyst pa. t. 378, 501; ~ not know not 2601.
wiþout prep. outside 541.
withseye v. refute 4048.
wytnes n. testimonies 3266.
wyt(t) n. intellect 397, 2687; mind, intelligence 704; wyttis pl. faculties 79, understanding 2751.
wode n. forest 334, 2899; wodis pl. 2895, 4582.
wode adj. mad, furious 47, 921.
wodenes n. anger, madness 1381, 4530.
woke n. week 1866, 1867.
wolled adj. wollen 6446.
wombe n. womb 975, 3034; stomach, belly 1456, 4003.
wonder adv. wonderously, extremely 256, 1794.
wonder adj. amazing 957.
wonynge n. dwelling 6245.
workinge vbl n. operation 981, action 1581.
wor(l)dly adv. worldly 13, 2114.
worship, worchip n. honour 99, 235.
worshiply adv. honourably 5728.
worthy adj. dignified by status or position 9, 11; worth 813; deserving 770, 809.
worthynes n. nobility, excellence 702, 744.
wortys n. pl. cabbage plants 6289.
wrappyd v. pa. t. wrapped 6447; wrappyd pp. enveloped 4237.
wrecche(e) n. wretch 185, 236; wrec(c)his pl. unhappy ones 1264, 1978.
wree(c)hid(id) adj. wretched 168, 187.
wrenchis n. pl. tricks 1033.
wreþe(e) n. anger 121, 130.
wro(u)ȝt v. pa. t. did 947, 966.